本书获上海市马克思主义理论学科发展支持计划资助

望道书库·「新发展新文明」研究

唐明燕 著

中华优秀传统文化的传承与发展

中华书局

图书在版编目(CIP)数据

中华优秀传统文化的传承与发展/唐明燕著. —北京:中华书局,2022.9(2025.2重印)
ISBN 978-7-101-15653-9

Ⅰ.中… Ⅱ.唐… Ⅲ.中华文化 Ⅳ.K203

中国版本图书馆 CIP 数据核字(2022)第 036219 号

书　　名	中华优秀传统文化的传承与发展
著　　者	唐明燕
文字编辑	刘　彤
责任编辑	杨　帆
封面设计	许丽娟
责任印制	管　斌
出版发行	中华书局
	(北京市丰台区太平桥西里 38 号　100073)
	http://www.zhbc.com.cn
	E-mail:zhbc@zhbc.com.cn
印　　刷	北京建宏印刷有限公司
版　　次	2022 年 9 月第 1 版
	2025 年 2 月第 2 次印刷
规　　格	开本/920×1250 毫米　1/32
	印张 10½　插页 2　字数 195 千字
国际书号	ISBN 978-7-101-15653-9
定　　价	68.00 元

目录

前　言

　　中华优秀传统文化源远流长，作为中华民族的历史创造和智慧结晶，积淀着中华民族最深层的精神追求，代表着中华民族独特的精神标识。进入新时代以来，党中央高度重视中华优秀传统文化，把中华优秀传统文化提高到了事关中华民族伟大复兴的战略高度，将中华优秀传统文化视为中华民族的精神命脉，视为中国特色社会主义植根的文化沃土，视为社会主义道德建设的丰厚滋养，视为涵养社会主义核心价值观的重要源泉。习近平总书记多次强调，要坚持把马克思主义基本原理同中国具体实际相结合、同中华优秀传统文化相结合，要加强对中华优秀传统文化的挖掘和阐发，不忘本来才能开辟未来，善于继承才能更好创新，文化自信是更基础、更广泛、更深厚的自信，是更基本、更深沉、更持久的力量。

　　在漫长的历史进程中，中华传统文化经历了先秦子学、两汉经学、魏晋玄学、隋唐佛学、宋明理学等数个学术思想繁荣时期，经历了明末清初以来对中华传统思想文化的几度批判反思以及转化创新，产生了诸多思想学派，涌现出一大批思想家，留下了浩如烟海的鸿篇巨制和文化遗产。本书试图站在宏观角度，着眼于中华优秀传统文化的传承创新，对中华传统文化的发展历程进行回顾和梳理，力图讲清楚中华优秀传统文化的历史渊源、发展脉络、基本走向，讲清楚中华优秀传统文化的独特创造、价值理念、鲜明特色，增强文化自信和价值观自信。

诚然，中华优秀传统文化博大精深，要在有限的篇幅中达到上述目的是不容易的，必须找到合适的抓手和有效线索。为此，本书在对孕育中华优秀传统文化的历史渊源进行简要分析、在对中华优秀传统文化的精神特色进行高度概括的基础上，以"儒学"为抓手，以"传承创新"为线索进行内容架构。之所以以"儒学"为抓手，是因为儒学是中华传统文化的主干，中国历史上出现过的各主要思想流派几乎都与儒学有一定的渊源，都存在着与儒学互动消长的关系，在近代乃至现代，对传统文化的批判反思，其所涉内容也与儒学高度相关；以"传承创新"为线索，意味着本书从动态视角看待中华传统文化，那些在历史进程中产生过重要社会影响、与其时代前后期思潮发生过交锋碰撞的思想家的相关思想被突显出来，而那些尽管也属于该思想家思想的重要方面，但是社会影响不够深入、后世思想家在进行理论创造时较少借鉴或批判的内容则被适度省略。所以，尽管本书对中国各学术繁荣时期都有论述，对中国思想史上重要的思想家都有涉及，但却并非面面俱到，而是更注重分析其对中华民族的历史影响，更注重分析不同时期思想的起承转合。

另外需要说明的一点是，严格来讲，中华传统文化与中华优秀传统文化的内涵与外延并不重合，中华传统文化显然比中华优秀传统文化的内涵和外延更为丰富，中华优秀传统文化是中华传统文化的精华。中华优秀传统文化是那些在中华民族发展历程中，经过实践检验和历史选择被积淀下来，在历史上发挥过积极作用，迄今仍然具有传承价值，能够提升新时代中华民族思想觉悟、道德水平、文明素养，能够助力中华民族更好地走向未来的文化。从这一角度来讲，区分中华传统文化与中华优秀传统文化是必要的。但是，在实际操作层面，由于立论角度不同、时代背景差异，甚至诠释方法的不同，都有可能导致对某一具体思想理念在多大程度上属于"优秀"产生争议。事实上，许多思想理念本身的历史影响是多元的，其优秀特质的一面，往往需要借助诠释者基于当下时代需求从某种具体角度进行阐发，才能得以彰显并赢得认同。而论述该理念在其提出阶段的原初样态时，若直接给其冠以"优秀"字样，似乎不够周全。另外，现代中国学人从正面意义分析中华传统文化及其现代转化时，在行文中往往将中华传统文化、中华优秀传统文化乃至中国传统文化、传统文化、中国文化在同等意义上使用，这也被学术界普通接受。对本书而言，考虑到上述因素，很多时候各章节在具体行文时并没有特意强调"优秀"二字。但是，整部著作立论的基点、研究的目的均是在"中华优秀传统文化"的视域和框架下进行的，所以章标题大多仍冠以"中华优秀传统文化"的字样。

　　本著作除包含作者多年来在中华传统文化领域的研究心得之外，亦在撰写的过程中参阅了诸多学术大家和研究者的相关成果，力争体现出专业性、学术性、严谨性。此外，作者近年来一直在面向公众开展中华传统文化的普及工作，在理论宣讲的过程中，深刻地感受到了社会大众对中华传统文化的热情和需求，因而在确保学术严谨性的同时，在遣词造句方面又特别注重可读性。当代中国是历史中国的延续和发展，当代中国思想文化是中国传统思想文化的传承和升华，期待这部学术性与可读性兼具的小册子能为促进中华优秀传统文化创造性转化和创新性发展贡献一份绵薄之力。

第一章

追溯中华优秀传统文化的历史渊源

"人们的意识，随着人们的生活条件、人们的社会关系、人们的社会存在的改变而改变。"[1]中华优秀传统文化的精神风貌脱胎于中华民族生存和发展的自然环境、经济政治环境，受到中国古代主要思想流派的直接影响。孕育中华优秀传统文化的自然环境、生产方式、政治结构以及塑造中华优秀传统文化的思想主力，共同构成了中华优秀传统文化的主要历史渊源。

一、孕育中华优秀传统文化的自然环境

文化具有地域性，不同的地域孕育了不同的文化。马克思指出，人类历史必须依赖一定的自然基础，它包括"地质条件、山岳水文地理条件、气候条件及其他条件。任何历史记载都应当从这些自然基础以及它们在历史进程中由于人们的活动而发生的变更出发"[2]。黑格尔亦将地理环境视为民族精神"进

---

①中央编译局：马克思恩格斯选集（第一卷），北京：人民出版社，2012年，第419—420页。

②中央编译局：马克思恩格斯选集（第一卷），北京：人民出版社，2012年，第146—147页。

行表演的场地"①。20世纪初我国也有学者指出:"人本为境遇所支配之动物,外界之状态,其有力于人性之养成,匪浅鲜矣,故国土之地形,往往影响于民族特性之发达。"②中华民族所生存的自然环境是孕育中华传统文化的外部条件,它对中华传统文化的精神风貌产生了重要影响。

孕育中华传统文化的自然环境有三个突出特点:其一,中华大地是一个四周具有天然阻隔的相对独立的地理单元。它的西北是帕米尔高原,西南有世界上最高的喜马拉雅山脉;北方多草原和沙漠,东北部和东南部濒临大海。这种地理特点形成了天然的"围墙",使"周边少数民族向内地发展比向外发展要容易得多,因而形成了一种天然的内向性"③。而且,相对来说,内陆地区的黄河流域、长江流域,其自然条件更为优越,生产发展始终处于领先地位,对周边的少数民族产生了深深的吸引力。上述因素,形成了一种自然的内向性,这种自然的内向性成为维系中华民族间联系的纽带,促进了中国各民族的融合,对形成中华民族的整体观念、增强各民族间的认同感和凝聚力发挥了重要作用。此外,这种地理特点还在中华先民的心目中,植下了"中国是天下中心"的深刻信念。这种信念以

---

①[德]黑格尔:《历史哲学》,王造时、谢诒徵译,上海:商务印书馆,1936年,第133页。

②张枬,王忍之:《辛亥革命前十年间时论选集》第一卷(上),上海:三联书店,1960年,第427页。

③白寿彝:《中国通史》第一卷,上海:上海人民出版社,2013年,第120页。

现代观点来看，当然包含着固守传统、盲目自大的成分，但在漫长的历史过程中，这种优越感却激发出中华民族强烈的自信心和自豪感，激发出对祖国的热爱。其二，幅员辽阔，物产丰富。中华大地从地势上来看，自西向东海拔逐渐降低；从气候上来看，由东到西降水量逐渐减少，由南向北气温逐步降低。辽阔的地域、复杂的地形、多样的气候使得中华大地的农作物品种繁多，各种资源丰富。古代中国基本上能够做到自给自足，地大物博培养了中华民族仁爱、宽厚、爱好和平的精神，使中国在举手投足间彰显出大国风范。其三，古代中国基本上属于一个内陆国家。中国虽然拥有漫长的海岸线，但总体来看，中国内陆地区的面积要远远大于沿海地区，加之当时的技术水平低下，向内陆发展农业耕作比向海洋扩张的基础更好，这在一定程度上造成中华民族并没有向海洋发展。陆地生活比海上生活要相对平稳和安全，这使得和谐安定既成为古代中国人的生活习惯，又成为古代中国人对理想人生的一种追求。这种精神气质亦沉淀于传统文化之中。

自然环境的上述特点为塑造中华传统文化的精神风貌提供了客观条件。当然，自然环境因素只是影响中华文化精神风貌的一个因素，正如黑格尔所说："我们不应该把自然界估量得太高或者太低：爱奥尼亚的明媚的天空固然大有助于荷马诗篇之美，但这个明媚的天空决不能单独产生荷马。而且事实上，它也并未尝继续产生多数的荷马；在土耳其政府之下，就没有出过行吟诗人了。"①

二、影响中华优秀传统文化的经济政治环境

中华传统文化除了受到孕育它的自然环境的影响之外，还打上了古代中国经济政治环境的深刻烙印，其中，中国古代的生产方式、政治结构是孕育中华传统文化的经济政治环境中的核心要素。

中华民族的主体民族——汉族发源于黄河流域和长江流域，这两处地方地处温带，水源充足、土壤肥沃，适宜农业生产，农耕因而在相当长的时期内，成为中国人的主要生产方式。历代王朝都以农立国，重视农业生产，可以说农业生产是古代中国最重要最基本的经济活动。以农为本的经济模式对中华传统文化的精神风貌产生了深远的影响。就积极影响来说，主要体现在四个方面：其一，农业生产对自然环境的依赖较大，人的劳动必须与自然界的环境因素配合得当，这就要求人们顺应自然之"时"，遵循自然界四时变迁的规律和万物生

①[德]黑格尔：《历史哲学》，王造时、谢诒徵译，上海：商务印书馆，1936年，第134页。

长发育的常理，即"凡举大事，毋逆大数，必顺其时，慎因其类"①，只有这样，才有可能有所收获。这使得中华先民对天地和谐运行、天人和谐相处充满渴求，"和"的素朴观念随之植根于人们心中。其二，农业生产有较为稳定的预期，经过冬天的萧瑟肃杀之后，代之而来的则是万物更新、生机勃勃的春天景象；在付出春、夏两季的艰辛劳动之后，到了秋天便能迎来收获的喜悦。虽然自然灾害频发，但天灾人祸可以毁掉家园，却不易毁掉土地，土地耕作较之游移不定的游牧生产、渔猎生产来说更为稳定，一息尚存就有复苏生活的可能。农业生活的这种稳定性，成为中华文化代代相传、从未切断的经济背景。农业生产的这些特点，培养了中华民族乐观、勤劳、理性、坚韧的人生态度。其三，农业生产要求有充足的劳动力，集体劳动要比单个人劳动的成效大得多，尤其是在生产力水平比较低下的古代更是如此，这就促使中华民族产生了以群体为本位的价值取向。其四，农业生产的周期很长，春生、夏长、秋收、冬藏，漫长的生产周期把人牢牢地固定在土地上，难以随便迁徙。长期聚集在一起生产、生活的人们之间容易结成错综复杂的血缘和亲缘关系，有的部落或村庄的成员甚至都同属于一个大家族。大家族内的人际关系比较复杂，生活若要继续、生产若要发展，就必须妥善地处理好大家族内部的人际关系。基于此，中国人历来就非常重视伦理关系和血缘亲情，重视维系人

---

① 《礼记·月令》。

与人之间稳定和谐的秩序。而一旦家族内部发生矛盾，富于人情味的道德原则、教化手段往往比刑罚能更有效地调节人与人之间的关系，在这样的背景下，中华文明形成了注重道德、注重礼乐教化的传统。

伴随着农耕生产方式，所萌发出来的是人们对于土地的深深眷恋。在中国人眼中，土地是衣食之源、生命之根，甚至是修身之本，例如，《易经》曰："安土敦乎仁，故能爱"①，《礼记》亦曰："不能安土，不能乐天；不能乐天，不能成其身"②，在民间也有"宁念家乡一捻土，莫爱他乡万两金"的训诫。在旧社会的农村，土地庙随处可见，这都反映出中国人对土地由衷地爱慕与崇拜。古代中国人往往以衣锦还乡为最大的荣耀，以魂归故里为走向人生归途时最后的选择。这种对乡土的眷恋构成了爱国情怀的基础和组成部分。

在农耕文明的基础上，应运而生的是家国同构的政治结构。"家国同构"简而言之就是把国家看作放大了的家庭，用家庭关系来比拟国家内各类成员之间的关系，例如将君民关系比作父子关系，用治理家庭的模式来治理国家，将父家长制的作风用于国家管理之中。忠和孝是"家国同构"的情感基础，在家要尽孝，对国要尽忠。"家国同构"的政治结构反映到社会心理上就表现为个人→家庭→家族→民族→国家的类推逻辑

---

① 《周易·系辞上传》。
② 《礼记·哀公问》。

链条。这样一种政治结构尽管容易导致专制，但也在一定程度上形成了对社会责任感和集体主义的崇尚，培育了朴素的家国情怀。

三、塑造中华优秀传统文化的思想主力

在夏、商时期，中国思想领域占据支配地位的是天命鬼神观念，是原始宗教的天帝崇拜、自然崇拜、祖先崇拜，其中祖先崇拜一度作为核心。西周推翻商朝之后，西周统治者为了给这种政权更迭寻求到合理性，"天命靡常"[①]"皇天无亲，惟德是辅"[②]的思想开始被提倡，这类思想为人之主观能动性的发挥开辟了空间。以此为契机，中国人逐渐从殷商时期"殷人尊神，率民以事神，先鬼而后礼"[③]事事卜筮，绝对笃信上帝神的宿命论中解放出来，开始用自己的智慧来思索世界，人的自觉性逐步提高。到了春秋战国时期，周王室政权衰败，诸侯割据，学者们纷纷从各自的学理出发，对社会、政治、人生发表看法，针砭时弊，寻求出路，自由气息浓厚，思想异常活跃，

---

① 《诗经·大雅·文王》。
② 《尚书·周书·蔡仲之命》。
③ 《礼记·表记》。

形成了百家争鸣的局面，中华传统文化最核心的要素、最典型的特质在这一时期得以奠立。至汉朝，道教兴起、佛教传入，进一步丰富了中华传统文化的构成，经过历史演化，逐步形成了"以儒学为主干，儒释道互补"的总体文化格局。可以说，儒家思想、道家思想、佛教思想直接影响了中华传统文化的精神风貌，其中，儒学作为中华传统文化的主干，为塑造中华优秀传统文化的精神风貌奠定了基调和底色；道家和佛教作为中华传统文化的重要构成，则使得中华优秀传统文化的精神风貌更丰富、更立体。

（一）儒家思想

儒学诞生于两千多年前的春秋时期，其创始人孔子是一位传统文化的继承者，这里讲的"传统文化"指的是夏、商、周三代的礼乐文化，孔子讲："郁郁乎文哉！吾从周。"[1]可见，传统文化继承者的身份定位得到了孔子自己的认同。同时，作为一个思想家，孔子又不仅仅是传统文化的继承者，他还是一位传统文化的改良者，他对经由西周传承下来的礼乐文化并非全盘继承，而是在对其进行清理、重释的基础上，经过因、革、损、益，将其中所蕴含的道德因素发掘出来，由此建构了儒家学派。纵观整个儒学思想体系，可以说，儒学是一个以道德为

---

[1]《论语·八佾》。

旨归的学派，一方面，儒学倡导以德修身，致力于塑造德化的理想人格，鼓励人成君子、成圣人；另一方面，儒学又鼓励人将道德修养推广出去，去影响、惠及更多的人和物，同时倡导以德治国，致力于营造德化的理想社会。面对春秋战国礼坏乐崩的社会混乱局面，以孔子、孟子、荀子为代表的儒家学者试图用儒家思想来力挽狂澜，改造社会。他们东奔西走，游说诸侯；他们广收门徒，教化学生。儒学的社会影响虽日益扩大，但在当时，儒家学说在政治上并没有受到统治者的青睐，只是诸子百家中的一家。随着历史的发展、社会需求的变化以及儒学的自我改造，儒家思想越来越契合古代中国的实际，到西汉时期，在汉武帝"罢黜百家、独尊儒术"政策的推动下，儒学上升为治国思想，此后一直到封建社会结束，儒学的正统地位始终没有动摇过。在漫长的古代中国，儒学授学于庠序、流布于民间，其思想覆盖面广、渗透性强，上行下效，影响了中国社会两千多年，儒学是中华传统文化的主干，是锻铸中华传统文化的主要原材料。儒学理性务实的作风、仁德至上的观念、群体为重的意识、中庸和谐的理想、立德立功立言积极进取的人生追求，对中华民族的精神世界产生了巨大而深远的影响，可以毫不夸张地说，中华优秀传统文化的每一个构成元素几乎都可以找到儒学的踪迹。

（二）道家思想

在思想旨趣上，道家学说恰好可以同儒学形成互补。例如：在人生修养方面，与儒学关注道德提升、关注人伦秩序、推崇群体价值、倡导积极进取的风格不同，道家则反对心为形役，关注的是个体的身心自由，崇尚的是顺其自然、随遇而安的人生态度和生活方式，鼓励人超越世俗的羁绊；在思维方式方面，道家更擅长以辩证思维来看待人生问题，为处于困境中的人们提供精神解脱、心灵安抚的路径，帮助人们面对现实的利害冲突，看得开、放得下，减少了很多烦恼痛苦，提高了应对挫折、迫害的能力；在社会治理方面，与儒学致力于以德治、礼治来教化、规范、约束人的行为不同，道家则对现有的伦理、政治秩序悲观失望，对任何人为规定都持批判、鄙薄的态度，倡导的是无为而治的治理理念，主张减少干涉，施行与民休息的治国方略，这种治国方略有助于新兴王朝恢复秩序、安定民心、积蓄国力、医治战争创伤，能够帮助新兴王朝走出建国初期的困顿局面，因而往往在王朝建立之初会受到统治者的青睐。东汉末年，道教在道家思想的基础上孕育而生，与老庄道家相比，道教更侧重于养生，其理念可以迎合人们对长生不老的追求，以及对神仙世界的向往。自魏晋至唐朝，道家、道教思想得以进一步发展壮大。总体来看，道家思想弥漫着旷达、自由、生动、浪漫的气息，柔顺、无为、自然、退守、潜隐是道家的主要思想特色。道家思想虽然在中华传统文化的总体格局中处于附属和补充的位置，但却始终没有泯灭，它如同一股暗流潜隐地存在于中华传统文化之中，它以柔顺的姿态渗透到中国人的日常生活里，在无形中影响着中国人的性格，调剂着中国人的精神世界。道家思想对培养中华民族博大宽容的胸怀，淡泊名利的朴素，以退为进的策略，以及遇险不惊、临危不乱、从容处事的生活态度做出了贡献。

（三）佛教思想

汉朝时，佛教由印度传入中国，为了更好地在中国发展，为了更广泛地吸纳信徒、弘扬佛法，佛教学者在阐发佛教义理时大多选择向中华文化靠拢，尤其注重吸收儒家、道家的思想，自觉地与中国固有的思维方式、民族心理、社会诉求相结合。因此，印度佛教尽管是中国佛教的源头，但是，进入中国之后的佛教，却在不断中国化的过程中，表现出异于印度佛教的特点，它不再是"印度佛教"，而是变成了"中国佛教"，变成了中华传统文化的一部分。甚至"可以说，中国的固有哲学与思维方式决定了中国佛教学者的文化取向、学术取向、思维取向和价值取向"[1]。佛教在深受中华本土文化影响的同时，

---

[1]方立天：《中国佛教哲学要义》（上），北京：中国人民大学出版社，2012年，第6页。

亦对中华文化和中国社会产生了深刻的影响。在文化发展方面，佛教不仅丰富了中华传统文化的内涵，而且助益了中国本土思想的发展，例如，儒学发展的顶峰——宋明理学，在探究伦理道德根源、建构道德修养方法时便吸收了诸多佛教思想，佛教从"本体"与"工夫"两个方面均对宋明理学提供了重要启发；在社会人生方面，佛教以参透万法实相、彻悟人生为主题，关注心灵痛苦的解除，借由三世轮回、因果报应来奉劝人们慈悲为怀、乐善好施、爱护生命、无私无欲，引导人们追求心灵的宁静祥和，佛教的这些思想满足了中国人对超越性的追求，在道德修养、心理调适、社会稳定、环境保护等方面发挥了重要作用，为培育中华民族自律、宽容、人道的精神做出了贡献。

关于儒释道的发展历程及其所赋予中华传统文化的具体精神内涵，在本书下面各章节中会有较为充分的阐发，出于行文考虑，本章暂不展开论述。

第二章

中华优秀传统文化的精神特色

关于"中华传统文化的精神特色"这类话题，自近代以来，便探讨颇多。梁启超、熊十力、冯友兰、钱穆、唐君毅等诸多哲学大家开探讨之先声，后继学者亦从不同视角发表了诸多真知灼见，仁者见仁、智者见智，形成了十分丰富的见解。在借鉴学界已有研究成果的基础上，从中西文化比较的视野，着眼于现实意义和传承价值，并考虑到学界共识、影响力及代表性，笔者从理性务实、崇尚道德、注重群体、追求和谐四大方面来阐述中华优秀传统文化的精神特色。在这些精神特色形成的过程中，儒学发挥了核心和关键作用。经过几千年的发展，儒学所倡导的价值观已经深入到中国人的骨髓，得到了普遍认同，成为了古代中国社会的主流价值观，是古代中国人精神世界的主导。习近平总书记指出："研究孔子、研究儒学，是认识中国人的民族特性、认识当今中国人精神世界历史来由的一个重要途径。"[1]因此，本章即主要以儒学为例来揭示这四大特色的内涵及表现。

① 习近平：《在纪念孔子诞辰2565周年国际学术研讨会暨国际儒学联合会第五届会员大会开幕会上的讲话》，载《人民日报》2014年9月25日第2版。

一、理性务实

在中华传统文化体系中，虽然有土生土长的道教、有外来的佛教，但是，占据主导地位的是以儒家思想为代表的哲学，而不是宗教。哲学与宗教不同，宗教关注的重心在彼岸，以崇拜、信仰为旨归，人隐没在超人的神灵的影子里，或视人生为苦难、或视人身为罪身，在神面前，人的地位是卑微的。而哲学则以理性精神为旨归，但不同哲学关注的焦点却不同，西方哲学是以理性精神观照自然，宇宙论、知识论发达；而中国哲学则是以理性精神观照人自身，人生哲学、政治哲学发达。因而，中华优秀传统文化的理性精神更多地表现为以人为本的理性精神。与这种关注人生、人事的理性精神相伴随的是求实务实的思想特色，中华优秀传统文化崇尚踏踏实实的人生奋斗，讲求实用，追求事功，而轻浮华，贬空谈，鄙玄虚。在中华优秀传统文化理性务实精神的熏陶浸染之下，中华民族成长为黜玄想而务实际的民族。

（一）以人为本的理性精神突出

中华传统文化以人为本的理性精神萌芽于西周，西周以来，在思想领域，天、神的位置被日益边缘化，人道从神道中崛起的势头愈来愈强烈。例如，史嚚曰："吾闻之：国将兴，听于民；将亡，听于神。神，聪明正直而壹者也，依人而行。"[①]季梁曰："夫民，神之主也。是以圣王先成民而后致力于神。"[②]子产曰："天道远，人道迩，非所及也。何以知之？"[③]这些肯定人之价值的言论，堪称中华先民思想觉醒的重要印记。中华传统文化的主干——儒学顺应了这种时代潮流，承袭了西周至春秋以来重人轻神的思潮，进一步以理性思维代替宗教神学，以人文精神淡化宗教意识，开启了中华文化以人为本的传统。儒学所赋予的中华优秀传统文化以人为本的理性精神，突出表现在如下四个层面。

其一，在理解天人关系时，将人视为核心。

天人关系问题是中国哲学的基本问题。儒学在理解天人关系时，尽管依然保留了原始宗教对"天"的敬畏，如儒家经典多次讲过要敬天、事天、畏天、法天等，但是，在儒学视野中，"天"主要是作为"道德、义理之天"而存在，"道德、义理之天"是儒学"天"之涵义的主流。例如《孟子》的"夫

---

① 《左传·庄公三十二年》。

② 《左传·桓公六年》。

③ 《左传·昭公十八年》。

仁，天之尊爵也"①，《中庸》的"诚者，天之道"②等，"天"均是道德理想的化身。儒学的目的在于借助"天"来证明现实世界道德行为、道德秩序的合理性，是为了以天为基础来建构对人的道德普遍性与绝对性的要求，以儒学所崇尚的"自强不息"精神为例，儒学在论证"自强不息"的合理性时，采用的方式便是从"天道"论起，即谓："大哉乾乎！刚健中正，纯粹精也"③"夫乾，天下之至健也，德行恒易以知险"④"'维天之命，於穆不已！'盖曰天之所以为天也"⑤。既然天道刚健、不息，那么儒家认为，人也就应该效法天，像"天"那样刚健有为，即"天行健，君子以自强不息"⑥。可以说，在儒学的视野中，所谓"天生德于予"⑦，不过是为了将道德上升到超越的层面，使之更有说服力。以此为理论基础，儒学的"天人合一"是指人与天在道德、义理意义上的合一，目的是将道德义理之天的要求内化成人的本质，以促使人不断提高自身的道德境界，促使社会秩序如"天"的秩序那样和谐圆满。对儒学而言，人的道德修养提高了，社会秩序完善了，也就达到了"合于天

①《孟子·公孙丑上》。
②《中庸》第二十章。
③《周易·乾卦》。
④《周易·系辞下传》。
⑤《中庸》第二十六章。
⑥《周易·乾卦》。
⑦《论语·述而》。

道"的境界，人不需要对天顶礼膜拜，只须踏踏实实地提高道德修养，尽到对人伦社会的责任和义务，就是合于天意了，弘扬仁道的过程就是"天人合一"的过程。这种观念与宗教所宣扬的为天、神等超自然力量献身、殉道，匍匐于神意之下完全不同。显然，儒学的"天人合一"观是理性精神指导下的天人合一，它去掉了原始宗教神秘、狂热的内容，淡化了其中主宰、命定的意味，它不仅没有消解人的价值，反而凸显了人的地位，为人的主体能动性的彰显拓开了道路。总之，在儒学的思想体系中，"人"是目的和中心，论"天"是为论"人"服务的，天道是人道的终极依据，人道是天道得以广大的唯一途径，天与人是道德情感上的合一，是内在与超越层面的合一。这一思想倾向肇始于孔子，在孟子"诚者，天之道也；思诚者，人之道也"①"尽其心者，知其性也。知其性，则知天矣"②的理论中初具规模，到宋明理学臻于大成。

其二，在与命运的角逐中，凸显人的主观能动性。

"命运"在世人的观念中，往往被视为能够操控我们的人生，但我们却无力挣脱和改变的力量。中华先哲对这个问题曾经进行过深入的思考，其中儒学的"命运观"对中华民族的影响最大。在"命运"问题上，儒学秉承理性务实的态度，他们

①《孟子·离娄上》。
②《孟子·尽心上》。

承认人生会受到外在限制，承认存在人力不能及的方面，在面对人力无法改变、违背人意愿的恶劣情况时，在对社会发展和个人遭遇感到困惑和不理解时，儒学往往将其归结为"命运"。但是，儒学的"有命论"绝非"宿命论"，儒学并不主张人完全屈服于命运的安排，并不赞成人做盲目必然性的奴隶，而是认为人在"命运"面前仍可大有作为。

首先，在儒学的视野中，人具备"知命"的能力。孔子把"知命"视作君子的必备素质，即"不知命，无以为君子也"①。如何才能"知命"呢？孔子以自身为例揭示了这一过程，他说："吾十有五而志于学，三十而立，四十而不惑，五十而知天命，六十而耳顺，七十而从心所欲，不逾矩。"②即通过后天学习和人生经验的积累，人便可以了解自己的"天命"，"知天命"就意味着对自身应该做什么、能做什么有了清醒的认识。进而，把能做的事情做到、把应该做的事情做好，对超出自身掌控范围的事情则抱着理性豁达的态度去看待，这样便可以在命运许可的范围内获得相对程度的自由，即"从心所欲，不逾矩"的自由。可见，"知命"的过程就是发挥人的主观能动性探索人生边界的过程，在这个过程中，并不需要借助超人的力量。

其次，在儒学的视野中，人的主观能动性可以在一定程度上弥补"命运"的遗憾。例如，据《论语》记载，当司马牛对

———————

① 《论语·尧曰》。

② 《论语·为政》。

子夏感叹自己没有兄弟很孤单时，子夏这样劝导他："君子敬而无失，与人恭而有礼。四海之内，皆兄弟也——君子何患乎无兄弟也？"①即子夏认为通过自身"敬而无失、与人恭而有礼"的主观努力，便可以通过广交朋友来弥补没有兄弟的缺憾。在儒家看来，人如果轻易放弃主观能动性而招致不幸，则错在人的消极，而不能归罪于命运的恶劣，即"自作孽，不可活"②。只有在人的主观努力全部尽到之后，仍然不如所愿时，儒家迫不得已才将其归于"命"，如孟子在评价孔子时曾说："孔子进以礼，退以义，得之不得曰'有命'"③，而绝不是让人一开始便放弃努力，听任命运摆布。

总之，"尽人事"是"听天命"的前提，谈命、知命却不认命，在外界环境许可的范围内积极地争取发展空间，尽到人事才是儒家对待命运的真态度。对于那些放弃主观努力，对命运听之任之的人，荀子一针见血地批评道："自知者不怨人，知命者不怨天；怨人者穷，怨天者无志。失之己，反之人，岂不迂乎哉？"④可见，儒家的"命运观"与封建迷信所讲的人完全不能把握的、不可知、不可测的"命运"相去甚远。

①《论语·颜渊》。
②《孟子·公孙丑上》。
③《孟子·万章上》。
④《荀子·荣辱》。

其三，淡化鬼神观念、祭祀活动的神秘色彩，使之为人事服务。

对死亡的恐惧是人类的本能，在畏死心理的驱动之下，人类倾向于在意识活动之中建构彼岸世界以缓解这种恐惧。早在受到比较系统成型的文化熏陶之前，人类已经找到了对抗死亡恐惧的朴素的、原始的方式，那就是确立鬼神世界。中华先民也不例外，在古代中国人建构的"鬼"的世界里，死去的人在阴间仍然继续着类似活人的生活，仍然有吃饭、穿衣、居住、男女等种种欲求，仍然关心着家族、子孙的前途和命运，还可以和活着的人发生心电感应，甚至可以报仇或报恩，等等。这样一种以人世生活来理解死后世界的方式，在一定程度上消解了死的神秘性。而且想到可以在死后继续活着的生活，这也可以在一定程度上缓解死亡带给人的恐惧和哀痛。但是，值得注意的一点是，古代中国人所构造的"鬼"的世界与基督教的天堂、佛教的极乐世界相比，有很大的不同。天堂或极乐世界是绝对幸福完美的存在，但中国人所建构的"鬼"的世界却没有被美化和拔高，它只是人世的翻版，它虽然也可以在一定程度上弥补现世生活的遗憾，但死后境遇比如贫富贵贱等与在世之时相比，并没有发生根本性的变化，活着时什么样，死后还是什么样。从中国人对死后世界的理解可以看出中华文化对现世生活的执着，其关注幸福的目光投向的是现世今生。既然在中华先民的心目中，鬼神可以和人世相通，那么活着的人便应该对死去的亲人认真奉行祭拜的义务，当然也可以祈求先人福佑自己，这样，对祭祀的重视便应运而生。祭祀鬼神的传统在我国的历史非常悠久，从原始社会到西周，伴随着人道从神道中的逐步觉醒，这一传统经历了一个由图腾崇拜到祭天、祭神、祭祖杂糅又尤以祭祖为重的发展过程。脱胎于这一背景下的儒学，既没有完全继承这一传统，也没有完全背弃这一传统，而是围绕弘扬仁道的宗旨，对传统观念进行改造，极力发展了其中所蕴含的重视现世今生的思想因素，力图利用鬼神观念、祭祀活动来为人的道德提升和社会的有序和谐服务。具体来说，儒学对传统鬼神观念、祭祀传统的改造主要体现在如下两个方面：

　　首先，对于鬼神，儒学的总体态度是存而不论、敬而远之。儒家承认"死"的实在性，如《礼记》曰："众生必死，死必归土。"[1]荀子也说："死，人之终也。"[2]那人死后又会如何呢？宗教的一般做法是构造一个极乐的彼岸世界以供人追求和向往，但是儒家却不这样，儒家不向往彼岸世界，而是通过在人世间给人生树立一个至高的目标——"弘道"，即通过引导人们致力于在伦理道德方面来完善人格和社会秩序来为人寻找安身立命之地。基于此，儒家将人死后的事情悬置，存而不论，例如，当学生向孔子请教"鬼"的问题时，孔子回答说："未能事人，焉能事鬼？"[3]在学生进而请教"死"的问题

---

① 《礼记·祭义》。

② 《荀子·礼论》。

③ 《论语·先进》。

时，孔子回答说："未知生，焉知死?"①在此，孔子没有正面回答学生的问题，而是引导学生去关注人生和人事，引导学生把思路转移到现实的社会人生中来。孔子一生"不语怪，力，乱，神"②，他说："务民之义，敬鬼神而远之，可谓知矣。"③一个"远"字，生与死、人与鬼孰轻孰重便一目了然了。

其次，对于"祭祀"，儒学沿袭了传统，不仅不反对祭祀，反倒是对祭祀很重视，但却置换了祭祀的中心概念。祭祀本来的中心是鬼神、祖先，但经过儒学改造之后，现实的社会人事变成了祭祀的中心。《论语》讲："祭如在，祭神如神在"④，意思是祭祖先的时候就好像祖先在那里，祭神的时候就好像神在那里。那到底在不在呢?《论语》没有讲。实际上，在儒学思想体系中，鬼神的位置是虚化的，儒学并不关心祭祀的对象是否真的存在，其真正关注的是人在祭祀时的诚心和孝心，如《论语》曰："士见危致命，见得思义，祭思敬，丧思哀，其可已矣。"⑤《荀子》也说："送死，饰哀也；祭祀，饰敬也。"⑥儒学是想通过祭祀这种形式，借鬼神来推行对人的教化，引导人们重人伦、重亲情，培养人的道德感，强化家族内部的凝聚力，以

---

① 《论语·先进》。

② 《论语·述而》。

③ 《论语·雍也》。

④ 《论语·八佾》。

⑤ 《论语·子张》。

⑥ 《荀子·礼论》。

便更好地安顿社会秩序。儒学对死后成鬼成神没有兴趣，也不视祭祀本身为目的，儒学希图通过祭祀这种"慎终追远"的举动来实现教化民众的社会效益，"神道设教"才是儒学的真需要，即谓："慎终，追远，民德归厚矣。"①而且对于传统祭祀中的一些违背人道的陋习，例如人牲、人殉等，儒家非常反对，孔子曾尖锐地批评说："始作俑者，其无后乎！"②

其四，立足于现世今生去追求不朽，突显人生价值。

追求"不朽"，是人类对抗死亡的方式，不同的文化系统对如何获得"不朽"有不同的规划。儒学以理性的方式来解读"不朽"，这种"不朽"并不需要进入天堂、成佛成仙来实现，而是在现实世界中便可以完成。例如，肉体的不朽，可以通过繁衍后代、家丁兴旺来实现；精神的不朽则可通过立德、立功、立言，为社会做出贡献、成就一番事业、青史留名来实现。这样一种立足现实、积极进取的不朽观，既淡化了迷信色彩，又符合中国人的心理特征，易于为中国人所接受。

※　在血脉传承中获得肉体不朽的寄托。

儒学推崇孝道，将孝悌之道视为仁爱的起点，即"弟子，入则孝，出则悌，谨而信，泛爱众，而亲仁"③"孝弟也者，其

---

① 《论语·学而》。
② 《孟子·梁惠王上》。
③ 《论语·学而》。

为仁之本与"①。而"孝"除了要在父母有生之年给父母以物质上供养、精神上尊重之外，还有两个非常重要的方面，一是要继承父辈的遗志，完成父辈未竟的事业，即谓："父在，观其志；父没，观其行；三年无改于父之道，可谓孝矣。"②在中国古代，子承父业一直被世人所认可和称赞；二是要对死去的父辈乃至更远的祖先进行虔诚的祭祀，即谓："生，事之以礼；死，葬之以礼，祭之以礼。"③儒学所主张的祭祀从形式上来看，与原始时期流传下来的祭祀相类似，但是实质内容有了很大调整，消灾祈福的色彩弱化，而哀悼和敬重的色彩增强，即"祭思敬，丧思哀，其可已矣"④，通过祭祀表达的主要是活着的人没有忘记父辈和祖先的这样一种感情。

"孝"的上述两方面的要求，从"死而不朽"的层面上考量，有很大意义：有生之年未能完成的使命有子孙替自己完成，这就好像自己还活在世上一样，面临死亡威胁的人想到这一点时当然会得到较大的安慰。就像《愚公移山》的神话所记载的那样，当智叟嘲讽愚公年龄太大根本不可能完成移山的任务时，愚公没有丝毫的气馁，而是自信而坦然地回答说："子又生孙，孙又生子；子又有子，子又有孙；子子孙孙，无穷匮

---

① 《论语·学而》。
② 《论语·学而》。
③ 《论语·为政》。
④ 《论语·子张》。

也，而山不加增，何苦而不平？"①愚公的这份底气就来自于血脉传承。另外，想到死后，有子孙年年在重大的节日以及和自己有关的日子里对自己进行虔诚的祭祀，就像活着时一样依然能享受到子孙对自己尊敬，依然被家人记挂着，没有被遗忘，感受到死亡威胁的人想到这一点也会得到很大的安慰。孝子不仅对父母要赡养、要敬重、要祭祀，而且要爱惜自身，因为按照儒家的孝道原则，孝子应该自觉地视自己的身体为父母所遗之体，即"身体发肤，受之父母，不敢毁伤，孝之始也"②。可见，在父辈眼中，子孙承载着自己的希望；在子孙眼中，也以继承父辈的遗志为己任，对父辈的敬重与怀念贯穿父辈的生前身后。在此意义上，子孙就是父母生命的延续，父辈的生命在一代代的子孙身上得以不朽。中国人尤其是古代中国人就是这样，通过传宗接代、血脉相传、家族延续，在子孙身上获得了肉体不朽的寄托。

　　※　在"立德、立功、立言"中实现精神不朽。

　　人虽然可以通过繁衍后代、血脉相传获得肉体不朽的心理感觉，但在儒学视野中，这只是一种低层次的不朽，充其量只能被一家一族所记住，更高层次的不朽则是按照仁道的原则立身行事、建功立业、著书立说，这样便可以名垂青史，被千秋

---

① 《列子·汤问》。

② 《孝经》。

万代所景仰，个体虽然死亡了，但精神却可以永垂不朽。《左传》明确表达了这种"死而不朽"的思想，《左传》讲："'大上有立德，其次有立功，其次有立言。'虽久不废，此之谓不朽。"①

所谓"立德"，即自觉地以仁德规范自己，成为道德上的楷模，后世会因慕其德而仰其人。"立德"既可以落实到大事上，也可以落实到小事上，在自身修养中、在为人处世上，处处都可以为"立德"做积累，即谓"仁或是一事仁，或是一处仁。仁者如水，有一杯水，有一溪水，有一江水。圣便是大海水"②。在追求"立德"的过程中，还有可能面临生死的极端考验，当生死与道义发生矛盾时，为了群体和道义、为了成全自身的名节，可以选择慨然赴死，由此，带给个体的回报，便是通过"立德"成就了不朽。例如，伯夷、叔齐以绝食抗议推翻商政权的周朝，最后饿死在首阳山上，便以死捍卫了自己的气节，获得了不朽的名声，《论语》四次赞扬伯夷和叔齐，称赞他们"不念旧恶"③"不降其志，不辱其身"④，是"古之贤人也"⑤"民到于今称之"⑥。汉初经学家韩婴对这种精神从现象、根源与影响等方面进行了评述，他说："王子比干杀身以成其

① 《左传·襄公二十四年》。
② 《朱子语类》卷三十三。
③ 《论语·公冶长》。
④ 《论语·微子》。
⑤ 《论语·述而》。
⑥ 《论语·季氏》。

忠，尾生杀身以成其信，伯夷叔齐杀身以成其廉。此四子者，皆天下之通士也。岂不爱其身哉？为夫义之不立，名之不显，则士耻之，故杀身以遂其行。由是观之，卑贱贫穷，非士之耻也。……三者存乎身，名传于世，与日月并而不息，天不能杀，地不能生，当桀纣之世，不之能污也。"①这样的价值取向鼓舞着中华民族，激励一代代志士仁人舍己为人、舍己为国，为道义和真理毫不犹豫地奉献出自己宝贵的生命。

所谓"立功"，即建功立业，在有生之年成就一番丰功伟绩。儒家本身便是一个有着强烈政治抱负的学派，他们追求学以致用、学而优则仕，希望获得施展才华的机会。儒家认为通过建功立业，肉体虽然消亡了，但所做出的业绩却可惠及后世，为后世所铭记，这也可以成就不朽。儒家对建立一番功业者赞赏有嘉，例如，对于辅佐齐桓公成就霸业的管仲，孔子评价说："管仲相桓公，霸诸侯，一匡天下，民到于今受其赐。微管仲，吾其被发左衽矣。"②荀子也称赞管仲是"功臣"。先秦时期，以孔子、孟子、荀子为代表的儒家学者不辞劳苦、四处奔走以游说诸侯，其动力之一便来自于要建功立业的一番雄心壮志。

所谓"立言"，即著书立书，以自己的思想影响后世。在这一方面，最典型的一个历史人物便是司马迁。司马迁本来

---

① 《韩诗外传集释》。

② 《论语·宪问》。

胸怀建功立业的宏图大志，为此，他"绝宾客之知，忘室家之业，日夜思竭其不肖之材力，务壹心营职，以求亲媚于主上"。①但是司马迁的梦想因为李陵之祸而毁于一旦，遭受宫刑的他从肉体到人格都受到了极大的伤害和羞辱，他说："仆以口语遇遭此祸，重为乡党戮笑，污辱先人，亦何面目复上父母之丘墓乎？虽累百世，垢弥甚耳！是以肠一日而九回，居则忽忽若有所亡，出则不知所如往。每念斯耻，汗未尝不发背沾衣也。"②在封建社会，司马迁的遭遇使他丧失了传统意义上建功立业的基本条件，但是，他实现人生价值、追求死而不朽的愿望却始终没有泯灭，他以"昔西伯拘羑里，演《周易》；孔子厄陈蔡，作《春秋》；屈原放逐，著《离骚》；左丘失明，厥有《国语》；孙子膑脚，而论兵法；不韦迁蜀，世传《吕览》；韩非囚秦，《说难》、《孤愤》；《诗》三百篇，大抵贤圣发愤之所为作也。此人皆意有所郁结，不得通其道也，故述往事，思来者"③来激励自己，忍辱负重，完成了《史记》，以"立言"成就了不朽。

综上所述，无论是通过传宗接代的方式来寻找永恒，还是通过立德、立功、立言来成就不朽，其出发点均是现世今生，因为生儿育女的任务，只能在现世今生完成；想让儿女为自己尽孝，也只有在现世今生尽到对家庭的责任和义务，才有可能

①《汉书·司马迁传第三十二》。
②《汉书·司马迁传第三十二》。
③《史记·太史公自序》。

被子孙后代所铭记；而要获得立德、立功、立言之名声，更需要踏踏实实地立足于现世今生进行奋斗。值得注意的是，儒学赋予中华民族这两种追求不朽的方式，其主动权完全掌握在人自己手中，而无需借助超人的神秘力量。在儒学的视野中，人是尊贵的，人生是有意义的，在由生至死这段有限的生命历程之内，在现实的人生中，人可以通过自身的不懈努力来实现人生价值，既不必希冀死后和来世，也不必仰仗某种救世主的帮助。

可以说，儒学"不朽"的命题看似关注的是死后，而实际上目光投向的仍然是生前，具有强烈的此岸性，这与一般宗教对人的终极关怀有着天壤之别。例如：基督教神学认为，人类的始祖亚当和夏娃因为偷吃了智慧果而被上帝逐出伊甸园，作为惩罚，他们所犯的罪以"原罪"的形式被人类代代遗传下来。因为是"原罪"，所以人类无法依靠自身力量从"罪"中挣脱出来，只有通过信仰上帝，并借助上帝的恩典来获得信心和意志，遵守上帝的诫命，这样才可以赎清原罪，在上帝进行末日审判之时，奔往上帝所居的天堂从而获得解脱。再例如：佛教认为人生就是苦海，生命和生存本身痛苦不堪，人从出生之日起便饱受"生苦""老苦""病苦""死苦""怨憎会苦""爱别离苦""求不得苦""五取蕴苦"等八种苦难的折磨，并由此衍生出更多的苦。佛教展示给人的是苦难悲歌、绝望挣扎的可怕人生图景。人生之苦由十二因缘所造成，只要由善恶果报构造的十二因缘的因果链条不断，人便会陷入永无止境、痛苦不断的生死轮回中。佛教认为，每一个人都要为自己此生所造的业承担果报责任，根据自己此生的业力，人死后的命运可分为六种，分别是地域、鬼、畜牲、阿修罗、人和天。虽然佛教认为，人可以通过今生积善积德的不断努力，带来命运的改善，但是，即使在六道轮回最清明快乐的"天"道中，也有升降与堕落，仍然不能完全断绝忧患、跳出苦海。佛教认为要完全跳出轮回、脱离苦海，只有认识到诸行无常、诸法无我，按照佛法的指示进行修炼，达致涅槃的境界才能在死后进入西方极乐世界。在依佛法进行修行的过程中，所贯穿的人生态度是世间万物、一切存在都不是独立永恒的实体，而只是因缘合成的、暂时的、相对的、偶然的存在，霎那生灭，难于持久。人应该认识到一切皆"空"，因此要破除"我执"和"我见"，否则便会陷入无限痛苦的轮回中。这样的人生态度得出的必然是生命不足惜，人生不足恋，功名利禄、富贵荣华不足求的结论，佛门因此也叫作空门。总之，基督教和佛教对现实人生都持否定态度，或视人身为罪身，或视人生为苦难，个体必须借助上帝或佛法等超人力量才能从中超脱出来。

尽管中华文明也受到了宗教的影响，尤其是佛教较基督教进入中国的时间更早，中国化的程度更深，其本身已经成为中华传统文化的一部分，对中国民众的影响很大，但是，居于中华传统文化主干地位的始终是儒学。总体来看，儒家是反宗教的：汉代董仲舒虽然吸收了阴阳五行的思想，宣传君权神授，含有较强的神秘色彩，但其目的并不是为了证明神的存在，而是为了论证王权、王道的合理性，其落脚点依然是人而不是神；宋明理学虽然吸收了佛教、道教的若干思想来改造儒学，但并没有接受宗教的出世观念。正是在这种理性精神的影响下，在中国历史发展的进程中，从来没有出现过像欧洲中世纪那样神权占统治地位的情况，中华民族也从来没有陷入过全民族的宗教狂热。实际上，不仅儒学充分肯定"人"的地位和价值，中华传统文化的另一支重要力量道家也不例外，道家经典《老子》旗帜鲜明地提出："道大，天大，地大，人亦大。域中有四大，而人居其一焉"①，明确将人视为域中四大之一。总之以人为本的理性精神突出，是中华传统文化的鲜明特色。

（二）求实务实的精神浓厚

从前文可知，儒学关注的是现实的人生、人事和社会政治问题，致力于思考人的本质、人格完善以及人伦秩序、政治秩序的有序和谐等问题。儒家从不希求死后和来世的幸福，从不仰仗救世主的帮助，而是认为人依靠自身的力量，在有限的生命历程之内，就能实现人生价值。即使讲天道也是为讲人道提供根据，即使论天理也是为论人理树立准则，即使谈论"死"，也是立足于"生"去谈论。总之，儒学对人的地位、对人生价值进行了充分肯定，"人"始终是儒学进行理论架构的核心。与这种对"人"的重视相伴随的必然是"求实务实"的精神，

①《老子》第二十五章。

甚至对"人"的重视本身便是中华优秀传统文化"求实务实"精神的突出体现。因为这种重视"人"的理念必然会重视"人"的力量的发挥，而"人"之力量的展现过程便是人生历程内的踏实奋斗。例如，孔子赞赏"发愤忘食"①的精神，厌恶"饱食终日，无所用心"②的状态。孟子则鄙视自暴自弃的行为，认为"自暴者，不可与有言也；自弃者，不可与有为也"③。儒学上述踏实奋斗、力图有所作为的精神不仅贯穿在儒家学说中，而且落实到儒家的行动上，儒家关心政治治乱，关心社会兴衰，从不脱离社会现实。

不仅儒学是这样，即使在本应充满神秘气息的中国神话中，求实务实、崇尚人生奋斗的精神亦有突出表现，中国神话传说几乎不含有宗教式的宿命意识。例如，对于"火"的来源，古希腊神话认为是普罗米修斯从天上盗来的火种，而中国古代神话则直接根据经验，认为是燧人氏钻木取来的火种，这是对人的智慧与能力的肯定。再如，中国神话传说中的英雄人物一般都是经过后天努力才获得成功，因自身道德上的魅力才获得众人推崇，禹就是其中的典型，禹治水的成功靠的不是天赋的神力，而是"劳身焦思，居外十三年，过家门不敢入"④的牺

① 《论语·述而》。
② 《论语·阳货》。
③ 《孟子·离娄上》。
④ 《史记·夏本纪》。

牲精神和"身执耒臿，以为民先；股无胈，胫不生毛"[1]的吃苦耐劳。除了淡化宗教幻想、肯定人生价值、崇尚踏踏实实的人生奋斗之外，中华传统文化"求实务实"的精神还体现在对待各种具体事务上的态度上。

例如，在求知问题上，儒学推崇"学而知之"，倡导实事求是。儒学认为人获得知识有两种途径：一种是生而知之，一种是学而知之，即"生而知之者上也，学而知之者次也"[2]。但"生而知之"在儒学的视野中只是一种理想境界，以孔、孟、荀为例，孔子从未具体说明过到底哪些人是生而知之者，孔子自己也从不以"生而知之"者自居，他说："我非生而知之者，好古，敏以求之者也。"[3]孔子认为自己与其他人相比最大的优点就是好学，他说："十室之邑，必有忠信如丘者焉，不如丘之好学也。"[4]孟子虽然信奉"良知良能"，并认为"人之所不学而能者，其良能也；所不虑而知者，其良知也"[5]。但孟子所讲的良知、良能，仅仅指人有认识的天赋、道德的天赋，这种天赋尚处于"善端"的萌芽状态，虽然"善端"人人都有，但却并非人人都可成为善人，若想使"善端"成长为实实在在的德性，还需要经过后天的努力，通过"思"、"求"来"养心"、

---

① 《韩非子·五蠹》。

② 《论语·季氏》。

③ 《论语·述而》。

④ 《论语·公冶长》。

⑤ 《孟子·尽心上》。

"尽心"，不断扩充，这主要依赖后天的踏实努力。如果说在谈到道德知识时，孟子的认识论尚弥漫着一层先验色彩的话，那么对于具体的知识和技能，孟子则明确表示只有通过后天学习才能够获得。例如，孟子在谈到自己不懂诸侯之礼时曾说："诸侯之礼，吾未之学也；虽然，吾尝闻之矣。"[①]他还以学下棋为例来说明用心学习的重要性，即："今夫弈之为数，小数也；不专心致志，则不得也。弈秋，通国之善弈者也。使弈秋诲二人弈，其一人专心致志，惟弈秋之为听。一人虽听之，一心以为有鸿鹄将至，思援弓缴而射之，虽与之俱学，弗若之矣。为是其智弗若与？曰：非然也。"[②]可见，孟子重视后天努力学习的作用。较之孟子，荀子更为彻底地贯彻了孔子"学而知之"的认识路线。与孟子持"良知良能"的观点相反，荀子认为人性有向恶发展的趋势，仁义道德是后天化性起伪的结果，并且人人都有化性起伪的能力，而化性起伪、积善成德，最好的方法就是通过学习以通晓礼义，因而，在学习上，荀子主张"不知则问，不能则学"[③]，认为学无止境，即"学不可以已……君子博学而日参省乎己，则知明而行无过矣"[④]。总之，儒家崇尚的是"君子学以致其道"[⑤]，与"生而知之"相比，"学而知之"

---

① 《孟子·滕文公上》。

② 《孟子·告子上》。

③ 《荀子·非十二子》。

④ 《荀子·劝学》。

⑤ 《论语·子张》。

才是儒学关注的重心。通过后天踏踏实实地学习来获得真知，所体现的正是求实务实的精神。在这种精神的指引下，在学习态度上，儒家倡导实事求是，即"知之为知之，不知为不知"①；在思考问题时，儒家推崇"毋意，毋必，毋固，毋我"②，即不要主观臆测，不要绝对肯定，不要固执己见，不要自以为是，要尊重客观事实。

例如，在知行关系上，儒学力倡以行促知、学以致用、言行一致。在"以行促知"方面，以荀子为例，荀子将"知"的过程作了细分，他认为"知"依靠有认知能力的人通过与外界事物接触而获得，是客观与主观相作用的结果，即"凡以知，人之性也；可以知，物之理也"③。他将"知"分为三个阶段：一是"天官意物"阶段，获得的是"闻知"和"见知"；二是"心有征知"阶段，获得的是对"闻知"、"见知"进行理性思考之后的"征知"；第三个阶段是"学至于行而止"，获得的是经过实践检验的"行知"。至此，整个"知"的过程才结束，在荀子看来，"知之而不行，虽敦必困"④。儒家将是否能够学以致用视作衡量学习效果的主要标准。这主要表现在两个方面，其一，对道德性知识而言，"力行近乎仁"⑤。在儒学的视野中，道

① 《论语·为政》。
② 《论语·子罕》。
③ 《荀子·解蔽》。
④ 《荀子·儒效》。
⑤ 《中庸》第二十章。

德实践远比单纯地掌握道德知识更为重要，如孔子的弟子子夏曰："贤贤易色；事父母，能竭其力；事君，能致其身；与朋友交，言而有信。虽曰未学，吾必谓之学矣。"[①]即子夏认为如果能在择偶、事亲、事君、交友中践行相关道德理念便达到了"学"的目的。儒家将能够落实到实践中的"学"称为"君子之学"，将仅停留在口耳之间的"学"称为"小人之学"，即谓："君子之学也，入乎耳，箸乎心，布乎四体，形乎动静；端而言，蠕而动，一可以为法则。小人之学也，入乎耳，出乎口。口、耳之间则四寸耳，曷足以美七尺之躯哉？"[②]儒学倡导的是将道德理念落实到道德实践的君子之学，所鄙斥的是沽名钓誉的小人之学。其二，对技能型知识而言，儒学认为能够发挥实际功能、能够"坐而言之，起而可设，张而可施行"[③]的"知"才是真知。即谓："诵《诗》三百，授之以政，不达；使于四方，不能专对；虽多，亦奚以为？"[④]也就是说，即使《诗经》的诗句背诵得再多，但如果既没有从政的本领，也没有出使四方的能力，那么这种脱离了"行"的"知"也是没有价值的。

再例如，在为人处世方面，儒学认为人应该根据不断变化的社会现实来调整自身行为，审时度势，与时俱进。在儒学视野中，"人"是"时"的存在，人做任何事都处于既定的"时"

---

① 《论语·学而》。

② 《荀子·劝学》。

③ 《荀子·性恶》。

④ 《论语·子路》。

之中，人只有明了自身所处的时遇，合理调整自身的行为、对策，向时而动，使之合于宇宙之"时"和社会人生之"时"，"时止则止，时行则行，动静不失其时"①，才能建功立业，即谓："变通者，趣时者也"②"以亨行时中也"③。以孔子为例，孔子把善于掌握"时"看作是智慧的标志和君子行事的前提，即谓："好从事而亟失时，可谓知乎?"④这种价值取向也体现在孔子的自我评价中，孔子曾把自己同伯夷、叔齐、虞仲、夷逸、朱张、柳下惠、少连这七位世人眼中品性高洁之士作比较，得出的结论是"我则异于是，无可无不可"⑤，即孔子认为自己和他们的不同之处就在于孔子能够做到"无可无不可"，"无可无不可"指的是在不违背仁道的前提下，根据形势变化，不拘泥、不教条，灵活待人接物。对于孔子的这一自我评价，孟子作了进一步地肯定，孟子曰："伯夷，圣之清者也；伊尹，圣之任者也；柳下惠，圣之和者也；孔子，圣之时者也。孔子之谓集大成。"⑥《论语》记载的孔子向时而动的例子有很多，例如，针对"邦有道"和"邦无道"两种不同的"时"，孔子便给出了不同的行为选择和道德评价，即"邦有道，贫且贱

① 《周易·下经·艮》。
② 《周易·系辞下传》。
③ 《周易·蒙卦》。
④ 《论语·阳货》。
⑤ 《论语·微子》。
⑥ 《孟子·万章下》。

焉，耻也；邦无道，富且贵焉，耻也"①　"邦有道，谷；邦无道，谷，耻也"②"邦有道，则仕；邦无道，则可卷而怀之"③"邦有道，不废；邦无道，免于刑戮"④　"邦有道，则知；邦无道，则愚"⑤"邦有道，危言危行；邦无道，危行言孙"⑥，等等。对"时"的重视，实际上就是对不断变化的客观事实的尊重，不拘泥、不教条便是求实务实精神的突出体现。

　　总之，对于社会人生中的各种问题，儒学所倡导的是脚踏实地、实事求是的态度。在这种务实作风的熏陶下，中华民族历来注重在日常生活和人伦关系中表达自己的意愿，实现人生的价值，而很少陷入不务实际的清谈玄想之中，中国人历来重视实际，讲求实用，追求事功，而轻浮华、贬空谈、鄙玄虚，在中国人身上体现出来的是黜玄想而务实际的精神，正如章太炎所言："国民常性，所察在政事日用，所务在工商耕稼，志尽于有生，语绝于无验，人思自尊，而不欲守死事神，以为真宰，此华夏之民所以为达。"⑦

---

① 《论语·泰伯》。

② 《论语·宪问》。

③ 《论语·卫灵公》。

④ 《论语·公冶长》。

⑤ 《论语·公冶长》。

⑥ 《论语·宪问》。

⑦ 章太炎：《章太炎政论选集》（下册），北京：中华书局，1977年，第689页。

二、崇尚道德

　　由于受到农业生产周期以及古代中国生产力发展水平的限制，人们活动的范围很有限，聚集在一起生产、生活的人们之间往往存在着错综复杂的血缘和亲缘关系，有的部落或村庄的成员甚至都同属于一个大家族，在这种情况下，富于人情味的道德原则、教化手段比单纯的刑罚能更有效地调节人与人之间的关系，使之协调、团结和稳定。在这样的背景下，中华文明早在孔子之前就已经形成了注重道德、注重礼乐教化的传统，例如，中国上古传说中的黄帝、尧、舜、禹等都是道德的楷模；西周的周公还将对道德的看法上升到理论高度，以道德来解释天命，提出"惟德是辅""敬德保民"等思想，并且西周时已经形成了比较完备的具有道德教化功能的礼乐制度。中华传统文化崇尚道德的精神特色除了与农耕文明以及由此造就的熟人社会有关之外，还得益于儒学的熏陶浸染。孔子把夏、商、周三代礼乐文明所蕴含的道德元素发掘出来，创立了儒家学派。在学术追求上，儒学以塑造德化的理想人格和建构德化的理想社会为目标，这是儒学思考一切问题的出发点和落脚点。经过一代代儒者的努力，儒学以"仁"为核心建构起一整套完备的道德体系，对中华传统文化重德特色的形成，发挥了关键作用。

（一）贵仁、尚义、明礼

在儒学所建构的道德体系中，居于核心地位的是"仁"，经常与"仁"并举的是"义"和"礼"，仁、义、礼堪称儒学进行道德建构的骨架。

仁

关于"仁"，冯友兰先生认为，儒学经典中所提及的"仁"，"有些是'四德'（仁、义、礼、智）或'五常'（仁、义、礼、智、信）之一，而居其首；有些是全德之名，包括诸德……作为四德之一的仁，是一种道德范畴伦理概念；……作为全德之名的仁，是人生的一种精神境界。"[1]本节中的"仁"接近于冯友兰先生所讲的后一种涵义，是作为全德之名的"仁"，是儒学所追求的最高道德境界。孔子认为，若想完全达到"仁"的境界十分困难，孔子最欣赏的学生颜回也只能做到"其心三月不违仁"[2]，孔子也从不敢以仁人自居，他说："若

---

[1]冯友兰：《对于孔子所讲的仁的进一步理解和体会》，载《孔子研究》，1989年第3期。

[2]《论语·雍也》。

圣与仁，则吾岂敢？"①"仁"作为儒学所追求的最高道德境界，有着丰富的内涵，儒学所倡导的一切道德规范均可以纳入到"仁"的范畴中，单就《论语》而言，提到"仁"的地方就多达一百余处，根据不同的语境，孔子对"仁"作了不同的界定。

在儒学典籍中，关于"仁"，最接近于"全德之名"的表述恐怕就要属"仁者，人也"②这句话了。这句话的意思是说："仁就是人要像人那样去生活，亦即人要活成一个真正意义上的人；进一步具体地说，仁就是自觉地不懈追求理想人格、从而超越动物性自然人格的人生实践；简而言之，仁就是人的理想人格化。"③总之，在儒学的视野中，是否具备仁德是人与禽兽的根本区别，仁德践履水平的高低是君子与小人的分水岭，那些能在各种人伦关系中彻底践行仁德的人就是圣人，即"圣人，人伦之至也"④。儒学将仁德看作是人生最有价值的追求目标，"仁"对人来说不是瞬时性的概念、不是一蹴而就的事情，而是"死而后已"永无休止的过程，即谓"君子无终食之间违仁，造次必于是，颠沛必于是"⑤"士不可以不弘毅，任重而道远。仁以为己任，不亦重乎？死而后已，不亦远乎"⑥。在儒学看

---

① 《论语·述而》。
② 《中庸》第二十章。
③ 范长平：《孔子论"仁"之真义》，载《孔子研究》，1997年第2期。
④ 《孟子·离娄上》。
⑤ 《论语·里仁》。
⑥ 《论语·泰伯》。

来，有志于追求仁德的人，即使在独自一人时，也应对自身高标准、严要求，即"莫见乎隐，莫显乎微，故君子慎其独也"①。

总之，追求"仁"，需要极大的勇气、毅力和恒心，正所谓"仁者先难而后获"②，颜渊也正是因为在求"仁"的路上"见其进也，未见其止也"③而深得孔子赞赏。甚至在儒学视野中，"仁对于人"比"生命对于人"的意义还要重大，这就是孔子所说的"志士仁人，无求生以害仁，有杀身以成仁"④。

义

在儒学思想体系中，"义"简而言之就是道德主体在具体行事时依据"仁"所做的应当、应该、应为之判断，是经过反思后形成的自觉意识，即"义者，宜也"⑤。孟子用"心"与"路"、"宅"与"路"的关系来比喻仁与义的关系，即谓："仁，人心也；义，人路也"⑥"仁，人之安宅也；义，人之正路也"。⑦后来，宋明理学家又用"体"和"用"这对范畴来表述"仁"与"义"的关系，以"仁"为体，以"义"为用，认为二者"体

---

① 《中庸》第一章。
② 《论语·雍也》。
③ 《论语·子罕》。
④ 《论语·卫灵公》。
⑤ 《中庸》第二十章。
⑥ 《孟子·告子上》。
⑦ 《孟子·离娄上》。

用一源，显微无间"①。可见，在儒学视野中，"仁"需要以"义"来配合才能更好地发挥作用。

对于"仁"之所以需要"义"来配合这个问题，朱熹和陈淳解释得很好，朱熹说："仁虽似有刚直意，毕竟本是个温和之物。但出来发用时有许多般，须得是非、辞逊、断制三者，方成仁之事。"②陈淳曰："义就心上论，则是心裁制决断处。宜字乃裁断后字。裁断当理，然后得宜。凡事到面前，便须有剖判，是可是否。"③可见，"义"就是"仁"向具体的道德行为转化的枢纽，例如，有仁心的人在"义"的引导下，在处理父子关系时就会表现为父慈子孝，在处理兄弟关系时就会表现为兄友弟恭，在处理夫妻关系时就会表现为夫妇和顺。此外，"义"对一般行为还可以起到校正的作用，例如，"勇"需要"义"来调节，即"君子有勇而无义为乱"④；"信"需要"义"来辅佐，即"信近于义，言可复也"⑤；"直"需要"义"作补充，即"质直而好义"⑥。总之，"仁"是出发点，是"义"的心理基础和理性依据；"义"则是判断善恶的杠杆，它使"仁"具体化，可以协助人们将仁德转化成具体的善行，并对人的行为进行调

---

① 《周易程氏传·易传序》。

② 《朱子语类》卷六。

③ 《北溪字义·仁义礼智信》。

④ 《论语·阳货》。

⑤ 《论语·学而》。

⑥ 《论语·颜渊》。

节，是"仁"的补充和引申。"仁"离开了"义"，"仁"就得不
到落实；"义"离开了"仁"，"义"就失去了根据。仁与义相依
相济、相得益彰，仁义结合才能正确行事，正所谓"仁者，义
之本也"①"义者，仁之断制"②。仁义结合，用孟子的话来讲便是
"居仁由义，大人之事备矣"③。对于那些没有勇气承担道德义务
和责任，做不到"居仁由义"的人，孟子斥之为"自暴自弃"，
孟子曰："自暴者，不可与有言也；自弃者，不可与有为也。言
非礼义，谓之自暴也；吾身不能居仁由义，谓之自弃也。"④

　　谈到"义"，不能回避的便是义利关系问题，朱熹曰："义
利之说，乃儒者第一义。"⑤对于"义"与"利"这两种不同的
行为准则，儒家的基本立场是：以"义"为旨归，将"利"统
一到"义"的旗帜下，重义轻利、以义制利、见利思义、见得
思义。总体来看，儒学处理义利关系的这种价值取向有三个突
出特点：

　　其一，儒学并不是反对一切"利"，而只是反对与"义"
相违背的"利"。例如，孔子并不讳言"利"，在治理民众时，
孔子认为首先应"富之"，然后才是"教之"，并说："富而可

---

① 《礼记·礼运》。

② 《朱子语类》卷六。

③ 《孟子·尽心上》。

④ 《孟子·离娄上》。

⑤ 《晦庵先生朱文公文集·与延平李先生书》，见《朱子全书》。

求也，虽执鞭之士，吾亦为之。"①孟子在劝导齐宣王施以仁政时，也是建议先采取经济措施保障人民安居乐业的基本利益，否则，"此惟救死而恐不赡，奚暇治礼义哉?"②对于正当利益，儒家的态度是坦然接受，例如，当孟子的学生公孙丑问孟子"仕而不受禄，古之道乎"时，孟子明确回答说："非也。"③荀子亦认为"好利恶害，是君子、小人之所同也，若其所以求之之道则异矣"④。儒家这些话语肯定了人对正当利益的追求，从中可以看出，儒学处理义利关系的关键点不在于要不要"利"、要多大"利"，而在于所要之"利"是否符合"义"，正所谓"非其道，则一箪食不可受于人；如其道，则舜受尧之天下，不以为泰"⑤。总之，在儒学的视野中，贫穷并不等于正义，富贵并不一定不"义"，"穷不失义""达不离道"⑥"欲利而不为所非"⑦才是儒学在义利问题上所追求的境界，去一切利并非儒学的初衷，去非"义"之利才是儒学的目的。

其二，在义利发生冲突、二者不可得兼的情况下，儒家主张以"义"为先，即谓："富与贵，是人之所欲也；不以其道

---

① 《论语·述而》。
② 《孟子·梁惠王上》。
③ 《孟子·公孙丑下》。
④ 《荀子·荣辱》。
⑤ 《孟子·滕文公下》。
⑥ 《孟子·尽心上》。
⑦ 《荀子·不苟》。

得之，不处也。"①儒家认为人不仅应具备"不义而富且贵，于我如浮云"②的胸怀，甚至还要拿出"舍生取义"的勇气，例如，孟子讲："鱼，我所欲也，熊掌亦我所欲也；二者不可得兼，舍鱼而取熊掌者也。生亦我所欲也，义亦我所欲也；二者不可得兼，舍生而取义者也。生亦我所欲，所欲有甚于生者，故不为苟得也；死亦我所恶，所恶有甚于死者，故患有所不辟也。"③舍生取义可谓是儒学对其所倡导的义利观最坚决的贯彻。

其三，儒学所讲的"义"不带有任何功利色彩。在践行仁义的道路上，儒学认为应该秉持"由仁义行，非行仁义"④的心态。"由仁义行"是指把"仁义"当作目的，自觉按照"仁义"的要求去做事，这完全是道德主体自觉自愿的选择，而非出于任何功利目的或外在压力，以致达到了习惯成自然的境地；而"行仁义"则是指把"仁义"当成手段以实现某种功利目的，这是儒家所反对的心态。在儒家看来，"义"本身便具有独立价值，不需要"利"来证明，这种思想被汉儒董仲舒所发挥，提出了"夫仁人者，正其谊不谋其利，明其道不计其功"⑤的命题。

---

① 《论语·里仁》。
② 《论语·述而》。
③ 《孟子·告子上》。
④ 《孟子·离娄下》。
⑤ 《汉书·董仲舒传第二十六》。

礼

"礼"字早在殷商卜辞中便已出现，原指敬神或祭祖的器物和仪式，《说文解字》释"礼"曰："礼，履也，所以事神致福也。"及至西周，周人对原始的巫术礼仪制度进行总结和改革，使之进一步完备化、精致化，形成了蔚为大观的"周礼"。"周礼"是对西周礼乐制度、典章规范的总称，它对维系西周的社会稳定起到了十分重要的作用。随着西周的没落，其礼乐制度也随之衰落，"僭礼"事件层出不穷，整个社会陷入了"礼崩乐坏"的混乱局面。孔子对这种情状十分痛心，孔子及其所创立的儒家学派对周朝的礼乐文化进行了改造，为其注入了更多的人文道德精神。具体而言，儒家的"礼"学思想主要有以下一些特征：

其一，以"仁"来规定"礼"，赋予"礼"以道德实质。以孔子为例，孔子曰："礼云礼云，玉帛云乎哉？乐云乐云，钟鼓云乎哉？"[1]言外之意即是：礼并不仅仅指玉帛、钟鼓这些外在形式，而是包含着更为深刻的实质内容。例如，孔子曰："居上不宽，为礼不敬，临丧不哀，吾何以观之哉？"[2]这里所讲的"宽""敬""哀"便是君臣上下之礼和丧礼所要表达的实质内容。再例如，孔子曰："能以礼让为国乎？何有？不能以

---

[1]《论语·阳货》。

[2]《论语·八佾》。

礼让为国，如礼何？"①这句话中的"让"就是治国之礼要表达的实质内容。而各种各样具体的"礼"所要展现的各种各样的美德，都可以用一个字来概括，那就是"仁"，即谓："人而不仁，如礼何？人而不仁，如乐何？"②

其二，强化"礼"对道德人格的塑造作用。儒家将"礼"与道德人格的塑造相结合，把"克己复礼"看作是求"仁"之方，即谓："克己复礼为仁。一日克己复礼，天下归仁焉。"③"礼"对于"仁"和"义"具有节制、文饰、补充的作用，即谓"仁之实，事亲是也；义之实，从兄是也；……礼之实，节文斯二者是也"④。在成就理想人格的征途上，"礼"不可或缺，正如孟子所说："君子所以异于人者，以其存心也。君子以仁存心，以礼存心。仁者爱人，有礼者敬人。……非仁无为也，非礼无行也。"⑤在儒学的视野中，"礼"既是道德修养的保障，也是道德修养的一部分，行"礼"即履德。

其三，强化"礼"对社会有序运行的保障作用。儒家从人伦秩序、等级制度、社会规范的角度来理解"礼"。一方面，儒家认为"礼"可以节制人的欲望，调节社会资源分配，即谓："礼起于何也？曰：人生而有欲，欲而不得，则不能无求；

---

① 《论语·里仁》。
② 《论语·八佾》。
③ 《论语·颜渊》。
④ 《孟子·离娄上》。
⑤ 《孟子·离娄下》。

求而无度量分界，则不能不争；争则乱，乱则穷。先王恶其乱也，故制礼义以分之，以养人之欲、给人之求，使欲必不穷乎物，物必不屈于欲，两者相持而长。是礼之所起也。"① 另一方面，儒家认为"礼"可以帮助社会成员明晰自身的身份角色和权利义务，即"礼也者，贵者敬焉，老者孝焉，长者弟焉，幼者慈焉，贱者惠焉"②。可见，在儒家视野中，"礼"是规范社会秩序、约束人的行为的有效手段，"礼"与人的道德水平的提高和社会的有序和谐紧密相连，即谓："礼及身而行修，义及国而政明；能以礼挟而贵名白，天下愿，令行禁止，王者之事毕矣。"③

其四，儒学所倡导的"礼"尽管有维护封建等级制度的一面，但也在一定程度上扩大了"礼之敬"的范围。例如，孟子认为有身份有地位的富贵者以及年长者固然值得尊重，但有德性的人同样值得尊重，即谓："天下有达尊三：爵一，齿一，德一。朝廷莫如爵，乡党莫如齿，辅世长民莫如德。"④ 此外，儒家并没有把"礼"看作是地位低者单方面的付出，而是强调双方互相尊重。例如，孔子认为"臣事君以忠"需要"君使臣以礼"相配合⑤，孟子亦认为君主应给与贤士以足够的尊重，孟

---

① 《荀子·礼论》。
② 《荀子·大略》。
③ 《荀子·致士》。
④ 《孟子·公孙丑下》。
⑤ 《论语·八佾》。

子讲："古之贤王好善而忘势；古之贤士何独不然？乐其道而忘人之势，故王公不致敬尽礼，则不得亟见之。"①除君臣关系之外，儒家所倡导的父慈子孝、夫义妇顺、兄友弟恭等也都体现了儒家对"礼"的这一认识。

其五，对"礼"的执行不能教条化，应以仁义为旨归。儒家认为一种行为是否合"礼"，不应仅从形式上判断，而应透过现象看本质，以是否符合"仁义"为标准。如果"礼"在某种情况下违背"仁义"，那就不应再恪守，而应予以权变。例如，淳于髡曾经问孟子："男女授受不亲，礼与?"在得到孟子肯定的答复后，淳于髡进一步追问："嫂溺，则援之以手乎?"这时，孟子的回答是"嫂溺不援，是豺狼也。男女授受不亲，礼也。嫂溺，援之以手者，权也"②。可见，在"嫂溺"的危急情况下，"男女授受不亲"之礼便必须做出变通，"礼"的形式必须为仁义让步。

总之，"道德仁义，非礼不成；教训正俗，非礼不备；分争辨讼，非礼不决；君臣上下，父子兄弟，非礼不定；宦学事师，非礼不亲；班朝治军、莅官行法，非礼威严不行；祷祠祭祀，供给鬼神，非礼不诚不庄"③是儒学的共识，在儒家"以礼为制"的熏陶下，古代中国获得了"礼仪之邦"的美称。

---

① 《孟子·尽心上》。
② 《孟子·离娄上》。
③ 《礼记·曲礼上》。

（二）肯定人具备道德完善的潜力

在儒学的思想体系中，完善道德并不是一件神秘的事情，经由个体的努力，通过践行仁、义、礼，便可以成就理想人格，即"为仁由己"①。即使对于理想人格中的最高一格——代表着"人伦之至"②的圣人，儒家的观点亦是"圣人可学"。例如，程颐曾讲："圣人可学而至欤？曰：然。学之道如何？……然学之道，必先明诸心，知所养，然后力行以求至，……此其好之笃，学之得其道也。然圣人则不思而得，不勉而中；颜子则必思而后得，必勉而后中。其与圣人相去一息，所未至者守之也，非化之也。以其好学之心，假之以年，则不日而化矣。后人不达，以谓圣本生知，非学可至，而为学之道遂失。"③圣人可学"的过程就是一个发挥主观能动性以仁、义、礼来修身的过程。

"为仁由己"以及"圣人可学"的理念根源于儒家对"人性"的认识。关于人性，孔子只讲了一句："性相近也，习相远也"④。但孔子没有明言相近之性是善还是恶，这为后继儒者的理论拓展留下了余地。在人性问题上，最有代表性的当属孟

---

① 《论语·颜渊》。

② 《孟子·离娄上》。

③ 《宋史》卷427。

④ 《论语·阳货》。

子的"性善论"和荀子的"性恶论"。

"孟子道性善，言必称尧舜"①，孟子从"类"的角度来思考人性，将普通人与"圣人"作类比，即"麒麟之于走兽，凤凰之于飞鸟，太山之于丘垤，河海之于行潦，类也。圣人之于民，亦类也"②。进而，依据"凡同类者，举相似也"③，得出"我"与圣人同类、"我"与圣人一样都具有善性的结论。与圣人同类的这种人性之善在孟子视野中不仅人人都有，而且是先天便有，孟子称之为仁义礼智"四端"，即"恻隐之心，仁之端也；羞恶之心，义之端也；辞让之心，礼之端也；是非之心，智之端也"④。在孟子看来，"人之有是四端也，犹其有四体也"⑤"仁义礼智，非由外铄我也，我固有之也"⑥。当然，"善端"只是说明人有向善的可能，如果想把"可能的善"发展成"现实的善"，还需要后天悉心养护、将善端扩而充之，这样才能真正成为一个有道德的人，即谓："凡有四端于我者，知皆扩而充之矣，若火之始然，泉之始达。苟能充之，足以保四海；苟不充之，不足以事父母。"⑦如果不注意保养和扩充善端，那

①《孟子·滕文公上》。
②《孟子·公孙丑上》。
③《孟子·告子上》。
④《孟子·公孙丑上》。
⑤《孟子·公孙丑上》。
⑥《孟子·告子上》。
⑦《孟子·公孙丑上》。

么尚处于萌芽状态、十分脆弱的善端便会失去，孟子以"牛山之美"作比喻来讲述这个道理："牛山之木尝美矣，以其郊于大国也，斧斤伐之，可以为美乎？是其日夜之所息，雨露之所润，非无萌蘖之生焉，牛羊又从而牧之，是以若彼濯濯也。人见其濯濯也，以为未尝有材焉，此岂山之性也哉？虽存乎人者，岂无仁义之心哉？其所以放其良心者，亦犹斧斤之于木也，旦旦而伐之，可以为美乎？"①按照孟子的说法，人变恶的过程就像牛山上的树被砍伐一样，并不能归结为本性不好。正因为"善端"需要养护和扩充，所以孟子的"性善论"才既具有理想主义色彩，又具有理性主义色彩。基于"性善论"，孟子提出了"人皆可为尧舜"的命题，即"人皆可以为尧舜……子服尧之服，诵尧之言，行尧之行，是尧而已矣。子服桀之服，诵桀之言，行桀之行，是桀而已矣"②，最终成为什么样的人，完全取决于主体的选择。

在人性问题上，荀子另辟蹊径，他持"性恶论"，荀子说："人之性恶，其善者伪也。"③"性"和"伪"是荀子人性论中最重要的两个概念，在荀子眼中，"性"乃"天之就也，不可学，不可事"④，饥而欲饱、寒而欲暖、劳而欲休、目好色、耳好声、口好味、心好利、骨体肤理好愉快等，都属于人性的

---

① 《孟子·告子上》。
② 《孟子·告子下》。
③ 《荀子·性恶》。
④ 《荀子·性恶》。

范畴，这是从自然本能的角度来理解人性。荀子认为"从人之性，顺人之情，必出于争夺，合于犯分乱理，而归于暴"①，荀子由此得出"人性恶"的结论。与"性"相对，荀子将师法之化、礼义之道等后天的教化手段称之为"伪"，他认为通过接受师法之化、学习礼义之道，可以改变人性，使人的行为"出于辞让，合于文理，而归于治"②，这就是荀子所说的"化性起伪"。可见，荀子虽然主张"性恶"，但并没有止于"性恶"，他所孜孜追求的是"化性起伪"以变恶为善。在荀子的视野中，人的本质、人之高贵之处仍然在于人懂得仁义道德，即谓："水火有气而无生，草木有生而无知，禽兽有知而无义；人有气、有生、有知，亦且有义，故最为天下贵也。"③为了"化性起伪"、实现人之为人的本质，荀子特别强调后天"积"的作用，在荀子看来，"积土而为山，积水而为海，旦暮积谓之岁，至高谓之天，至下谓之地，宇中六指谓之极，涂之人百姓积善而全尽谓之圣人。彼求之而后得，为之而后成，积之而后高，尽之而后圣。故圣人也者，人之所积也"④。"本始材朴"之性虽然生而具有、非人力所能为，但通过后天"积善不息"，可以发生质的变化，由恶变善。正是基于对人性可变可化的认识，荀子得出了"涂之人可以为禹"的结论，即谓："涂之人

---

①《荀子·性恶》。

②《荀子·性恶》。

③《荀子·王制》。

④《荀子·儒效》。

可以为禹……凡禹之所以为禹者，以其为仁义法正也。然则仁义法正有可知可能之理，然而涂之人也，皆有可以知仁义法正之质，皆有可以能仁义法正之具……今使涂之人者，以其可以知之质、可以能之具，本夫仁义之可知之理、可能之具，然则其可以为禹明矣。"①这是荀子"性恶论"的重点。

可见，无论是"性善论"，还是"性恶论"，出发点与论证方式虽不同，但却殊途而同归，落脚点都在于探索塑造理想人格的有效方式，都以仁德为旨归，都肯定了人在道德上具备自我完善的潜力。这便为人们提升道德境界开拓了道路，坚定了信心。孔、孟、荀关于"人性"可变可化的看法，确定了儒学在人性问题上重视后天习染的基调，后世儒学关于"人性"问题的具体理论观点尽管有差异，但是肯定人具备道德完善的潜力，注重发挥人的主观能动性却是共同的思维旨趣。

（三）以道德作为价值评判的依据

在充分肯定个体道德潜力的基础上，以仁、义、礼为旨归，儒学建构了一整套完备的道德体系，从普通百姓做人做事到帝王将相治国理政，方方面面、无所不包。这种对道德的极致推崇，体现在社会生活的方方面面。

其一，对个体人格修养来说，儒学主导下的中华优秀传统

---

① 《荀子·性恶》。

文化把道德看作是人之为人的根据。前文提到，在儒学的视野中，儒学把懂不懂仁义道德看作是人与禽兽的界限，把道德践履水平的高低看作是君子与小人的分水岭。因而，儒家无论是评价人事、家事还是国事，其标准都是看其是否符合仁德；无论是择偶、择友还是择官，仁德都是首先被考虑的因素。例如，孔子认为，一个人"如有周公之才之美，使骄且吝，其余不足观也已"①。孟子和荀子作为孔子的后继，他们对人性的看法尽管不同，孟子主张"人性善"，荀子主张"人性恶"，但却殊途而同归，落脚点都是探索塑造理想人格的有效方式，都以仁德为旨归。孟子曰："人之所以异于禽兽者几希？"②即：人和动物之间的区别并不大，言外之意是这一点点区别就在于有没有道德观念。又讲："君子所以异于人者，以其存心也。君子以仁存心，以礼存心。"③即：君子与普通人的区别就在于能否以"仁"和"礼"作为立身行事的价值主导。荀子虽然主张"人性恶"，但并没有止于性恶，他所津津乐道的是通过"化性起伪"变恶为善，与孟子一样，他也将仁义道德看作是人的高贵性之所在。孔、孟、荀之后，后世儒学虽几经变化，流派众多，但把仁德作为人生的最高追求、把实现仁德看作是成人的标志，却是儒者们共同的观点。例如，朱熹曰："学者须是

---

① 《论语·泰伯》。

② 《孟子·离娄下》。

③ 《孟子·离娄下》。

求仁"①"圣人亦只教人求仁"②。陈淳讲："孔门教人，求仁为大。只专言仁，以仁含万善，能仁则万善在其中矣。"③罗汝芳也曾说："孔门宗旨只在求仁。"④总之，在儒学看来，只有具备了道德，才是真正意义上成人，道德生活才是值得追求的生活。

其二，对个体价值实现来说，儒学主导下的中华优秀传统文化将内在人格的完善看作是成就事功的出发点和先决条件，将修身与齐家、治国、平天下相联系，讲究由"内圣"开出"外王"。关于这一点，《大学》有明确清晰的阐述，《大学》曰："物有本末，事有终始。知所先后，则近道矣。古之欲明明德于天下者，先治其国；欲治其国者，先齐其家；欲齐其家者，先修其身……身修而后家齐；家齐而后国治；国治而后天下平。自天子以至于庶人，壹是皆以修身为本。其本乱而未治者否矣。其所厚者薄，而其所薄者厚，未之有也。"⑤修身不仅是齐家、治国的基础，而且在儒学视野中，道德修养方面取得的成就根本不逊色于家庭、事业、财富等外在的成功。例如，《左传》在论证何谓"不朽"时，便将"立德"置于首位；当道义与利益发生冲突时，儒家认可的是"君子喻于义，小人

---

① 《朱子语类》卷六。

② 《朱子语类》卷六。

③ 《北溪字义·仁义礼智信》。

④ 《近溪子明道录·卷七》，见《续修四库全书（一一二七·子部·杂家类）》。

⑤ 《大学》第一章。

喻于利"①"先义而后利者荣，先利而后义者辱"②；在权贵面前，儒家先哲挺立起来的是"晋楚之富，不可及也；彼以其富，我以吾仁；彼以其爵，我以吾义，吾何慊乎哉"③的气节和尊严；在生死面前，儒学倡导的是舍生取义、杀身成仁。可以说，在儒学看来，与功名利禄相比，道德完善带给人的幸福才是充实而高尚的幸福。

其三，对国家治理来说，儒学主导下的中华优秀传统文化倡导的是以德治国、德主刑辅的理念。西周推翻商朝之后，统治者为了给这种政权更迭寻求到合理性，即提出了"皇天无亲，惟德是辅；民心无常，惟惠之怀"④的思想，彰显了统治者自身的道德素质对国家前途命运的重要影响。此后，儒家将德治理念进一步系统化。儒家认为以德服人，更能征服民众的内心，即谓："以力服人者，非心服也，力不赡也；以德服人者，中心悦而诚服也。"⑤而要做到以德服人，统治者自身必须首先做好道德表率，即谓："上好礼，则民莫敢不敬；上好义，则民莫敢不服；上好信，则民莫敢不用情。"⑥在制定具体的施政方略时，德治理念要求统治者从养民、富民，使民以时、与

① 《论语·里仁》。

② 《荀子·荣辱》。

③ 《孟子·公孙丑下》。

④ 《尚书·周书·蔡仲之命》。

⑤ 《孟子·公孙丑上》。

⑥ 《论语·子路》。

民同乐等方面下功夫。反之，对于暴政，儒家则予以痛斥，例如，孔子讲："苛政猛于虎也。"[1]孟子曰："庖有肥肉，厩有肥马，民有饥色，野有饿莩，此率兽而食人也。"[2]在具体的治理手段上，以德治国要求以教化为主，以刑罚为辅，认为道德教化比刑罚更有效果，即谓："道之以政，齐之以刑，民免而无耻；道之以德，齐之以礼，有耻且格"[3]"仁言不如仁声之入人深也，善政不如善教之得民也。善政，民畏之；善教，民爱之。善政得民财，善教得民心"[4]。当然，在治国理政方面，儒家也并非仅遵循德治这一种治国手段，他们也在一定程度上认可刑罚的作用，即"徒善不足以为政，徒法不能以自行"[5]"治之经，礼与刑，君子以修百姓宁。明德慎罚，国家既治，四海平"[6]。但总体来说，德治是儒学所倡导的主要治理手段。自汉代开始，儒家思想即被立为治国思想，儒家的德治理念也因此深刻地影响了中国的历史进程。中国古代的君主为维护巩固自身的统治，总是尽力将自己塑造成有德君主的形象。中国古代的历史书在评价一个君主是明君还是暗主时，在评价一朝是开明还是腐败昏庸时，所采用的标准也几乎都是看其是否符合

① 《礼记·檀弓下》。
② 《孟子·梁惠王上》。
③ 《论语·为政》。
④ 《孟子·尽心上》。
⑤ 《孟子·离娄上》。
⑥ 《荀子·成相》。

仁、义、礼的要求，那些在政治上采取温和的、道德教化的方式来施政的君主往往会受到更多褒扬，而那些采取疾风骤雨式的残暴方法进行统治的君主则往往被冠以"暴君"之名而受到谴责。

综上所述，儒学主导下的中华优秀传统文化将道德视为人与动物的根本区别，将道德水准的高低看作是文明与野蛮的分水岭，将内在人格的完善看作是成就事功的出发点和先决条件，将完善道德看作人生最有价值的追求，将德治视为理想的治理手段。儒学以仁、义、礼为核心范畴所进行的伦理架构为普通百姓乃至高高在上的封建君主都树立了精神世界中的道德标准，从个体修养、人生价值到国家治理，崇尚道德的精神处处都有体现。正因为对道德的极致推崇，儒学又被视为道德实践哲学，中华传统文化也因此被世人称为伦理型的文化。这种价值取向深深地影响着中华民族，将中华民族塑造成一个注重道德价值、注重追求精神满足的有气节、有操守的民族。在日常生活中，中华民族的气节、操守主要表现为修身养性都以"仁"为旨归，进退取舍都以"义"为原则，尊卑长幼都以"礼"相待；在民族危亡时，中华民族的气节操守主要表现为高扬民族大义而舍生取义、杀身成仁。仁、义、礼自古以来便作为道德力量挺立在中国社会中，早已成为中华民族的价值共识，对中国历史进程产生了积极的影响。

三、注重群体

注重群体是中华传统文化的主要特色，中华传统文化之所以呈现出这样一种精神风貌，一方面，如第一章所论述的那样，既与农耕为主的生产方式有关，又与大家族的家庭结构和家国同构的社会结构有关；另一方面，这种精神特色的形成，亦得益于儒家思想的大力倡导。

（一）在群体中定位个体

在儒学视野中，"人"不是孤零零的个体，而是"群"的存在，个人寓于群体之中，是有社会角色、社会责任、社会义务在身的社会人。每个人都须按照社会关系定位自身，根据自身的社会角色来承担相应的权利、责任和义务。例如，为父则要"父慈"，为子则要"子孝"，为兄则要"兄友"，为弟则要"弟恭"，为君则要"使臣以敬"，为臣则要"事君以忠"等等。儒学所倡导的诸多道德规范指向的都是群体利益，表征的都是人与人之间相互的责任和义务。可以说，儒学的核心理念几乎全部都围绕人的合群体性而建构，建构群体生活秩序是其核心目标。

　　以"仁"为例，从词源来看，《说文解字》释"仁"曰："亲也，从人，从二"，这表征的就是人与人之间的关系；从词意来看，《论语》将"仁者爱人"视作"仁"最基本的含义，"仁者爱人"就是要爱"我"之外的其他人，这种"爱"首先指向的是以父母、子女、兄弟为代表的家族成员，然后再由爱父母、子女、兄弟出发，推而广之爱社会上的其他人，即"老吾老，以及人之老；幼吾幼，以及人之幼"①。可见，无论从词源还是儒学本意来看，"仁"表征的都是人与人之间关系的凝聚。

　　在儒学的视野中，个体能力有限，人必须存身于群体之中、必须依赖他人而存在，离群索居没有出路，即"且一人之身，而百工之所为备"②"故百技所成，所以养一人也。而能不能兼技，人不能兼官，离居不相待则穷"③。儒学认为人只有借助群体才能体现出人的优越性，即谓："力不若牛，走不若马，而牛马为用，何也？曰：人能群，彼不能群也。"④儒学由此得出"人生不能无群"⑤的结论。

　　为了要更好的"群"，孔子的解决方式是"正名"。"名"在社会伦理意义上，是人之社会角色的表征，不同的"名"具有不同的伦理属性，包含着不同的权利、责任、义务和德才

----

① 《孟子·梁惠王上》。
② 《孟子·滕文公上》。
③ 《荀子·富国》。
④ 《荀子·王制》。
⑤ 《荀子·王制》。

要求，可以给人定位。孔子讲："名不正，则言不顺；言不顺，则事不成；事不成，则礼乐不兴；礼乐不兴，则刑罚不中；刑罚不中，则民无所错手足。"①可见，在孔子看来，"正名"是和谐社会关系、使"群"之为"群"的制度前提。因此，当齐景公问政于孔子时，孔子对曰："君君，臣臣，父父，子子。"②"君君"是指享有君之名的人要有"君"的威严，要具备"君"之名所要求的才能德行，真正起到"君"的作用；"臣臣"是指享有"臣"之名的人，要有"臣"的样子，胜任"臣"的职能；"父父"是指享有"父"之名的人要有为"父"的尊严，尽到为"父"的责任；"子子"是说享有"子"之名的人，要有当"子"的姿态，尽到当"子"的义务。可见，在社会领域，儒家的"正名"就是要用"名"来匡正人的行为，使每个人都能对自己在群体中的定位有准确认知，都能对自身的权利、责任、义务有自知之明，从而使人自觉地将言行对号入座，自觉接受"名"所对应的仁、义、礼等道德规范的约束，扮演好自己的社会角色。儒学认为，如果每个社会成员都能够明晰自身在群体中的社会角色并承担起该角色所附带的责任和义务，每个人都能各司其职，有"欲为君，尽君道；欲为臣，尽臣道"③"不在其位，不谋其政"④的觉悟，那么，整个社会便可以

---

① 《论语·子路》。

② 《论语·颜渊》。

③ 《孟子·离娄上》。

④ 《论语·宪问》。

井然有序、层级分明、有效运转了。

　　"正名"的过程就是"分"的过程,"分"即区分,关于"分"的作用,荀子论述道:"贵贱不明,同异不别。如是,则志必有不喻之患,而事必有困废之祸。故知者为之分别制名以指实,上以明贵贱,下以辨同异。贵贱明,同异别,如是,则志无不喻之患,事无困废之祸。此所为有名也。"①这段话的意思是,贵贱如果不能明确,同异如果不能分别,那么思想就会有表达不清的忧患,而事物就会有困顿废弃的祸患,所以,有智慧的人会致力于明贵贱、别同异。可见,在荀子的视野中,"分"的目的是为了更好地"群","分"可以确保"群"不是松散而随意地简单聚集和机械相加,而是成为层级分明、井然有序的存在,这样才能凝聚群体的力量,即"人生不能无群,群而无分则争,争则乱,乱则离,离则弱,弱则不能胜物"②。因而,儒家将"无分"看作"人之大害",将"有分"视为"天下之本利"、人君"所以管分之枢要",即谓:"故无分者,人之大害也;有分者,天下之本利也;而人君者,所以管分之枢要也。"③

　　"分"的制度设计便是"礼","礼"是正确处理"群"与"分"之间关系的保障,"礼"作为伦理秩序和社会规范,对各种社会角色所应附带的权利、责任、义务进行了明确细致的规

---

① 《荀子·正名》。
② 《荀子·王制》。
③ 《荀子·富国》。

定，荀子说："礼之于正国家也，如权衡之于轻重也，如绳墨之于曲直也。故人无礼不生，事无礼不成，国家无礼不宁。君臣不得不尊，父子不得不亲，兄弟不得不顺，夫妇不得不驩，少者以长，老者以养。故天地生之，圣人成之。"①可见，"礼"可以在保持人与人之间差别的同时，对人与人之间的关系进行协调和维护，使"贵贱有等，长幼有差，贫富轻重皆有称者也"②，这样便可以使人各守其份、各安其职、各得其所，从而使"群"和谐有序。关于"礼"的相关内容，前文已有论及，这里不再赘述。

总之，以儒学为代表的中华优秀传统文化将人视作"群"的存在，强调人对"群"的依赖。为了使群体和谐运转，儒学建构了一整套以"正名"、"分"、"礼"等为主要内容的制度设计和伦理规范。在漫长的历史岁月中，伴随着儒学的影响，它们涵育、强化着中华民族"以群为重"的价值理念。

（二）以责任担当作为衡量个体价值的尺度

儒学倡导为群体做贡献，以个体对群体的贡献大小，作为衡量个体价值的尺度。在儒学视野中，"成己"与"成人"是一体的，"独善其身"理应过渡到"兼济天下"。

①《荀子·大略》。
②《荀子·富国》。

当子路问孔子什么是君子时，师生之间展开了这样一段对话："子路问君子。子曰：'修己以敬。'曰：'如斯而已乎？'曰：'修己以安人。'曰：'如斯而已乎？'曰：'修己以安百姓。修己以安百姓，尧舜其犹病诸。'"①可见，在孔子看来，君子绝不能仅仅止步于"修己以敬"，君子一定要有"修己以安人""修己以安百姓"的情怀和抱负。当学生问起孔子的理想时，孔子回答说，他希望他自己能够让"老者安之，朋友信之，少者怀之"②，即孔子希望自己能够成为对社会、对他人有益的人，能给后世留下值得怀想的事迹。孔子特别推崇"博施济众"，甚至认为其比"仁"的境界还高，所以，当子贡问孔子"如有博施于民而能济众，何如？可谓仁乎"时，孔子回答说："何事于仁！必也圣乎！"③可以说，从孔子开始，儒学就开启了将个体价值与群体价值紧密相连的思想路向。

儒家从不满足于"独善其身"，而总是心系天下、忧国忧民，儒家本身就是一个有着强烈历史使命感和社会参与意识的思想学派，对于社会政治生活，儒家从来就不是一个旁观者。孔子面对春秋时期礼坏乐崩的社会混乱局面，痛心疾首，为了实现以"仁道"为社会纠偏的宏图大志，他四处奔走，游说列国，虽然屡遭困厄、到处碰壁，但从未放弃努力，直接努力不奏效，孔子便转而收徒讲学、诲人不倦，希图通过扩大学说影

---

① 《论语·宪问》。

② 《论语·公冶长》。

③ 《论语·雍也》。

响来改善社会局面。孔子评价自己说："发愤忘食，乐以忘忧，不知老之将至云尔。"①当一些隐者讥讽孔子的济世行为时，孔子则回答说："鸟兽不可与同群，吾非斯人之徒与而谁与？天下有道，丘不与易也。"②这段话的意思是说"我不是鸟兽，我不能满足于与鸟兽在一起，天下若是有道，我就不用出来推动社会变革了"。可见，面对社会的不完美，孔子做不到袖手旁观，对于孔子这段话，朱熹和程颐理解得十分精当，朱熹注解说："言所当与同群者，斯人而已。岂可绝人逃世以为洁哉？"③程颐注解说："圣人不敢有忘天下之心，故其言如此也。"④

　　后世儒者继承了孔子这种心忧天下的精神，发表了很多光辉言论，例如，司马迁说："常思奋不顾身以殉国家之急。"⑤贾谊讲："国耳忘家，公耳忘私。"⑥范仲淹云："居庙堂之高，则忧其民；处江湖之远，则忧其君。是进亦忧，退亦忧。然则何时而乐耶？其必曰'先天下之忧而忧，后天下之乐而乐'欤！"⑦陆游讲："位卑未敢忘忧国。"⑧明清之际黄宗羲亦曰："不以一己之利为利，而使天下受其利；不以一己之害为害，而使

----

① 《论语·述而》。

② 《论语·微子》。

③ 《四书章句集注·论语集注》。

④ 《四书章句集注·论语集注》。

⑤ 《报任安书》。

⑥ 《汉书·贾谊传第十八》。

⑦ 《岳阳楼记》。

⑧ 《病起书怀》。

天下释其害。"①顾炎武曾慷慨陈词："天生豪杰，必有所任，如
人主之于其臣，授之官而与以职。今日者拯斯人于涂炭，为
万世开太平，此吾辈之任也。"②傅山亦云："排难解纷，济人利
物，是大丈夫本分事。"③

　　总之，"保天下者，匹夫之贱与有责焉耳矣"④，以儒学为代
表的中华优秀传统文化所倡导的是：将个体价值与群体价值紧
密相连，将群体价值视作个体价值的参照系，把个体为群体所
尽的责任和义务，即个体对家庭、对社会的贡献看作是衡量个
体价值的标尺，认为人应该在有生之年，尽量多做对群体有意
义的事情，进德修业、死而后已。当个体利益与群体利益发生
冲突时，主张以群体利益为重，必要时须勇于牺牲个体利益以
成全群体利益，甚至应舍生取义、杀身成仁。中华优秀传统文
化看重的是个体对群体的贡献，看重的是个体行为对当代和后
世的影响，而不是一己之得失。我们的文化传统认为通过建功
立业，肉体虽然消亡了，但所做出的业绩却可惠及后世，为后
世所铭记，这也便成就了不朽。这些理念在前文中均做过相关
论述，这里不再赘述。

① 《明夷待访录·原君》。
② 《病起与苏蒇门当事书》，见《亭林诗文集·诗律蒙告》。
③ 《霜红龛集·卷三十七杂记二》，见《陈批霜红龛集（全三册）》。
④ 《日知录·正始》。

（三）追求个体价值与群体价值的有机统一

需要澄清的一点是，中华传统文化强调以群为重，并非意味着忽略和抹煞个体价值，而是主张在不妨碍群体价值的前提下实现个体价值，或者在实现群体价值的过程中实现个体价值。在儒家先哲看来，个体价值和群体价值并不对立，二者完全可以互通互融、相互促进，是有机统一的关系。儒学对个体价值的重视主要体现在以下两个方面：

其一，儒家重视个人的才能，鼓励人"出乎其类，拔乎其萃"。例如，孔子倡导"举贤才"①，孟子主张"贤者在位，能者在职""尊贤使能，俊杰在位"②，荀子提倡"尚贤使能""无德不贵，无能不官"③等。需要指出的是，儒家推崇贤人，但反对贤人"倨傲僻违以骄溢人"④，而主张"贤人"应该具有"以能问于不能，以多问于寡；有若无，实若虚"⑤的胸怀。更为重要的是他们认为"贤人"应该能够容纳才能德行比自己低的人，并且帮助他们一起进步，即"君子能，则宽容易直以

① 《论语·子路》。
② 《孟子·公孙丑上》。
③ 《荀子·王制》。
④ 《荀子·不苟》。
⑤ 《论语·泰伯》。

开道人"①"贤而能容罢，知而能容愚，博而能容浅，粹而能容杂"②"致贤而能以救不肖，致强而能以宽弱"③。总之，儒家先哲所认可的"贤才"是有群体观念的贤才，既才能突出，又谦逊宽容，即谓"尊贤而容众，嘉善而矜不能"④。

其二，儒家肯定士君子的独立人格，赞赏其意志、气节和尊严。儒家"以群为重"，但这并不等于要求个体放弃自身的独立人格和见解，儒家认可的是"三军可夺帅也，匹夫不可夺志也"⑤。即使面对老师都不必谦让，即"当仁，不让于师"⑥。为了维护道义，甚至面对至高无上的君主，士君子也不应退缩，而应坚持"以道事君"⑦，当"道统"与"君统"出现紧张之时，应该"从道不从君"⑧。在儒家看来，只要自身举止言行符合"道义"，就不必顾忌俗世的看法。例如，孔子曰："笃信好学，守死善道。危邦不入，乱邦不居。天下有道则见，无道则隐。"⑨孟子曰："人知之，亦嚣嚣；人不知，亦嚣嚣。"⑩荀子

①《荀子·不苟》。
②《荀子·非相》。
③《荀子·仲尼》。
④《论语·子张》。
⑤《论语·子罕》。
⑥《论语·卫灵公》。
⑦《论语·先进》。
⑧《荀子·子道》。
⑨《论语·泰伯》。
⑩《孟子·尽心上》。

亦曰:"天下知之,则欲与天下同苦乐之;天下不知之,则傀然独立天地之间而不畏。"①总体而言,儒家对于勇担道义、有立场,不随声附和的人赞赏有嘉,即谓:"不诱于誉,不恐于诽,率道而行,端然正己,不为物倾侧,夫是之谓诚君子。"②而对一团和气、无是非道义观念的人则很鄙视,甚至将这种做法讥为"妾妇之道",即谓:"以顺为正者,妾妇之道也。"③

综上所述,儒学把"人"看作"群"的存在,以"群"作为协调人际关系的旨归:在个人与群体的关系上,强调"群"对个体的制约,主张在群体中为个体"正名",要求个体依"礼"行事,自觉承担起自身社会角色所应该承担的责任和义务,以"群"为本位,集体观念浓郁;在"群体本位"的前提下,儒学也重视个体价值,肯定个体的才华,尊重个体的人格、气节和尊严,即肯定道德主体有特立独行的自由,但是,这种自由不是唯我独尊的自由,而是以"道"为标准和限阈的自由。上述价值取向在中国历史进程中被大力弘扬,使"以群为重"成为了中华传统文化的特色,构成了中华民族的责任意识、担当意识、群体意识的思想渊源,而这些正是家国情怀的精髓和真谛。在这些价值理念的熏陶之下,中华民族成长为以社会整体利益为最高准则、以天下兴亡为己任的识大体、顾大局的民族,培养起了强烈的社会责任感、历史使命感,以及浓

---

① 《荀子·性恶》。
② 《荀子·非十二子》。
③ 《孟子·滕文公下》。

厚的集体主义情结。这成为中华民族具有强大凝聚力的内在动因之一。在这些理念的熏陶下，中国人倾向于把个体的价值放到群体中、放到历史的洪流中去考察，因而在为人处世时，中国人大多会顾及到个体行为的社会影响，即使是万人之上的古代帝王也要在一定程度上考虑到群众的意愿，单纯从个人出发的"为所欲为"，不符合中国人的主流价值观。在这些思想理念的引导下，当个人利益与集体利益发生冲突时，中华民族总是能以大局为重，甘于牺牲、奉献；在祖国处于战乱之时，中华民族能团结一致，奋起抵抗，不屈不挠地斗争到最后；在和平时期，这种利群爱国的精神又转化为积极参与祖国建设、自觉维护国家统一、民族团结的实际行动。鲁迅先生总结说："我们自古以来就有埋头苦干的人，有拼命硬干的人，有为民请命的人，有舍身求法的人，……虽是等于为帝王将相作家谱的所谓'正史'，也往往掩不住他们的光辉，这就是中国的脊梁。"[1]

四、追求和谐

　　在中华传统文化中，"和"表征的是事物内部诸要素间的

---

[1] 鲁迅：《且介亭杂文》，南京：译林出版社，2018年，第98页。

平衡协调，以及不同事物间的和谐共处，它体现的是个性与共性相统一的原则，描述了事物客观的利生状态。"和"的思想在中国源远流长，孕育它的根基是我国古代以农耕为主的生产方式和以血缘亲情为基础的家国同构的社会结构。农业生产对自然环境的依赖较大，中华先民从农业生产中深深地体会到风调雨顺、因地制宜、因时制宜的重要意义，这促使他们致力于追求天、地、人的和谐相处。同时，在古代生产力低下的条件下，农业生产更加耗时、耗力，家庭成员只有和睦相处、齐心协力才能搞好生产。另外，无论从家庭着眼还是从整个国家着眼，中国古代社会人员间的关系、民族间的关系都较为复杂，地域差别也很大，社会的稳定因而特别有赖于人与人之间的和睦相处。并且，整个中国古代社会的人际关系以及政治等级秩序也主要是从血缘关系中派生出来，血缘纽带在古代中国是维系人与人关系的基础，而血缘纽带本身便带有亲和性的特征。在此背景下，"和"在中国人心中便有了非常重的分量，在社会生活的方方面面都体现出来，如修身讲究"心平气和"，治家讲究"家和万事兴"，经商讲究"和气生财"，治国讲究"和睦兴邦""和平共处"等。"和"在一定程度上成了安宁和幸福的代名词，追求和谐亦成为中华传统文化的精神特色。

（一）以和为贵

儒家学说在一定意义上，可以看作是处理各种关系的学问，而各种关系从一切道德规范的运用到诸德之间的配合，从个人修养到民族关系、社会秩序，所能达到的最佳和谐状态就是"和"，"和"起着规范引导儒家所建构的整个伦理秩序的作用。"以和为贵"是儒学赋予中华优秀传统文化的核心价值取向。前文所述中华传统文化注重群体的特点便是"以和为贵"在人际关系上的体现。除此之外，中华传统文化"以和为贵"的特点还体现在中华传统思维方式以及中国人所推崇的国家观、民族观上面。

　　在思维方式上，"以和为贵"主要表现为崇尚"天人合一"。"天人合一"笼统地来讲就是把人与整个宇宙万物看成是相联相通、协调和谐的存在，而不是把人与外在世界看成是分裂对立的存在。"天人合一"是中国思想史上各家各派共同的思维特点，是中国哲学的基本精神，只不过各家各派对天道的含义，以及由此派生出来的人道应然状态的理解各不相同而已。以对中华传统文化精神风貌影响最大的儒家学派和道家学派为例，儒家"天人合一"的特色在于把天道理解成道德的依据，主张人要像天那样刚健有为，进德修业；而道家"天人合一"的特色则在于将"天道"理解成一种虚静自然的状态，认为"天道"遍利万物而不与万物相争，因此，道家认为人道应该效法天道，也应该过自然而然的生活，反对心为物役，主张无为而治，追寻逍遥自由。总之，中华传统文化所奉行的天人合一的思维方式将"人"的问题上升为天人关系问题，本天道而言人道，尽人道以合天道，将天道看作处理人生问题和社会问题的终极依据。"天人合一"的思维方式暗含着对和谐的崇尚，并进而演变成对普遍和谐的追求，例如，荀子曰："上不失天时，下不失地利，中得人和，而百事不废。"①《易传》讲："乾道变化，各正性命，保合太和，乃利贞。"②

在国家观方面，"以和为贵"主要表现为崇尚国家统一。"大一统"的理念在中国有着悠久的历史，早在《诗经》中，中华先民便以诗歌的形式歌颂了国家统一的局面，即"溥天之下，莫非王土；率土之滨，莫非王臣"；③孟子也有"定于一"的理想；《史记》对秦始皇统一六国的业绩亦进行了高度评价，即"六合之内，皇帝之土。西涉流沙，南尽北户。东有东海，北过大夏。人迹所至，无不臣者。功盖五帝，泽及牛马。莫不受德，各安其宇"④。可以说，"大一统"的观念渗透到了民族文化深层结构中并转化为普遍的社会心理，成为中华民族天经地义的政治价值取向和政治思维定势，在中国人的心目中，国家统一总是预示着社会秩序稳定、人民安居乐业，而国家分裂则总是与战乱、动荡、民不聊生联系在一起。"天下车同轨，书同文，行同伦"⑤的"大一统"状态可谓是中华民族以及历代统治者的共同追求。从中国实际的历史进程来看，统一也是主流，"从时间上看，中国统一的时间约为秦汉以后历史

----

① 《荀子·王霸》。
② 《周易·乾卦·象辞》。
③ 《诗经·小雅·北山》。
④ 《史记·秦始皇本纪》。
⑤ 《中庸》第二十八章。

时期的七分之六，分裂时期约占七分之一。分裂时间最长的南北朝（约三四百年），南方和北方的政权也是统一的，统一区域也相当广大"①。中华民族虽然崇尚"大一统"，但并不推崇单纯依靠武力来实现国家统一，儒学认同的是"礼之用，和为贵"②，是"远人不服，则修文德以来之。既来之，则安之"③，即实行以礼服人、以德来人、以教化感人的政策，倡导以和平方法实现国家统一，反对发动侵略战争。儒学的这些理念得到了古代君主的认同，例如，明太祖朱元璋在《皇明祖训》中曾指示："四方诸夷，皆限山隔海，僻在一隅，得其地不足以供给，得其民不足以使令。若其自不揣量，来扰我边，则彼为不祥。彼既不为中国患，而我兴兵轻伐，亦不祥也。吾恐后世子孙，倚中国富强，贪一时战功，无故兴兵，致伤人命，切记不可。"④在推进国家统一的征程中，这种和平理念有助于增进民族间的联系，化解对立情绪，从而可以起到凝聚各民族的积极作用。这种崇尚和平的理念还延伸到外交关系上，例如，明成祖在派郑和下西洋时曾训诫说："宣教化于海外诸番国，导从礼义，变其夷习。"⑤郑和在下西洋期间，广散财物、广结善

---

① 任继愈：《中华民族的生命力》，载《增强中华民族凝聚力首次学术讨论会论文集》，香港：汉荣书局，1991年，第29页。

② 《论语·学而》。

③ 《论语·季氏》。

④ 朱元璋：《皇明祖训》，见《明朝开国文献（第三册）》。

⑤ 《御制弘仁普济天妃宫之碑》，见《南京稀见文献丛刊·金陵玄观志》。

缘、极少动武，显露出泱泱大国的胸襟与气度。

在民族观方面，"以和为贵"主要表现为追求民族融合。在古代中国人心目中，华夏与夷狄主要不是一个种族观念或地域观念，而主要是一个文化观念以及价值观念。这个文化主要指的是重诗书礼乐、重人文教化的儒家文化。儒家尽管讲"华夷之防"，但同时儒家又认为通过对华夏文明的自觉地选择与放弃，夷夏可变，"华夏"代表的是文化发展水平，夷夏之间并没有严格的界限，正所谓"诸侯用夷礼，则夷之；进于中国，则中国之"[1]。这样一来，便为民族融合架起了文化桥梁，华夏文化就不再是狭隘的大民族意识，而成为将古代中国人团结在一起的文化向心力。这种夷夏观念有较大的包容性，是儒家产生"四海之内，皆兄弟也"[2]的思想基础。在中国古代，以儒家学说为主导的华夏文明对周边少数民族具有强大的吸引力，那些以武力入主中原的少数民族，往往以中华正统文化的传承者自居，认为自己与较为先进的华夏文明同祖共源，大多能自觉地接受、学习华夏文明，并倡导儒学、因循汉制、重用汉族文人。例如，据《晋书》记载，魏晋南北朝时期，匈奴人建立的后汉政权，奉刘邦为太祖，称"昔我太祖高皇帝以神武应期，廓开大业。"[3]再如，据《周书》记载，鲜卑族建立北周政权后，

①《原道》，见《韩昌黎文集校注》，上海：上海古籍出版社，2014年，第19页。
②《论语·颜渊》。
③《晋书·载记第一》。

也以"其先出自炎帝神农氏"①自居。从隋唐开始，华夷一家的思想得到更高程度地认同，例如，隋文帝曾说："溥天之下，皆曰朕臣。"②唐太宗曾说："自古皆贵中华，贱夷、狄，朕独爱之如一，故其种落皆依朕如父母。"③明太宗曾说："华夷本一家，朕奉天命为天子，天之所覆，地之所载，皆朕赤子。"④雍正皇帝也曾说："自我朝入主中土，君临天下，并蒙古极边诸部落，俱归版图，是中国之疆土开拓广远，乃中国臣民之大幸，何得尚有夷夏中外之分论哉！"⑤

　　总之，在儒学的价值体系中，从一切道德规范的运用到诸德之间的配合，从个人修养到社会秩序，所能达到的最佳状态就是"和"。"以和为贵"的理念通过儒学的传播植根于中国人的意识形态之中，调节着中国人的思想和行为，指导着中国人的实践，把中华民族塑造成一个心胸宽广，爱好和平，以中正和谐为理想境界，视天地人为统一整体，追求民族融和，追求国家统一的深具包容和谐精神的共同体。包容和谐的精神深深地渗透到中国人的思想深处，内化成一种民族心理，成为中华民族的凝聚力之所在。

----

① 《周书·帝纪》。

② 《隋书·西域列传》。

③ 《资治通鉴·唐纪十四》。

④ 《明太宗实录》卷264，见《明实录（影印本）》。

⑤ 《大义觉迷录》。

（二）和而不同

以儒学为代表的中华优秀传统文化所追求的"和"，不是各种因素在孤立、静止状态下的简单集合，也不是抹杀个性、一味求同、毫无原则的整齐划一，而是在一个动态的系统中，以各个要素的内在联系为切入点，各个因素各安其位、各得其所、又彼此配合得当的深度和谐、圆融和谐。例如，《周易》所讲的"天下同归而殊途，一致而百虑"[①]，《论语》所讲的"君子和而不同，小人同而不和"[②]，《中庸》所说的"万物并育而不相害，道并行而不相悖"，朱熹所认为的"和者，无乖戾之心。同者，有阿比之意"[③]等，都体现了儒学的这种"和谐"观。儒学不仅在思想价值方面高倡"和而不同"，而且儒家也以自身的发展历程积极实践着"和而不同"的理念。儒学从创立之初便沿着以我为主、博采众长的路径发展，融法于儒，融道于儒，融佛于儒等，也正是凭借着这种海纳百川、宽容开放的胸怀，广撷百家、通融诸说，儒学才度过了一个个发展的"瓶颈"期，并历久弥坚、历久弥新。为了达致和而不同的圆融和谐，儒学根据不同事物间的关系提出了很多具体方法和规范，如前文所述，为了达致天人和谐，儒家本天道而言人道，尽人

① 《周易·系辞下传》。

② 《论语·子路》。

③ 《四书章句集注·论语集注》。

道以合天道；为了达致人际和谐，儒家以群体为本位，以道德规范作为协调人与人、人与社会的基本规范，注重人的社会角色和社会义务，注重追求一种和谐有序的社会秩序；为了达致民族间、国家间的和谐，儒家主张以道德、教化、交流等和平手段来缩小民族间的差距，奉行"大一统""夷夏可变""以德怀远"等理念，以促进民族融和、睦邻友好。在这些具体方法中，蕴涵着一些共同点，若将其抽象出来，则主要可归纳为"执两用中"和"时中"两种方法。"执两用中"与"时中"是儒学对中华民族生存智慧的高度概括。

※　执两用中。

所谓"执两用中"，指的是看事情、处理问题时从整体、从全面处着眼，找到事情发展变化的中正之点。孔子对"执两用中"的方法赞赏有嘉，他说"舜其大知也与！舜好问而好察迩言，隐恶而扬善，执其两端，用其中于民，其斯以为舜乎！"[1]可见，在孔子看来，舜的英明之处就在于他善于"执其两端，用其中于民"。儒家认为，只有执其两端，找到中正之点，才可以使事物保持最佳状态，即"中和"的状态。用朱熹的话讲就是："这个中本无他，只是平日应事接物之间，每事理会教尽，教恰好，无一毫过不及之意。"[2]

---

①《中庸》第六章。
②《朱子语类》卷一百二十四。

　　儒家之所以特别强调要"执两"，是因为儒家通过"仰则观象于天，俯则观法于地，观鸟兽之文，与地之宜，近取诸身，远取诸物"①，即通过对社会生产、生活的观察体认，认识到事物一般都包含着相反相成的两个方面，"两"具有普遍性。对这个"两"最一般的概括就是"阴"和"阳"，阴阳的象征范围很广，大宇宙中的一切相互对立又相联的方面都可以用阴和阳来代表，如天地、上下、昼夜、男女，等等。这正如朱熹所云："天地之间，无往而非阴阳，一动一静，一语一默，皆是阴阳之理。"②实际上，早在西周时期，人们便开始用阴阳二气的消长来揭示事物运动变化的原因，例如，伯阳父将三川发生地震的原因归结为"阳伏而不能出，阴迫而不能烝"③的阴阳失调。《易传》进一步将"阴阳"这对范畴上升到哲学高度，认为阴阳相互作用，平衡消长，推动着事物不断向前发展，只有阴阳平衡和谐，事物才能达到最佳的发展状态。周易的六十四卦就是由阳爻和阴爻组合而成的，凡是阳爻居阳位，阴爻居阴位，就是当位，谓之"得正"；凡阳爻居阴位，阴爻居阳位，就是不当位，谓之"失正"。《易传》崇尚二、五中爻，认为二、五爻正处于"不偏不倚，无过无不及"的平衡点上，凡阳爻居二或五之中位，象征刚中之德；阴爻居二或五之中位，象征柔中之德；若阴爻处二位，阳爻处五位，则是既中且正，

①《周易·系辞下传》。
②《朱子语类》卷六十五。
③《国语·周语上》。

称为"中正",往往象征着吉利亨通。南宋叶适对事物普遍包含的"两"进行了总结概括,他说:"道原于一而成于两。古之言道者必以两。凡物之形,阴、阳,刚、柔,逆、顺,向、背,奇、偶,离、合,经、纬,纪、纲,皆两也。夫岂惟此,凡天下之可言者,皆两也,非一也。一物无不然,而况万物;万物皆然,而况其相禅之无穷者乎!"①

儒家所提倡的"执两"实际上就是要求作为主体的人在认识和处理各种问题时,能将事物所包含的各方面联系起来进行考察,找到恰如其分、正确合理的平衡点,把握好"度"。倘若不是"执两"而是"执一",仅着眼于其中的一个方面,而忽略另外的方面,那么便会因为"过"或"不及"而陷入片面、极端的境地。以认识事物为例,孔子认为只有全面分析事物正反两方面的情况才能获得真知,他说:"吾有知乎哉?无知也。有鄙夫问于我,空空如也。我叩其两端而竭焉。"②荀子进一步阐发了在认识问题上"叩其两端"的必要性和"蔽于一曲"的危害性,荀子曰:"凡人之患,蔽于一曲而暗于大理"③"万物为道一偏,一物为万物一偏。愚者为一物一偏,而自以为知道,无知也"④,荀子还举例论证说:"墨子蔽于用而不知文,宋子蔽于欲而不知得,慎子蔽于法而不知贤,申子蔽于势而不知知,

---

① 《水心别集·中庸》,见《叶适集(全三册)》。

② 《论语·子罕》。

③ 《荀子·解蔽》。

④ 《荀子·天论》。

惠子蔽于辞而不知实，庄子蔽于天而不知人"①，"慎子有见于后，无见于先；老子有见于诎，无见于信；墨子有见于齐，无见于畸；宋子有见于少，无见于多"②。

儒学希望通过"执两用中"来避免"不及"和"过"的偏执，在儒学看来，"过"犹"不及"。《论语》记载了孔子和子贡的一段对话就说明了这个道理，"子贡问：'师与商也孰贤？'子曰：'师也过，商也不及。'曰：'然则师愈与？'子曰：'过犹不及。'"③基于"过犹不及"的认识，孔子提出了若干相反相成具有辩证意义的命题，如："学而不思则罔，思而不学则殆"④"质胜文则野，文胜质则史。文质彬彬，然后君子"⑤"君子泰而不骄，小人骄而不泰"⑥"君子矜而不争，群而不党"⑦"君子周而不比，小人比而不周"⑧，等等。在这些引文中，孔子把思与学、文与质、泰与骄、矜与争、群与党、周与比联系起来加以考虑，目的就在于引导人在处理问题时全面思考，适当平衡以期恰到好处，在"无过"与"无不及"之间保持最佳和谐状态，这就是"执两用中"。

---

① 《荀子·解蔽》。

② 《荀子·天论》。

③ 《论语·先进》。

④ 《论语·为政》。

⑤ 《论语·雍也》。

⑥ 《论语·子路》。

⑦ 《论语·卫灵公》。

⑧ 《论语·为政》。

　　需要指出的一点是，"执两用中"不是毫无原则地和稀泥、取中间，两边不得罪，而是要寻求合乎规律、适得事理之宜的恰当点，矫"不正"以归于"正"，戒"过"免"不及"以合乎"中"，正如朱熹所说："盖凡物皆有两端，如小大厚薄之类"①"当厚而厚，即厚上是中；当薄而薄，即薄上是中"②。可见，"中"指的是对一件事情，所应采取的最恰当的方式、最适宜的态度等，而绝非不讲原则的折中主义。儒家这一立场从其对"乡原"的反感中便可表现出来。孔子曰："过我门而不入我室，我不憾焉者，其惟乡原乎！乡原，德之贼也。"③孟子对孔子的这段话进一步解释，他讲："言不顾行，行不顾言，……阉然媚于世也者，是乡原也。……非之无举也，刺之无刺也，同乎流俗，合乎污世，居之似忠信，行之似廉絜，众皆悦之，自以为是，而不可与人尧舜之道，故曰'德之贼'也。"④可见，"乡原"指的就是没有是非观念，没有道德立场，只知逢迎讨好的媚俗者，他们貌似执守中道，而实际上却是"以同稗同"的伪君子。与对"乡原"的斥责相反，孔子赞赏的是"和而不流，强哉矫；中立而不倚，强哉矫"⑤的君子人

①《四书章句集注·中庸章句》。
②《朱子语类》卷六十三。
③《孟子·尽心下》。
④《孟子·尽心下》。
⑤《中庸》第十章。

格；孟子倡导的是"富贵不能淫，贫贱不能移，威武不能屈"①的不畏权贵、不媚世俗、敢于正道而行的大丈夫气概；荀子赞赏的是"权利不能倾也，群众不能移也，天下不能荡也。生乎由是，死乎由是"②的"德操"。总之，儒家的"执两用中"与市侩媚俗、无原则、无操守的折中主义是完全不同的，二者根本不可相提并论。

※　时中。

大千世界千变万化，新事物、新状况层出不穷，社会规范往往滞后于社会现实和具体情况，具有非同步性。很显然，仅靠机械、教条地去修身、齐家、治国、平天下，根本就不可能适应外界的变化，更不可能达到圆融和谐的"中和"境界。儒家认识到了这一点，因此除了"执两用中"的方法之外，儒家认为作为主体的人应该善于发挥自己的能动性、运用自身智慧，掌握仁、义、礼乃至"道"的精髓，根据不断变化的客观情况灵活处理问题、审时度势，加以权变，这种方法用儒家的话语表达就是"时中"。按照《说文解字》的解释，"时，四时也。"，本义为季节、时间，"时"就意味着"日新"和"变"，可引申为"机遇""时机"等意。所谓"时中"，也就是指从动态处着眼，根据不断变化的客观情况灵活权变，不拘泥、不教

---

① 《孟子·滕文公下》。
② 《荀子·劝学》。

条，向"时"而动，随"时"而中。以下以孔子、孟子、《周易》的思想为例，来简要揭示"时中"的精髓。

孔子的思想已经具备了鲜明的"时中"特色。例如，孔子曰："君子之于天下也，无适也，无莫也，义之与比。"①这句话的意思就是说君子做任何事均以道义为旨归，不会拘泥于教条。孔子把善于掌握"时"看作是智慧的标志和君子行事的前提，即谓："好从事而亟失时，可谓知乎?"②"夫子时然后言。"③掌握"时"、运用"时"就意味着能根据"时"而加以权变，"权"是权变之权，权衡之权，"权"的意思就是根据"时"的变化，打破常规、灵活应变。《全唐书》记载了唐人冯用之的一段话，对"权"解释得很到位，他说："夫权者，适一时之变，非悠久之用，然则适变于一时，利在于悠久者也，圣人知道德有不可为之时，礼义有不可施之时，刑名有不可威之时，由是济之以权也。"④《论语》中虽然只有一处提到"权"，但是却把"权"推到了极高的位置，认为"可与共学，未可与适道;可与适道，未可与立;可与立，未可与权"。⑤可见，在孔子看来，"权"比"共学""适道""立"难度更高，更可贵。

孟子所处的时代较之孔子所处的时代，新事物、新现象

① 《论语·里仁》。
② 《论语·阳货》。
③ 《论语·宪问》。
④ 《全唐文》卷404，见《全唐文（全十一册）》。
⑤ 《论语·子罕》。

对旧规范的冲击更巨大，因而其思想与心态比孔子更加宽容，在"用中"、"执中"上，孟子更加强调据"时"以"权"，其思想"执中用权"以达致"时中"的意味更加浓郁，进取性与创新性也更加强烈。"时"在《孟子》书中出现的频率很高，如书中多次出现"不违农时""无失其时""勿夺其时""食之以时""祭祀以时""斧斤以时入山""于时保之""彼一时，此一时也"等字句。孟子深刻地认识到，根据具体情况的不同，儒家所建构的各种道德原则和社会规范会有轻重缓急之分，有时还会产生冲突和矛盾，这时便要求道德主体具体而灵活地进行权衡和选择，如果固执死理，表面上是坚持了原则，实际上则是"举一而废百"的贼道。因此，孟子曰："权，然后知轻重；度，然后知长短"[1]"执中无权，犹执一也。所恶执一者，为其贼道也，举一而废百也"[2]。"执中用权"在孟子那里具体表现为，以"仁义"为根据，将原则性和灵活性结合起来。本书在前文中曾引用过《孟子·离娄上》记载的淳于髡与孟子关于"男女授受不亲"在"嫂溺"的情况下是否应继续遵守的一段对话，在"嫂溺"的危机时刻，孟子把尊重爱护人的生命放到了第一位，而把"男女授受不亲"的礼暂时放到了第二位。孟子认为如果为了抱守"礼"而见死不救，那么这个人表面上是维护了"礼"，而实际上却背离了"礼"的实质即"仁义"，那就和禽

---

[1]《孟子·梁惠王上》。

[2]《孟子·尽心上》。

兽没有区别了。这个例子很典型地体现了孟子权变、时中的处世方式。

　　儒家经典《周易》处处以"时"的智慧和视野来理解世界，《周易》认为万事万物都要以一定的"时"为背景才能得以展现，在不同的"时"下，万事万物会据"时"而呈现出不同的情状。六十四卦的卦画就是六十四种"时"的符示，象征着阴阳、刚柔在不同"时"下的交感、应合，即谓"六爻相杂，唯其时物也"①。在《周易》看来，"时"是不断变化的，宇宙、社会、人生都处于生生不息、变化日新之中，六十四卦、三百八十四爻表征的就是处于不停变易流转的诸多情状，这正如孔颖达所指出的："夫'易'者，变化之总名，改换之殊称，自天地开辟，阴阳运行，寒暑迭来，日月更出，孚萌庶类，亭毒群品，新新不停，生生相续，莫非资变化之力，换代之功。"②既然如此，作为主体的人便应该根据不断变化的"时"来调整自己的行为，做出恰当地回应。在《周易》中，变通之理随处可见，如："一阖一辟谓之变，往来不穷谓之通"③"化而裁之谓之变，推而行之谓之通，举而措之天下之民谓之事业"④"变

---

① 《周易·系辞下传》。
② 《周易正义·卷首》，见《十三经注疏·周易正义》。
③ 《周易·系辞上传》。
④ 《周易·系辞上传》。

而通之以尽利"①"通其变，遂成天地之文"②，等等。这些话语都是在反复强调主体要通过变通才能实现天人和谐，达致圆满境界。主体这种"化而裁之""举而措之""变而通之"的行为，就是对"时"的回应。《周易》"时"的哲学不断地告诫人们：人做任何事都处于既定"时"之中。对此，人没有选择的自由，逃避也没有出路，人只有明了自己所处的时遇，合理调整自身的行为、对策，勇敢地直面与正确地回应，"时止则止，时行则行；动静不失其时"③，才能有望达到趋吉避凶的目的。《周易》的这种回应是一种挺立人的主体性、自主性的回应，是一个变被动为主动的过程。在这一过程中，只有那些能丢掉幻想、有智慧、有能力、能洞悉"时"、能牢牢地把握并驾驭好"时"的人才能化险为夷、趋吉避凶，迎来成功的人生，即谓："知几其神乎……几者，动之微……君子见几而作，不俟终日"④"上下无常，非为邪也；进退无恒，非离群也。君子进德修业，欲及时也，故'无咎'"⑤。"时"的思想在《周易》中占有非常突出的地位，在一定意义上甚至可以说，正是因为《周易》处处凸现出的"时"的精妙智慧，才使其不再是一部单纯地引导人趋吉避凶的卜筮之书，而成为一部富有学术魅力

---

① 《周易·系辞上传》。

② 《周易·系辞上传》。

③ 《周易·艮卦第五十二》。

④ 《周易·系辞下传》。

⑤ 《周易·乾卦第一》。

和人生智慧的伟大哲学著作。《周易》的这一特点也为历代易学大师所公认，如易学大家惠栋就曾断论："易道深矣，一言以蔽之：时中。"[1]

　　总之，"君子之中庸也，君子而时中"[2]"通其变，使民不倦者也，是之谓中焉"[3]。儒家以客观事物的复杂性、多样性和多变性为基础，强调与"时"俱化，随"时"而"中"，这正如程子所说的那样："时中者，当其可而已，犹冬饮汤、夏饮水而已之谓。"[4]"时中"使儒家思想既有原则性又有灵活性。如果从"时中"的视角来界定"和"，那么"和"便是一个动词，它本质上表征的是一个过程，是一个积极有为、不断发挥人之主观能动性的过程，它要求主体主动适应、创造性地适应客观情况的变化。倘若追求"和"却不懂得根据时间、地点和条件的变化而灵活权变、因时制宜，那就背离了"和"的主旨。儒家这种"时中"思想体现的是一种辩证思维，闪耀着理性认知的光辉，凝结着高度的哲学智慧。

---

① 《易汉学·易尚时中说》，见《易汉学新校注：附易例》，北京：中国社会科学出版社，2020年，第200页。

② 《中庸》第二章。

③ 《徂徕石先生文集》。

④ 《河南程氏经说》卷八，见《二程集》。

第三章

中华优秀传统文化在古代的发展历程

儒学作为中华传统文化的主干，在古代中国的实现程度最高，它深刻地影响了中国古代社会的各个层面，正如著名文化史学家柳诒徵先生所说："孔子者，中国文化之中心也。无孔子则无中国文化。自孔子以前数千年之文化，赖孔子而传；自孔子以后数千年之文化，赖孔子而开。"①中国历史上出现过的各主要思想流派几乎都与儒学有一定的渊源，都存在着与儒学互动消长的关系，因而本章将以儒学为线索，在论述儒学的发展过程中兼及其他主要思想流派，来揭示中华优秀传统文化在古代的发展历程。

一、先秦时期

中国有文字记载的历史是从殷商时期开始的，当时占据主导地位的是天命鬼神思想，正所谓"殷人尊神，率民以事神，先鬼而后礼"②。那时的中华先民通常将卜筮作为行事的依据，例如，《尚书》曰："龟筮共违于人，用静吉，用作凶。"③即人在行动前，若占卜结果不理想，那么就不应该轻举妄动，这说

---

① 柳诒徵：《中国文化史》，长沙：岳麓书社，2010年，第282页。
② 《小戴礼·表记》。
③ 《尚书·洪范》。

明在殷商时期中华先民独立思考的意识尚未觉醒。这种状况伴随着商朝的灭亡而发生了变化，西周统治者在商朝灭亡的过程中看到了"天命靡常"①，他们从中汲取教训，认为商朝统治者正是因为不"敬德"才失去了政权，即谓"惟不敬厥德，乃早坠厥命"②。"敬德"理念的提出极具价值，"德"代表着上天对统治者勤政爱民方面的要求，"敬德"则意味着统治者的努力和勤勉，即人的主体能动性的价值体现了出来。

　　到了春秋时期，人道从神道中崛起的势头进一步加强，天命鬼神的地位进一步削弱。例如，《左传》有了"国将兴，听于民；国将亡，听于神。神，聪明正直而壹者也，依人而行"③的说法，明确将"人"放到了主导位置。伴随着人自我意识的觉醒，关于道德的讨论也愈益丰富，孝、忠、信、义、勇等道德范畴都有了初步探讨，例如"多行不义，必自毙"④"死而不义，非勇也"⑤"择任而往，知也"⑥等命题开始出现；关于人生价值的探索也在这一时期被提上了议程，例如，广为流传的立德、立功、立言"三不朽"的说法便出自于《左传·襄公二十四年》。春秋末期及至战国时期，社会动荡进一步加剧，整个

---

① 《诗经·文王》。

② 《尚书·召诰》。

③ 《左传·庄公三十二年》。

④ 《左传·隐公元年》。

⑤ 《左传·文公二年》。

⑥ 《左传·昭公二十年》。

社会处于新旧交替的深刻变革之中，面对社会秩序的严重失范，有识之士纷纷发表看法，针砭时弊，寻求出路，形成了各具特色的思想流派，被称为"百家争鸣"，其中，儒、墨、道、法四个学派影响最大，中华传统文化的骨架在这一时期初步形成。

（一）儒学的创立

儒学的创始人孔子诞生于公元前551年，他的一生大多在不得志中度过，但是他却依然怀揣着济世安民的宏大理想，对中华传统文化的发展做出了奠基性贡献。这种贡献主要表现为如下三个方面。

其一，孔子首倡"有教无类"，为平民子弟接受教育提供了理论支撑和实践验证。周朝以前，只有贵族子弟有接受教育的机会，此后，伴随着周朝逐渐衰弱，文化因"礼崩乐坏"而下移，"学在官府"的局面被打破，"私学"出现。但在孔子之前，"私学"的规模和影响很有限，是孔子通过广收门徒把"私学"真正发展开来，据《史记》记载："孔子以诗书礼乐教，弟子盖三千焉，身通六艺者七十有二人。"[1]同时，在教育实践中，孔子总结了一整套教育理念，例如因材施教、学思结合、举一反三、温故知新等，至今仍被教育界奉为圭臬。孔子一生

---

[1]《史记·孔子世家》。

学而不厌、诲人不倦，对中华文化传承做出了巨大贡献，被后世尊称为至圣先师、万世师表。孔子过世之后，孔子的弟子皆服"心丧"三年，然后才泣别孔墓，子贡居丧更是长达六年之久。孔子的学生和鲁国人后来还陆续把家搬到了孔子墓旁，竟多达一百多家，形成了"孔里"。中华民族尊师重教的传统自兹开启。

其二，孔子为古代知识分子树立起了道德理想和社会担当，为培育中华民族的责任感、使命感注入了思想基因。在孔子之前，"儒"主要指的是依靠礼仪常识为贵族操办红白喜事以糊口的一类人，社会地位低。他们所从事的工作以及社会地位使得他们在性格上往往柔弱，《说文解字》释"儒"曰："儒，柔也，术士之称。从人，需声。"孔子却颠覆了"儒"的人格预设，赋予了"儒"以道德理想和社会担当。孔子将"儒"划分为"君子儒"和"小人儒"，"君子儒"的志向在于参政议政、弘扬仁道，因而要具备弘毅的品质，即谓："士不可以不弘毅，任重而道远。仁以为己任，不亦重乎？死而后已，不亦远乎？"①孔子告诫学生："女为君子儒，无为小人儒。"②即告诫学生要有宏大的理想，不要做只图混饭吃的"小人儒"。这种理想信念贯穿于孔子毕生从事的教育事业之中，在孔子之前，教学的主要目的是教会学生某些技能或者掌握文学、历史、礼

---

① 《论语·泰伯》。
② 《论语·雍也》。

仪等方面的某些知识，但孔子却没有止步于此，而是更注重培养学生的道德品行，例如，孔子讲："弟子，入则孝，出则悌，谨而信，泛爱众，而亲仁。行有余力，则以学文。"①可见，孔子把品德养成放到了学"文"之前。并且孔子还认为，仅仅是修养好自身的品行还不够，还要在"修己以敬"的基础上"修己以安人""修己以安百姓"，即充分发挥个体道德修养的影响力，把伦理道德原则推行天下，影响他人和社会。孔子自身便是一个具有极大救世热忱的人，他在推行自己学说的过程中，虽屡遭碰壁却百折不挠，被当时的人讥讽为"知其不可而为之者"②。孔子的所作所为对培养知识分子以天下为己任的社会担当意识发挥了重要影响，可以说，"自古以来，中国知识分子总是自觉不自觉地悬设某种理想的尺度，对现实政治加以批评（议政）和改良（参政），其源端在孔子。"③

其三，孔子创立了儒家学派，儒学后来发展成为中华传统文化的主干。孔子主要通过以下两重路向对儒学进行了理论建构。一方面，孔子承袭了西周以来的人文主义思潮并将其发扬光大。孔子思想中的人文色彩鲜明，他"不语怪，力，乱，神"④，他主张"道不远人，人之为道而远人，不可以为

---

① 《论语·学而》。

② 《论语·宪问》。

③ 何平：《儒脉兴衰——从孔夫子到新儒学》，郑州：河南人民出版社，1998年，第18页。

④ 《论语·述而》。

道"①，他认为"敬鬼神而远之，可谓知矣"②。秉承着重人轻神
的思路，孔子对反映中华文明早期思维成果的"六经"，即
《诗》《书》《礼》《易》《乐》《春秋》进行了清理重释工作，弱化
了其中的鬼神术数的色彩，"六经"藉孔子而流传，亦由孔子
而别开生面。另一方面，孔子将夏商周三代礼乐文明中所蕴含
的道德因素突显出来，通过"仁"和"礼"的理论架构将其渗
透进人格修养和社会秩序的建构之中。

　　"仁"是孔子为儒学所建构的最高道德范畴，其包含着儒
学所倡导的一切道德规范。"仁"的道德修养要在具体的人际
关系中才能得以展现，因而当学生问孔子什么是"仁"时，孔
子回答说："爱人。"③"爱"的对象首先指向的是父母兄弟，正
如《论语》所讲："君子务本，本立而道生。孝弟也者，其为
仁之本与。"④孔子将孝悌之道设计为仁爱的起点，在当时注重
血缘亲情的宗法社会中是合理的，这种设计避免了仁爱的抽象
性，赋予了仁爱落实下去的情感根基。并且，孔子并没有局
限于血亲之爱，而是以"天下归仁"为理想，突破了血亲之
爱的狭隘，将爱的对象指向更大的范围，孔子为这种"爱的
拓展"所设计的桥梁是基于同情心和同理心的"忠恕之道"，
所谓"忠恕之道"，简而言之即"己欲立而立人，己欲达而达

---

① 《中庸》第十三章。

② 《论语·雍也》。

③ 《论语·颜渊》。

④ 《论语·学而》。

人"①"己所不欲，勿施于人"②。在孔子看来，提升道德修养完全取决于个体的主动选择，"为仁由己"③，即成"仁"的程度取决于个体持之以恒的努力。

　　除了"仁"之外，"礼"是孔子思想体系中的另一个核心理念。在孔子之前，周礼已经发展到相当成熟的程度，孔子曾讲："郁郁乎文哉！吾从周。"④但是，他对周礼的追随绝非简单地效仿，他的贡献主要在于对"仁"与"礼"的关系作了界定，赋予了"礼"这种外在形式以道德实质和道德使命。一方面，孔子以"仁"来规定"礼"，正所谓"人而不仁，如礼何？人而不仁，如乐何？"⑤另一方面，"仁"亦需要"礼"作保障，对"仁"的追求是一个长期艰苦的过程，在这个过程中，除了个体的努力之外，亦需要"礼"来规范和辅助，即"克己复礼"，孔子建议人们"非礼勿视，非礼勿听，非礼勿言，非礼勿动"⑥。总之，在孔子看来，"仁"与"礼"是互为表里的关系，"仁"是实质，"礼"是形式。没有"礼"，仁德不足以养成和保持；没有"仁"，"礼"便会流于空洞和虚伪。仁礼结合、以仁为质、纳礼于仁学视野并使之成为个人综合修养的一部分，

---

① 《论语·雍也》。

② 《论语·卫灵公》。

③ 《论语·颜渊》。

④ 《论语·八佾》。

⑤ 《论语·八佾》。

⑥ 《论语·颜渊》。

是孔子"礼"论的重要特点。

　　孔子"仁"与"礼"的思想落实到治国理政上，便表现为"为政以德"的思想。孔子对以德治国作了高度评价，他说："为政以德，譬如北辰，居其所而众星共之。"①孔子认为以德服人，更能征服民众的内心，即谓："道之以政，齐之以刑，民免而无耻；道之以德，齐之以礼，有耻且格。"②为落实"为政以德"，孔子提出了一系列具体的施政理念，例如：孔子强调执政者的表率作用，"上好礼，则民莫敢不敬；上好义，则民莫敢不服；上好信，则民莫敢不用情"③，所以，当季康子问政于孔子时，孔子对曰："政者，正也。子帅以正，孰敢不正？"④孔子倡导执政者的奉献精神，当子路问政时，孔子回答说应"先之劳之"，并且进一步给"先之劳之"加上了"无倦"两字。⑤孔子认识到了"百姓足，君孰与不足？百姓不足，君孰与足"⑥，他将"养民也惠"⑦视作君子四道之一，并高度评价了"博施于民而能济众"的行为，称赞其为"何事于仁！必也圣乎"⑧。他反对统治者过度索取，认为役使百姓应特别慎重，

① 《论语·为政》。
② 《论语·为政》。
③ 《论语·子路》。
④ 《论语·颜渊》。
⑤ 《论语·子路》。
⑥ 《论语·颜渊》。
⑦ 《论语·公冶长》。
⑧ 《论语·雍也》。

不能干扰民众正常的生产生活，即谓："使民如承大祭。"[①]并将"使民以时"看作治理国家的重要手段，即谓："道千乘之国，敬事而信，节用而爱人，使民以时。"[②]在孔子的视野中，能否"为政以德"，是对政治进行价值评判的依据。

　　总之，孔子通过人文主义和道德理想建构起了儒学的骨架。尽管孔子确立了儒学发展的大致方向，也提出了儒学大部分核心命题，但孔子的论述大多停留在"应该如此"的层面，而对"何以如此"尚未深入探究，留下了较大的理论探索余地。加之孔子之后，墨家、法家兴起，他们的理论锋芒皆直指儒学，对儒学造成了较大挑战，儒学亦必须予以应对。这些理论拓展的任务以及应对外界挑战的工作便落到了孔子的后学身上。

（二）墨、法对儒学的挑战

儒墨之争

　　墨家的创始人墨子生活于春秋末年战国初年，据《淮南子》记载，"墨子学儒者之业，受孔子之术，以为其礼烦扰而不悦，厚葬靡财而贫民，（久）服伤生而害事，故背周道而用

---

① 《论语·颜渊》。
② 《论语·学而》。

夏政"①，从这段表述可知，墨子因认为儒学繁琐、不实用而从儒学中分化出来，创立了墨家学派。从一些典籍对墨子的描述以及墨子的学术主张推断，学界一般认为墨子是手工业者出身，代表下层劳动者的利益。墨子及其弟子组成的学术团体纪律严格，乐于帮助弱小国家，富有牺牲精神，"皆可使赴火蹈刃，死不还踵"②。墨学在先秦时期影响很大，当时有儒墨并称"显学"的说法。在诸子百家中，墨家是最接近现实的一派，他们"处处把人生行为上的应用，作为一切是非善恶的标准"③。他们从实用角度出发，本着"兴天下之利，除天下之害"的理念，针对当时的社会弊端，提出了十项主张："国家昏乱，则语之尚贤、尚同；国家贫，则语之节用、节葬；国家憙音湛湎，则语之非乐、非命；国家淫僻无礼，则语之尊天、事鬼；国家务夺侵凌，则语之兼爱、非攻"④。下文对这十项主张做一简略分析，以揭示墨学的大致精神风貌。

其一，节用、节葬、非乐。这是墨子针对儒家倡导厚葬久丧、重视礼乐而提出的主张。儒学把人看作道德存在，因而注重人文教化。日常礼仪、办丧事、祭祀、音乐等均被儒家视作道德教化的手段，儒家试图通过这些手段来提升道德修养、强化家庭责任、和谐人际关系（关于儒家这些理念在本书第二章

———————————

① 《淮南子·要略》。

② 《淮南子·泰族训》。

③ 胡适：《中国哲学史大纲》，北京：商务印书馆，2011年版，第141页。

④ 《墨子·鲁问》。

已做过论述)。从长远来看,儒家这些价值理念确实发挥了其预期中的社会效益。但是从短期来看,重视礼乐、厚葬久丧,也确实加重了劳动者的负担,造成铺张浪费。墨子正是认识到了这一点,才提出相反的举措。墨子认为,老百姓迫切需要解决的生存问题主要有三类,即"饥者不得食,寒者不得衣,劳者不得息"[1],而礼乐活动、厚葬久丧不仅对解决这三大问题没有帮助,还耽误劳动时间、浪费物质财富,所以墨子主张节用、节葬、非乐,反对奢侈浪费。在墨子看来,衣服只要能御寒、避暑即可;房屋只要能遮风挡雨即可;食物只要能裹腹即可;死后衣三件、棺三寸,死者既葬、生者不久丧;至于与音乐相关的娱乐活动,更是毫无用处,应该禁止。

其二,非命。墨子反对儒家的"有命论",主张"非命"。墨子的这一主张源于他对"力"的认识。墨子倡导吃苦耐劳、强力从事的精神,他认为:对王公大人来说,"之所以蚤朝晏退,听狱治政,终朝均分,而不敢怠倦者,何也?曰:彼以为强必治,不强必乱;强必宁,不强必危,故不敢怠倦"[2];对卿大夫来说,"之所以竭股肱之力,殚其思虑之知,内治官府,外敛关市、山林、泽梁之利,以实官府,而不敢怠倦者,何也?曰:彼以为强必贵,不强必贱;强必荣,不强必辱,故不敢怠倦"[3];对农夫来说,"之所以蚤出暮入,强乎耕稼树艺,多

---

① 《墨子·非乐上》。

② 《墨子·非命下》。

③ 《墨子·非命下》。

聚叔粟，而不敢怠倦者，何也？曰：彼以为强必富，不强必贫；强必饱，不强必饥，故不敢怠倦"①。总之，在墨子看来，对社会的各行各业来说，尽力而为是达致目标的唯一出路，由此，墨子得出了"赖其力者生，不赖其力者不生"②的结论。正是基于这一认识，墨子主张"非命"。在墨子看来，"有命论"会让人一味等待命运的安排而放弃踏踏实实的努力，导致陷入"上不听治，下不从事。上不听治，则刑政乱；下不从事，则财用不足"③的困境，所以，墨子认为"执有命者之言不可不非，此天下之大害也"④。

其三，尚贤、尚同。这是墨子在国家治理方面的主张，儒家也有"举贤才"的主张，单从字面来看二者差异不大，意图都是把有才华的人选拔出来。但实际上，儒家的"举贤才"以"亲亲"为前提，在选拔任用贤人方面有亲疏远近之分。而墨子的"尚贤"则只与品德、才能相关，而与亲疏远近、贫富贵贱无关，这正如墨子所讲："不党父兄，不偏贵富，不嬖颜色。贤者举而上之，富而贵之，以为官长；不肖者抑而废之，贫而贱之，以为徒役。"⑤在"尚贤"的基础上，墨子进而提出了"尚同"的主张，墨子认为，造成当时社会混乱的原因在于"一人

---

① 《墨子·非命下》。
② 《墨子·非乐上》。
③ 《墨子·非命上》。
④ 《墨子·非命上》。
⑤ 《墨子·尚贤中》。

则一义，二人则二义，十人则十义"①，他认为消解这种混乱的办法就是通过"尚贤"的方式，一层层选拔出"政长"，具体过程是："选择天下贤良圣知辩慧之人，立以为天子，使从事乎一同天下之义。天子既以立矣，以为唯其耳目之请，不能独一同天下之义，是故选择天下赞阅贤良圣知辩慧之人，置以为三公，与从事乎一同天下之义。天子三公既已立矣，以为天下博大，山林远土之民，不可得而一也，是故靡分天下，设以为万诸侯国君，使从事乎一同其国之义。国君既已立矣，又以为唯其耳目之请，不能一同其国义，是故择其国之贤者，置以为左右将军大夫，以远至乎乡里之长与从事乎一同其国之义。"②既然天下"贤良圣智辩慧之人"都已经被选拔出来做了各级政长，那么人们只需听从政长的意见即可，无须再独立思考，即"上之所是，必亦是之；上之所非，必亦非之"③，这样，便可以化乱为治，达致社会安宁。

其四，兼爱、非攻。"兼爱"在墨子的十项主张中堪称核心，墨子的"兼爱"针对儒家的"仁爱"而提出。"仁爱"以血缘亲情为核心，按照将心比心、推己及人的方式，层层拓展至对他人、它物的爱，层层拓展的过程也是"爱"由厚变薄的过程，"爱有差等"是儒家仁爱的一个重要特点。但是在墨子看来，这种"有差等的爱"难以从根本上解决社会纷争，即谓：

---

① 《墨子·尚同上》。

② 《墨子·尚同中》。

③ 《墨子·尚同中》。

"今诸侯独知爱其国，不爱人之国，是以不惮举其国以攻人之国。今家主独知爱其家，而不爱人之家，是以不惮举其家以篡人之家。今人独知爱其身，不爱人之身，是以不惮举其身以贼人之身。"①于是，墨子认为解决这个问题的办法便是放弃"爱有差等"，高扬"爱无差等"，墨子反问人们："视人身若其身，谁贼？""视人家若其家，谁乱？视人国若其国，谁攻？"②基于这一理解，墨子倡导"视人之国若视其国，视人之家若视其家，视人之身若视其身"③的"兼爱"。"兼爱"的实质是本着互利原则，互相关爱、利人利己。与儒家的"仁爱"基于良知道义等道德情感不同，墨子的"兼爱"则从利益关系出发，带有功利主义的色彩，在《墨子》书中，凡是出现"兼相爱"之处，紧随其后的必然是"交相利"。基于"兼爱"理念，"非攻"即反对侵略战争也便成了题中应有之义。

其五，天志、明鬼。如上所述，墨子对人们提出了如此苛刻的要求，那么，如何确保这些要求能够贯彻下去呢？这就要用到他所倡导的"天志"、"明鬼"的理念。所谓"天志"即认为天有意志，所谓"明鬼"即大力宣扬鬼神的存在。在墨子的视野中，天和鬼具有惩恶扬善的功能，而天、鬼的意志与墨子的理论诉求一致。墨子树立起天、鬼的权威，真实意图是为了监督天子乃至世人的行为，使之能够自觉遵循墨子的各项主

---

① 《墨子·兼爱中》。
② 《墨子·兼爱上》。
③ 《墨子·兼爱中》。

张，即谓："当天意而不可不顺。顺天意者，兼相爱，交相利，必得赏。反天意者，别相恶，交相贼，必得罚。"①

　　综观墨子的上述主张，可以发现墨子只是根据时弊对症下药，但是却忽略了现实考量，过于理想化。以"兼爱"为例，墨子"兼爱"的理论预设是"爱人如己"必然会获得对等的回报，但是，这实际上与真实的人际交往是相抵牾的，在真实的人际交往中，"爱对方如己"事实上并非一定意味着对方也会回馈同样的爱给自己，这在生活中很容易找到例证；"兼爱"还要求人们超越血缘亲情的羁绊，绝对地爱人如己，这也严重违逆了人性，在中国古代注重血缘亲情的宗法社会中根本不可能落实。以"尚同""尚贤"为例，墨子"尚同"若真能像其规划的那样把天下最贤能、最智慧的人选拔出来，那么"尚同"或许还有实施的可能，但是，如何才能彻底、真正地"尚贤"呢？墨子却并没有提出具体可操作的方案，如果"尚贤"不能保障，那么"尚同"也就失去了意义，甚至还可能沦为思想上的独断、封闭。再以节用、节葬、非乐为例，墨子一方面在精神上给人提出了极高的要求，要求人们爱人如己，但另一方面在物质上却给人设置了极低的标准，精神要求与物质标准的不匹配，使其学说对上层很难产生吸引力。上述种种脱离现实、过于理想化的理论建构思路，导致墨子的社会理想最终只能沦为空想。此外，墨子在建构思想体系的时候，思考亦不够

———————

① 《墨子·天志上》。

周全，他只考虑到了每一项主张的具体功能，却没有把这些主张联系起来加以考察，导致一些观点之间存在着矛盾，难以自洽。例如，东汉王充就曾经批判过墨子"节葬"和"明鬼"两项主张之间的矛盾，王充讲："墨家薄葬右鬼，道乖相反，违其实，宜以难从也。"[①]

墨子思想理论上的上述缺陷，导致墨学的路子越走越窄，战国后期仅能以名辩逻辑见长。自汉朝开始，更是长期受到冷落，逐步淡出历史舞台，直到近代，才恢复了一些影响。但是，至少在战国中期之前，墨学确实对儒学构成了冲击，先秦儒家代表人物孟子曾经说过"杨朱、墨翟之言盈天下。天下之言不归杨，则归墨"[②]，这便足以证明墨家学派在当时的影响力。

法家日隆

法家是对先秦时期倡导以法治国的学者的总称，法家没有明确的创立者，学界通常视春秋时期的管仲和子产为法家的先驱。法家的源头在春秋时期，但是其兴盛是在战国时期。如何增强国力、如何在诸侯国的竞争中胜出以建立起中央集权的帝国是法家关注的焦点问题，这一问题恰恰是当时各诸侯国共同关心的问题，所以法家深受统治者的青睐，在百家争鸣中占到

---

① 《论衡·案书》。
② 《孟子·滕文公下》。

了先机。战国时期，各诸侯国普遍重用法家，开展变法运动，实行耕战政策，所谓"耕"，指的是发展农业生产；所谓"战"，指的是壮大军事实力，谋求对外扩张。战国前期影响比较大的法家人物是李悝，据说他曾受学于孔子的学生子夏。他在魏国主持变法，并汇集当时各国法律编纂了我国古代第一部比较完整的法典——《法经》。李悝之后，影响比较大的法家人物，主要有商鞅、申不害、慎到等人，其中，商鞅重"法"，申不害重"术"，慎到重"势"。战国后期，韩非子集法家之大成，建构起了法家的理论大厦。相较于儒学，在历史观和治国方略上，以韩非子为代表的法家，其思想特色主要体现在以下两个方面：

其一，在历史观方面，韩非子认为历史是向前发展的，他反对以古非今，主张因时变法。他把历史分成上古、中古、近古三个时期，进而基于人口和资源变化的视角来解释历史的发展。韩非子认为，每个时期人口和资源的匹配程度不同，造成需要解决的问题也不相同。他论证说："古者丈夫不耕，草木之实足食也；妇人不织，禽兽之皮足衣也。不事力而养足，人民少而财有余，故民不争。是以厚赏不行，重罚不用，而民自治。"①但是现在却"人民众而货财寡，事力劳而供养薄，故民争；虽倍赏累罚而不免于乱"②，所以，不应再期望用老办法来

———————

① 《韩非子·五蠹》。

② 《韩非子·五蠹》。

解决新问题，而应该"不期修古，不法常可，论世之事，因为之备"①。这种对历史发展的认识和儒学形成鲜明对比，儒家倾向于厚古薄今、言必称尧舜，而韩非子却认为时代发生变化了，处理事情的方法就应该发生变化，如果幻想以"先王之法，治当世之民"就和守株待兔无异了。基于这样的历史观，韩非子反对脱离社会环境抽象地去评价人和事，对此他举了燧人氏和有巢氏的例子来说明他的观点：燧人氏发明了钻木取火的技术，有巢氏发明了构木为巢的技术，燧人氏和有巢氏因为这两项发明而被中华民族尊称为大英雄，但那是因为处于上古时期，如果现在再跑到树上去盖房子、再用钻木头的方式去取火，那么，则不仅不会得到崇拜，还很有可能遭受到嘲笑，即谓："今有构木钻燧于夏后氏之世者，必为鲧、禹笑矣。"②此外，韩非子还以"禅让的废弃"为例来论证他的观点：原始社会曾实行过禅让制，即天子主动把"天子"之位让渡给别人，但是后来，官员却连一个县令的职位也不再愿意让渡，这种现象常被用来证明社会的道德滑坡。但是韩非子却不这样看，韩非子认为，原始社会条件恶劣，辞去天子"是去监门之养而离臣虏之劳也"③，但是后来利益发生了重大变化，即使当一个县令也可以"一日身死，子孙累世絜驾"④，正是因为如此，才出

———————————

① 《韩非子·五蠹》。

② 《韩非子·五蠹》。

③ 《韩非子·五蠹》。

④ 《韩非子·五蠹》。

现了"轻辞古之天子，难去今之县令"①的局面。总之，在韩非看来，时代发生变化了，人们对事情的评价标准以及行为选择便会随之发生变化，所以韩非子主张"因时变法"。

其二，在治国方略上，韩非子综合吸收了前期法家的相关思想，提倡法、势、术相结合。韩非子认为儒家以德治国的方式不切实际，他讲："今学者之说人主也，不乘必胜之势，而务行仁义则可以王。是求人主之必及仲尼，而以世之凡民皆如列徒，此必不得之数也。"②儒、法治国方略上的分野，根源于两个学派对人际关系的不同理解，儒家把人与人的关系理解成情感关系、道德关系，所以主张以德来治国；但在韩非子看来，人与人之间纯粹是尔虞我诈、斤斤计较的利益关系，所以他主张法、势、术相结合的强权方式。例如，关于君民关系，儒家常用父子关系来比拟，但韩非子却并不认同，在他看来，"君上之于民也，有难则用其死，安平则尽其力"③；同样，老百姓之所以会为君主卖命、卖力，也并非是因为爱这个君主，而是因为君主手中有权势，即谓："彼民之所以为我用者，非以吾爱之为我用者也，以吾势之为我用者也"④。再例如，关于君臣关系，儒家心目中的理想状态是"君使臣以礼，臣事君以

---

① 《韩非子·五蠹》。

② 《韩非子·五蠹》。

③ 《韩非子·六反》。

④ 《韩非子·外储说右下》。

忠"①, 这句话中的"礼"和"忠"包含着浓厚的情感色彩,但在韩非子看来,君臣之间并非这种温情脉脉的关系,而是一种买卖关系,即"主卖官爵,臣卖智力"②。既然是买卖,就会生怕自己吃亏,所以君臣之间的关系在韩非子看来就是互相算计,即谓:"臣尽死力以与君市,君垂爵禄以与臣市,君臣之际,非父子之亲也,计数之所出也。"③基于对人际关系的这种理解,韩非子建议统治者采用法、势、术相结合的强权手段来治理国家,也便成了顺理成章的事情。

所谓"法",即"编著之图籍,设之于官府,而布之于百姓者也"④,韩非子把法的作用推到了极致,他认为:"明主之国,无书简之文,以法为教;无先王之语,以吏为师"⑤,即真正圣明的君主治理国家,不需要礼乐诗书,只需要法律,然后由懂法的官员把百姓都教会就可以了。所谓"势",在韩非子的视野中即"胜众之资也"⑥,即君主相对于众人的优势所在。而与普通人相比,君主优势就在于拥有赏、罚大权,因此,韩非子认为,君主若想加强"势",就要牢牢地把握住赏罚大权并且用好这两种权力,韩非子称"赏"和"罚"为君之

① 《论语·八佾》。
② 《韩非子·外储说右下》。
③ 《韩非子·难一》。
④ 《韩非子·难三》。
⑤ 《韩非子·五蠹》。
⑥ 《韩非子·八经》。

二柄，即谓："二柄者，刑、德也"①。在应用赏、罚的过程中，韩非子建议统治者：赏罚要严明，要让"为人臣者畏诛罚而利庆赏"②；赏罚要有力度，应重赏、重罚，正所谓"赏厚则所欲之得也疾，罚重则所恶之禁也急"③；赏罚的范围要恰当，应"立可为之赏，设可避之罚"④。所谓"术"，即君主防范、驾驭大臣的方法，韩非子关于"术"的论述很丰富，例如，《韩非子·八奸》篇针对臣下劫持君主的八种奸行，提出了相应的防范措施；《韩非子·十过》篇指出了君主应该避免的十种过错，并列举了"十过"的历史后果供君主借鉴；《韩非子·奸劫弑臣》篇则较为详细地论述了奸臣的奸行与治奸的措施。韩非子在世之时虽然没有亲自实践自己政治理念的机会，但是，秦始皇却把韩非子的思想落到了实处，他依据法家的政治哲学理论，实行严刑峻法的高压政策和富国强兵的耕战政策，扫平六国，完成了统一大业。

　　法家理论在应用的过程中，弊端逐渐暴露出来，主要表现在：法家彻底否定了道德的价值，只任法治，一意孤行。只任法治的结果导致法家理论无法在统治者和被统治者之间、各个社会成员之间建立起普遍的精神联系。法家思想的执行者过分强调严刑酷罚，只考虑短期内政策能否推行下去，却没有考

---

① 《韩非子·二柄》。
② 《韩非子·二柄》。
③ 《韩非子·六反》。
④ 《韩非子·用人》。

虑到长期下去老百姓的身心承受能力，导致百姓怨声载道。同时，受到君主政体的制约，法家"法不阿贵"[①]"刑无等级"[②]的社会理想亦缺乏落实下去的制度保障。秦朝采用法家治国却二世而亡，这一结果造成学界和政界普遍将秦朝灭亡和法家治国相提并论，法家在历史上几乎成了暴政的代名词，这导致后世统治者即使采用了法家的合理因素，也不敢堂而皇之地声称自己的政策依据是法家理论，他们一定要给自己的政策披上一层儒学的温情脉脉的面纱。秦朝之后，尽管法家失去了在思想领域的主导地位，但是终战国、秦朝之世，它确实取得了实际支配地位，对儒学形成了较大压制。

（三）儒学的拓展

墨家、法家的发展，将儒学置于了一个颇为尴尬的境地：法家以其立竿见影的法治和耕战政策获得了君主的倾心接纳，在政治舞台上大展身手；墨家以其爱无差等的平民学说，受到底层民众的欢迎。而儒学则被视为"迂远而阔于事情"[③]的无用学说，几乎被社会上层和下层同时悬置。在这种情况下，儒家亟需出现能够起而卫道的有力传承者。据《韩非子》记载，孔子去世后，"儒分为八"，"有子张之儒，有子思之儒，有颜氏

---

① 《韩非子·有度》。

② 《商君书·赏刑》。

③ 《四书章句集注·孟子序说》。

之儒，有孟氏之儒，有漆雕氏之儒，有仲良氏之儒，有孙氏之儒，有乐正氏之儒。"[1]其中"孟氏之儒"和"孙氏之儒"指的是孟子和荀子。"孔子的思想存在着多方面的解释维度，但主要维度有两个：一个是以理想主义为主导的仁学维度，或称内圣学维度；另一个是以现实主义为主导的礼学维度，或称外王学维度。"[2]孟子和荀子便分别从这两个维度对孔子的思想进行了阐发，作为先秦时期儒家最重要的两位代表人物，他们如同孔子思想的两翼，从不同路向弘扬和拓展了孔子的思想，并承接住了来自墨家、法家的挑战。

孟子：仁学维度的拓展

孟子是战国中期人，他一直以"未得为孔子徒"为憾事，所以常以孔子后学的"私淑"自居，称"乃所愿，则学孔子也"[3]。孟子曾周游列国，虽然声誉很高，常"后车数十乘，从者数百人"[4]，但实际上，当权者往往对孟子阳奉阴违，对他的"礼遇"也只是为了标榜自身"重士"而已，并非真正采纳他的主张。

孟子主要从"仁学维度"发展了孔子的思想。其理论建

---

① 《韩非子·显学》。

② 宋志明：《中国古代哲学通史》，北京：中国青年出版社，2016年，第143页。

③ 《孟子·公孙丑上》。

④ 《孟子·滕文公下》。

构的根基是"性善论"。关于孟子的"性善论"本书第二章曾
提及：孟子将人作为"类"来考察，将普通人与"圣人"作类
比，进而依据"凡同类者，举相似也"①得出"我"与圣人同
类、"我"与圣人一样都具有善性的结论。那么，"我"与"圣
人"同样具备的"善"其终极源头来自于哪里呢？孟子将其
追溯至"天"。中国古代哲学所言说的"天"主要包含三种意
蕴：自然之天、主宰之天、义理之天。"义理之天有别于主宰
之天，它只是道德价值的担保者，并不是人的一切行为的支
配者。它是理性的，不是神性的……义理之天也有别于自然之
天。它不是纯粹的客观世界，而是意义的世界、精神的世界、
价值的世界。"②义理之天是道德理想的化身，人可以认识它并
自觉地选择它作为自己行事的依据。孟子所讲的作为善性终极
来源的"天"便是"义理之天"，即谓"仁义忠信，乐善不倦，
此天爵也"③。在孟子看来，人的善性来自于天赋，它是生来就
有、本来就如此的存在，孟子称其为"善端"。孟子认为，能
否把天赋的善性有意识地保存下来并发扬光大，是人与禽兽的
根本区别，即谓："人之所以异于禽兽者几希，庶民去之，君
子存之"④"无恻隐之心，非人也；无羞恶之心，非人也；无辞

---

① 《孟子·告子上》。

② 宋志明：《中国古代哲学通史》，北京：中国青年出版社，2016年，第
　 151页。

③ 《孟子·告子上》。

④ 《孟子·离娄下》。

让之心，非人也；无是非之心，非人也。"①由于人心中存有天赋的善性，所以孟子认为只要尽量扩充人固有的善心，就可以了解人的本性，进而也就了解了天的本性，用孟子的话来说便是"尽其心者，知其性也。知其性，则知天矣"②，这就是孟子心目中的"天人合一"。

孟子拓展了孔子关于人性的"性相近也，习相远也"③的开放性结论，对人性做出了明确的判定并进行了理论论证，有了"性善论"这个理论根基，孔子提出的诸多命题便获得了更为合理的解释。例如，孔子提出的"为仁由己"藉由"性善论"获得了更为充分的依据：既然人人都有天赋的"善性"，不需要外求，当然成就仁德这件事就完全取决于自己了；并且依据"性善论"，孟子在"反求诸己"即心性的自我完善这个路向上为人们成就仁德规划了诸多具体路径，例如"养心""养气""求放心"等，这些路径较之孔子提出的仁德修养方法更为细致。再例如，孔子提出的"为政以德"亦藉由"性善论"得以充实。孟子由人人都有善性，推出君主亦有善性，即"人皆有不忍人之心。先王有不忍人之心，斯有不忍人之政矣。以不忍人之心，行不忍人之政，治天下可运之掌上"④，这就肯定了君主具备"为政以德"的能力，君主只需要将天赋的恻隐之

①《孟子·公孙丑上》。

②《孟子·尽心上》。

③《论语·阳货》。

④《孟子·公孙丑上》。

心施于百姓，"老吾老，以及人之老；幼吾幼，以及人之幼"①即可，这便为孔子提出的"为政以德"的思想寻到了先天道德上的依据。

除上述基于"性善论"对孔子思想作了注解和拓展之外，孟子在传承发展孔子思想方面，还有两点值得一提。其一，相较于孔子，孟子对"仁"与"义"的关系作了更为清晰的阐述。《论语》虽经常提到"义"，也谈到过"义"的作用，如"君子之于天下也，无适也，无莫也，义之与比"②，并给与"义"以很高的评价，如"君子义以为上"③、"君子义以为质"④等，但孔子尚未对"仁"与"义"的关系做出明确说明。这一点，在孟子那里得到弥补，孟子用"心"与"路"、"宅"与"路"来比喻仁与义的关系，即谓"仁，人心也；义，人路也"⑤"仁，人之安宅也；义，人之正路也"⑥，在这些表述中，"义"是道德主体在具体行事时依据"仁"所做的应当、应该、应为之判断，是经过反思后形成的自觉意识，"仁"需要以"义"来配合才能发挥出作用。其二，孟子对民众的力量有了更为清醒的认识，明确提出了"民贵君轻"的理念，即谓："民为贵，社稷

---

① 《孟子·梁惠王上》。

② 《论语·里仁》。

③ 《论语·阳货》。

④ 《论语·卫灵公》。

⑤ 《孟子·告子上》。

⑥ 《孟子·离娄上》。

次之，君为轻。是故得乎丘民而为天子，得乎天子为诸侯，得乎诸侯为大夫。"①在此基础上，孟子为君主规划了一系列具体的施政方略，在养民、富民、教民、使民以时、广开言路、与民同乐等诸多方面都做了比孔子更为详尽、深入的论述。经由孟子的理论建构，孔子"为政以德"的思想演化成系统的"仁政"学说，仁政学说及其所蕴含的民本精神是儒学政治伦理思想中最为光辉的部分，对中国的历史进程产生了积极影响。

　　面对来自法家、墨家的挑战，孟子也以自己的理论做出了分析批判。例如，孟子的"仁政"学说、"民本"理念，其本身便是对法家贬抑道德、崇尚法治、暴力强权的对抗，孟子说："君不行仁政而富之，皆弃于孔子者也，况于为之强战？争地以战，杀人盈野；争城以战，杀人盈城，此所谓率土地而食人肉，罪不容于死。故善战者服上刑，连诸侯者次之，辟草莱、任土地者次之。"②再例如，孟子把墨家视为儒家的主要论敌，以"辟杨墨"为己任，他批判了墨家的核心观点——爱无差等的"兼爱"，他反问墨家弟子"夷之"："夫夷子信以为人之亲其兄之子为若亲其邻之赤子乎？"③在孟子看来，人的爱本来就是有差等的，爱自己的亲人多于爱别人是自然本能，以爱父亲为例，自己的父亲养育了自己，别人的父亲没有养育自己，如果爱自己的父亲和爱别人的父亲一样，那就意味着减少

①《孟子·尽心下》。

②《孟子·离娄上》。

③《孟子·滕文公上》。

了对自己父亲的爱，由此孟子尖锐地指出："墨氏兼爱，是无父也。无父无君。是禽兽也。"[①]这一论断可谓直击墨学的理论缺陷，一针见血。

关于孟子对孔子学说的发展，朱熹给出十分中肯的评价，朱熹说："孟子有功于圣门，不可胜言。仲尼只说一个仁字，孟子开口便说仁义。仲尼只说一个志，孟子便说许多养气出来。只此二字，其功甚多。"[②]

荀子：礼学维度的拓展

从一定意义上可以说，孔子所留下的"仁"与"礼"两大主题间的张力，是儒学的生命力之所在，儒学在后世的发展常常围绕这两个维度而展开。在先秦时期，孟子从仁学维度即内圣学的维度拓展了孔子的思想，其优长在于强化了主体的能动精神，但缺失则在于过分强调道德的功能，而很少谈及与具体制度设计相关的"礼"，这导致孟子学说缺乏有操作性、可以落地的政治规划，这是以孟子为代表的儒家学派在当时政治舞台上难以与法家分庭抗礼的重要原因。"礼"是儒家进行制度设计的依凭，可以说，儒学如不重振礼学的旗鼓，在政治上便难有作为，在礼学维度为儒学开辟思想疆域的重任落到了荀子身上，荀子是先秦时期继孟子之后的又一位儒学巨擘，经由荀

---

① 《孟子·滕文公下》。

② 《四书章句集注·孟子序说》。

子的理论建构，儒家的"礼"学思想，在内涵上的开掘和外延上的拓展都获得重大发展。

　　孔子在创立儒学时，即提出了"克己复礼"的主张，但是并没有对礼的来源以及为什么应该"克己复礼"做出理论论证。荀子则以其对"人性"的见解弥补了这一理论缺失。在人性问题上，荀子吸收了告子"生之谓性"[①]即从先天素质的角度来理解人性，以及慎子"人莫不自为"[②]即从自私自利的角度来理解人性的见解，提出了"人性恶"的主张。在荀子的视野中，"性"属于自然本能，饥而欲饱、寒而欲暖、劳而欲休、目好色、耳好声、口好味、心好利、骨体肤理好愉佚等，都属于人性的范畴，这些自然本能如果不加约束，任其泛滥，就会变成"恶"，即谓："今人之性，生而有好利焉，顺是，故争夺生而辞让亡焉；生而有疾恶焉，顺是，故残贼生而忠信亡焉；生而有耳目之欲，有好声色焉，顺是，故淫乱生而礼义文理亡焉。然则从人之性，顺人之情，必出于争夺，合于犯分乱理，而归于暴。"[③]要避免这种情况的发生，就需要对人性进行规约，这时"礼"的作用便自然而然地突显出来，正所谓"古者圣人以人之性恶，以为偏险而不正、悖乱而不治，故为之立君上之势以临之，明礼义以化之，起法正以治之，重刑罚以禁之，使天

---

① 《孟子·告子上》。
② 《慎子·因循》。
③ 《荀子·性恶》。

下皆出于治、合于善也。"①基于荀子的"性恶论",孔子"克己复礼"的必要性也便被顺理成章地确立起来。

　　除了从"性恶论"的角度为"礼"的合理性作论证之外,荀子还从人的生存方式层面为"礼"作论证。荀子认为人的生存方式就是"群"与"分"的配合。"群"赋予人以生存的力量,即谓人"力不若牛,走不若马,而牛马为用,何也? 曰:人能群,彼不能群也"②。而"群"又建立在"分"的基础之上,"分"即区分,其形式多种多样,有长幼之"分"、有贵贱之"分"、有贤愚之"分",等等。而"礼"作为伦理秩序和社会规范,是正确处理"群"与"分"之间关系的制度保障,它可以在保持人与人差别的同时,对人与人之间的关系进行协调和维护,使"贵贱有等,长幼有差,贫富轻重皆有称者也"③,这样便可以使人各守其分、各安其职、各得其所,从而使社会秩序安顿、"群"和谐有序。即谓:"人何以能群? 曰:分。分何以能行? 曰:义。故义以分则和,和则一,一则多力,多力则强,强则胜物,故宫室可得而居也。故序四时,裁万物,兼利天下,无它故焉,得之分义也。故人生不能无群,群而无分则争,争则乱,乱则离,离则弱,弱则不能胜物,故宫室不可得而居也——不可少顷舍礼义之谓也。"④在荀子看来,治国理政

---

① 《荀子·性恶》。

② 《荀子·王制》。

③ 《荀子·礼论》。

④ 《荀子·王制》。

仅靠仁义不够，必须依靠带有一定强制性的礼义规范才能维持社会秩序。

荀子基于"性恶论"和"群分论"对"礼"所做的上述论证，除了对礼学本身的意义之外，亦为道德教化提供了更多依据。依据荀子的理论，正是因为"礼"既可以遏制人性向"恶"发展的趋势，又可以确保"群"的有效运转，而礼义有"可知可能之理"，所以推行教化才既有必要性又有可能性，即谓："必将有师法之化、礼义之道，然后出于辞让，合于文理，而归于治。"①荀子十分注重教化和学习，《荀子》一书开篇即是《劝学》，讲的便是接受教化、进行学习的重要性，荀子认为"干、越、夷、貉之子，生而同声，长而异俗，教使之然也"②。荀子倡导"化性起伪"，"伪"的过程就是通过学习和训练对人性予以限制和改造的过程，荀子讲："今使涂之人伏术为学，专心一志，思索孰察，加日县久，积善而不息，则通于神明，参于天地矣。"③

荀子从礼学维度对儒学进行的拓展，还体现在他重新界定了"礼"与"法"的关系，法家只推崇法治，而完全贬斥道德的作用。荀子与之不同，荀子一方面批判法家单纯因任法治的做法，另一方面他又纳"法"于"礼"、认为礼与法可以兼容，

---

① 《荀子·性恶》。
② 《荀子·劝学》。
③ 《荀子·性恶》。

荀子讲："《礼》者，法之大分、类之纲纪也。"①在荀子的视野中，礼、法都可以作为维系社会秩序的手段，即谓"隆礼尊贤而王，重法爱民而霸"②，这样便将"礼治"和"法治"有机统一起来。当然，作为儒家学者，从荀子的整个思想体系来看，是以王道为主，霸道为辅。

综观荀子思想，可以发现其具有兼容百家的特征，这一方面是因为荀子生活的年代处于战国末期，那时百家争鸣已近总结阶段；另一方面是因为他游历过赵、燕、齐、楚、秦等大国，游历范围远远超越了孔子和孟子；此外他还曾长期在稷下学宫讲学，三次担任稷下学宫的祭酒（相当于最高主管）。稷下学宫创立于齐桓公时期，是文人学士讲学以及为君主提供国策咨询的地方，各家学派均在此表达见解，可谓名士云集。时代特点以及个人经历给了荀子兼容百家的视野。荀子以儒学为圭臬、兼容百家的理论建构除前文所述吸收了法家思想，纳法于礼之外，还体现在对道家和墨家思想的批判吸收上。对道家，荀子吸收了道家"天道自然"的思想，将儒家的"天"改造成不以人的意志为转移的自然之天，即谓："天行有常，不为尧存，不为桀亡"③，同时，他又没有丢弃儒家积极有为的思想特色，荀子还扬弃了道家"静因之道"的思想，提出了"虚一而静"的认识原则；对墨家，荀子也是有批判有继承，如

---

① 《荀子·劝学》。

② 《荀子·大略》。

③ 《荀子·天论》。

批评墨家"有见于齐，无见于畸"①，指出"有齐而无畸，则政令不施"②，但荀子的"故有社稷者而不能爱民、不能利民，而求民之亲爱己，不可得也"③"论德而定次，量能而授官"④等言论，显而易见又与墨家的"兼爱""尚贤"等主张有很多合拍之处。总之，荀子正是通过这种批判、继承、创新的做法，以儒学方式总结了先秦百家，将儒学推向那个时代的思想高峰。

（四）儒道互补

先秦时期，道家的主要代表人物是老子和庄子，关于老子的活动时间以及《老子》这部书的成书年代学术界有不少争议，早在司马迁写《史记》时，老子的生平事迹已经难以确定，司马迁在《史记·老庄申韩列传》中多次使用了"或曰"、"盖"、"或言"、"世莫知其然否"等词语，这显示司马迁对社会上流传的关于老子的事迹持存疑的态度。目前学界公认的一点是，《老子》这部书是托老子之名所作，是当时道家人物哲学观点的汇编。庄子大致生活于战国中后期，关于他的生平也没有留下过多的记载，其思想主要体现在《庄子》这部书中。

---

① 《荀子·天论》。
② 《荀子·天论》。
③ 《荀子·君道》。
④ 《荀子·君道》。

　　道家思想的核心概念是"道"，"道"是"玄之又玄"①的存在，它难以描述，正所谓"道可道，非常道；名可名，非常名"②。它是"无状之状，无物之象"③，虽然人们无法直接通过感官感觉到它，但它却是真实的存在，即"道之为物，惟恍惟惚。惚兮恍兮，其中有象；恍兮惚兮，其中有物。窈兮冥兮，其中有精；其精甚真，其中有信"④。万物都要依赖"道"而存在，"道"是创生万物的本原，即"道生一，一生二，二生三；三生万物"⑤；但"道"却无须依赖它物，它可以"独立不改"⑥。"道"的作用永远都不会穷竭，即"道冲，而用之久不盈"⑦。

　　在道家思想体系中，"道"不仅是创生万物的本原，而且是支配万物运行的法则。道家探索"道"的运行规律，实际上就是在探索世界的运行秩序；道家探索"道"发挥作用的方式以及"道"对待万事万物的态度，实际上就是为修身处世、治国理政提供指南。以下即以《老子》和《庄子》为例，阐述道家基于对"道"的理解所建构的对社会人生的认识。

　　其一，关于"道"的运行规律，《老子》将其概括为"反"，

---

① 《老子》第一章。
② 《老子》第一章。
③ 《老子》第十四章。
④ 《老子》第二十一章。
⑤ 《老子》第四十二章。
⑥ 《老子》第二十五章。
⑦ 《老子》第四章。

正所谓"反者道之动"①。"反"主要包含两层意思，其一是"返回"，"夫物芸芸，各复归其根"②，即万事万物最终都要返回"道"，都逃脱不了"道"的支配；其二是"相反"，即任何状态都要依靠其对立面而存在，且对立面会互相转化，即谓："有无相生，难易相成，长短相形，高下相盈，音声相和，前后相随，恒也。"③也正是基于"相反"这层涵义，《老子》表现出了杰出的辩证思维。以这种思维方式来"做人"，《老子》的建议是柔弱、处下，例如："知其雄，守其雌""知其白，守其黑""知其荣，守其辱"④；以这种思维来"做事"，《老子》建议从反向着手，来达致目的，例如，"将欲歙之，必固张之；将欲弱之，必固强之；将欲废之，必固兴之；将欲取之，必固与之"⑤，《老子》称这种做事方式是"微明"，即深藏起来的高明。对于好的事情，《老子》认为可以从细小处着手，来达致宏大的目标，即"图难于其易，为大于其细；天下难事，必作于易，天下大事，必作于细"⑥。对于不好的事情，《老子》认为要防微杜渐，避免酿成恶果，即"其安易持，其未兆易谋。其脆

---

① 《老子》第四十章。
② 《老子》第十六章。
③ 《老子》第二章。
④ 《老子》第二十八章。
⑤ 《老子》第三十六章。
⑥ 《老子》第六十三章。

易泮，其微易散。为之于未有，治之于未乱"①。以这种思维方式来面对人生，《老子》提醒世人对人生的祸福变化要抱有达观态度，因为"祸兮，福之所倚；福兮，祸之所伏"②；以这种思维方式来治理国家，《老子》认为统治者说话做事只有低调，才能长期做民众的领袖，即谓："是以欲上民，必以言下之；欲先民，必以身后之。是以圣人处上而民不重，处前而民不害。是以天下乐推而不厌。以其不争，故天下莫能与之争。"③

　　其二，关于"道"发挥作用的方式，《老子》将其概括为"弱"，正所谓"弱者道之用"④。在当时各诸侯国都争强好胜的情况下，《老子》却看到了"弱"的优势。《老子》举例说："人之生也柔弱，其死也坚强。草木之生也柔脆，其死也枯槁"⑤"天下莫柔弱于水，而攻坚强者莫之能胜"⑥，并由此得出"坚强者死之徒，柔弱者生之徒"⑦"物壮则老"⑧"柔弱胜刚强"⑨的结论。由此，《老子》认为为人处世不应逞强，他告诫人们："企者不立；跨者不行；自见者不明；自是者不彰；自伐者无功；

---

① 《老子》第六十四章。
② 《老子》第五十八章。
③ 《老子》第六十六章。
④ 《老子》第四十章。
⑤ 《老子》第七十六章。
⑥ 《老子》第七十八章。
⑦ 《老子》第七十六章。
⑧ 《老子》第五十五章。
⑨ 《老子》第三十六章。

自矜者不长。"①据此《老子》将人生经验概括为"我有三宝，持而保之。一曰慈，二曰俭，三曰不敢为天下先"②。这种"弱"的思维落实到治国理政上就表现为：对外反对发动战争，《老子》讲"师之所处，荆棘生焉。大军之后，必有凶年。善有果而已，不敢以取强"③，因此，《老子》告诫统治者："兵者不祥之器，非君子之器，不得已而用之，恬淡为上。"④对内则反对采用强权的方式过分压迫百姓，《老子》认为"民之饥，以其上食税之多，是以饥。民之难治，以其上之有为，是以难治。民之轻死，以其上求生之厚，是以轻死"⑤，一旦老百姓被压榨到生不如死的地步，那么君主也便会失去对百姓的控制，离政权失落就不远了，即谓："民不畏死，奈何以死惧之？若使民常畏死，而为奇者，吾得执而杀之，孰敢？"⑥

　　其三，关于"道"对待万物的态度，《老子》的描述为："万物作而弗始，生而弗有，为而不恃，功成而弗居"⑦，这就是"无为"。道家所讲的"无为"并不是什么都不做，而是指以不任意妄为、不胡乱作为的方式做成一切事情，即"道常无为

①《老子》第二十四章。
②《老子》第六十七章。
③《老子》第三十章。
④《老子》第三十一章。
⑤《老子》第七十五章。
⑥《老子》第七十四章。
⑦《老子》第二章。

而无不为"①。道家"无为"的精髓是顺其自然，庄子把"人为"
与"自然"作了区分，《庄子》讲："牛马四足，是谓天；落马首，
穿牛鼻，是谓人。"②顺其自然即因顺万物本来的状态，《庄子》
举例说："凫胫虽短，续之则忧；鹤胫虽长，断之则悲。故性
长非所断，性短非所续，无所去忧也。"③

　　自然、无为的态度落实到人生中，便表现为追寻精神自
由，反对心为形役。例如：面对名利的诱惑，道家认为应该知
足、知止，《老子》讲："名与身孰亲？身与货孰多？得与亡孰
病？甚爱必大费，多藏必厚亡。故知足不辱，知止不殆，可
以长久。"④在道家看来，"祸莫大于不知足；咎莫大于欲得。故
知足之足，常足矣"⑤。面对外界的毁誉，道家认为不必过多在
意，在道家看来毁与誉并没有实质区别，"唯之与阿，相去几
何？美之与恶，相去若何？"⑥面对"有用"与"无用"，道家
认为没有必要过于执着，有用也未必是好事，《庄子》举例说：
"山木自寇也，膏火自煎也。桂可食，故伐之；漆可用，故割
之。人皆知有用之用，而莫知无用之用也。"⑦面对是非争执，

---

① 《老子》第三十七章。
② 《庄子·秋水》。
③ 《庄子·骈拇》。
④ 《老子》第四十四章。
⑤ 《老子》第四十六章。
⑥ 《老子》第二十章。
⑦ 《庄子·人间世》。

道家认为"彼亦一是非，此亦一是非"①"仁义之端，是非之涂，樊然淆乱，吾恶能知其辩"②，根本无须介意。甚至在死亡面前，道家也依然能够保持顺其自然的心态，例如《庄子》讲："夫大块载我以形，劳我以生，佚我以老，息我以死。故善吾生者，乃所以善吾死也。"③即在庄子看来，生死是一件自然而然的事情，大自然赋予人形体、用"生"使人勤劳、用"老"使人清闲、用"死"使人安息，那么，如果以"生"为善，也便应该以"死"为善。总之，对于人生中的一切，道家都不强求，而是坦然接受命运所给予人的一切，不做无谓地挣扎，道家认为这样便可以达到心灵的安适自由，即谓："适来，夫子时也；适去，夫子顺也。安时而处顺，哀乐不能入也。"④

自然、无为的态度落实到治国理政中，便表现为减少对老百姓的干涉，儒家所倡导的仁义道德等治理手段在道家看来不仅无益而且有害，这正如《老子》所讲："大道废，有仁义；慧智出，有大伪；六亲不和，有孝慈；国家昏乱，有忠臣"⑤，反之，"绝圣弃智，民利百倍；绝仁弃义，民复孝慈；绝巧弃利，盗贼无有"⑥。在道家看来，理想的政治状态是"我无为，

---

① 《庄子·齐物论》。
② 《庄子·齐物论》。
③ 《庄子·大宗师》。
④ 《庄子·养生主》。
⑤ 《老子》第十八章。
⑥ 《老子》第十九章。

而民自化；我好静，而民自正；我无事，而民自富；我无欲，而民自朴"①。

　　总而言之，道家基于对"道"的独特理解，在人格修养与治国理政方面提出了与儒家完全相反的思路，儒家积极有为，道家无为因循；儒家入世，道家出世；儒家让人拿得起，道家让人放得下。恰好形成了互补，共同调节着中国人的精神世界，各有用武之地。

二、两汉时期

　　从政治结局来看，先秦百家争鸣以法家的胜出告终。秦国一统天下的结果，以实践证明了法家学说的合理性，但是秦朝一统天下之后仍然奉行严刑酷罚，导致二世而亡，也以实践证明了法家的偏激性。提起秦朝，人们大多将其视为文化的荒漠，例如，在战国时期，荀子认为秦国虽治理有度却仍与王道政治相差甚远，原因便在于"无儒"，即谓："县之以王者之功名，则偶偶然，其不及远矣。是何也？则其殆无儒邪！"②在秦

---

① 《老子》第五十七章。
② 《荀子·强国》。

朝时期，还发生过著名的"焚书坑儒"事件，更是给人留下了儒学在秦国与秦朝毫无出路的印象。但实际上，在秦国与秦朝，法家尽管是显学，但儒学也并未泯灭。例如，吕不韦在秦国做相时，曾从各诸侯国招揽门客让他们各著所学，由此编辑而成的《吕氏春秋》有三十余篇明显表达的是儒家思想。再例如，秦朝建立之初，建立博士制，"悉召文学方术士甚众"[①]，其中"文学"主要指的是儒士。而"焚书"和"坑儒"则发生在公元前213年和公元前212年，这时已接近秦朝末期。客观地说，儒学以及诸子百家的一些余脉尽管因为秦朝尚法而受到压制，但是并没有断绝。公元前206年，历史进入汉朝，社会环境发生了巨大变化，思想文化的发展出现新的转向，汉朝统治者吸取秦朝二世而亡的教训，需要在法家之外重新寻找理论支持，首先被采纳的是黄老道家，进而便是儒学。儒学在汉代走上了独尊的位置，不仅成为治国理政的指导思想，也逐渐成为全社会的共识。

（一）黄老学兴盛与势微

黄老道家是托黄帝、宗老子的道家新学派，它是在先秦老庄道家的基础上，通过走兼容百家、博采众长的道路在战国中后期发展起来的道家新学派。司马谈《论六家要旨》这样来评

[①]《史记·始皇本纪》。

价黄老学："其为术也，因阴阳之大顺，采儒、墨之善，撮名、法之要，与时迁移，应物变化，立俗施事，无所不宜，指约而易操，事少而功多。"①

在思想建构方面，黄老道家没有像老庄道家那样主张绝圣弃智，抛弃仁义礼法，而是以开放的心态汲取诸子百家的营养，将"道"与仁义礼法相结合来阐发修身治国的道理，较之老庄道家，它是更为兼容并包之学。在治世方面，相较于老庄道家消极出世的思想倾向，黄老道家则是积极入世的，黄老道家从可操作层面上继续探索《老子》"无为而无不为"的命题，更强调"无为"的应用性、实效性，把道家思想从玄虚拉向了现实。

黄老道家依然以《老子》提出的虚无自然的"道"作为宇宙的根本原理，主张因时、因地、因循客观事物的法则而为。具体来说，对于治理百姓，他们反对严酷的剥削、过多的干涉，在黄老道家看来，"桀为旋室、瑶台、象廊、玉床，纣为肉圃、酒池，燎焚天下之财，罢苦万民之力"②的剥削行为，背离了"道"，他们所认可的理想的统治方式是："上无苛令，官无烦治，士无伪行，工无淫巧，其事经而不扰，其器完而不饰。"③即轻徭薄赋、减少干涉、与民休息；对于管理官员，黄老道家建议君主不要显露智谋，而要清静无为，要不动声色地

① 《史记·太史公自序第七十》。
② 《淮南子·本经训》。
③ 《淮南子·齐俗训》。

让大臣尽职办事，即"人主之术，处无为之事，而行不言之
教；清静而不动，一度而不摇；因循而任下，责成而不劳。是
故心知规而师傅谕导，口能言而行人称辞，足能行而相者先
导，耳能听而执正进谏。是故虑无失策，谋无过事"①，为此，
黄老道家还建构了一系列驾驭大臣的方法；对于引导社会风
气，黄老道家倡导的是"节欲""省事"，即"为治之本，务在
于安民；安民之本，在于足用；足用之本，在于勿夺时；勿夺
时之本，在于省事；省事之本，在于节欲"②，为此，统治者应
该"处静以修身，俭约以率下"③，带头节俭自律。

　　黄老道家的上述理念之所以在汉朝初年受到重视，与汉初
的社会状况有关。汉朝建立之初，因为战争的摧残，社会生产
力遭遇严重破坏，经济十分困难，据《汉书·食货志》记载：
"民失作业而大饥馑。凡米石五千，人相食，死者过半。高祖
乃令民得子，就食蜀汉。天下既定，民亡盖臧，自天子不能具
醇驷，而将相或乘牛车。"在这种困窘的局面下，黄老道家清
净无为、与民休息、去奢尚俭、轻徭薄赋的治国方略恰恰可以
应对这种困窘局面，发挥恢复生产、安定社会的作用，并且也
确实收到了很好的成效，带来了百姓的富足和中央财政收入的
增长，"至武帝之初七十年间，国家亡事，非遇水旱，则民人
给家足，都鄙廪庾尽满，而府库余财。京师之钱累百巨万，贯

---

① 《淮南子·主术训》。
② 《淮南子·诠言训》。
③ 《淮南子·主术训》。

朽而不可校"①。

　　"清静无为"的治国方略虽然有利于医治战争创伤，有助于新兴王朝恢复秩序、安定民心，但是对维系"大一统"的政治局面却不够得力，导致积弊丛生。例如，在内政方面，汉朝在"清静无为"的指导下实行分封制，但很快便爆出异姓王反叛的事件，后来同姓诸侯也越来越嚣张，他们招兵买马、截留国赋，与中央为敌。汉景帝时爆发的"七国之乱"就是地方势力膨胀的结果，严重影响到了中央集权。在外交方面，面对匈奴的入侵，汉朝采取的主要的方式是"和亲"，但是"和亲"不能解决根本问题，匈奴始终没有停止对汉朝边境的骚扰。在这种内忧外患的局面之下，汉朝亟需调整治国方略，变"无为"为"有为"成为大势所趋，黄老道家由此逐步淡出了政治舞台。西汉中期之后，尽管还有《老子河上公章句》《道德指归》等黄老道家的余波在继续传播黄老学，但已经无法同儒学相抗衡。

（二）罢黜百家　独尊儒术

　　汉初，在黄老道家受到重视的同时，儒学也在悄然崛起。西汉统治者一开始并没有意识到儒家思想在治国安邦中的作用。汉高祖刘邦曾发出过"为天下安用腐儒"②"乃公居马上得

---

① 《汉书·食货志》。
② 《汉书·韩彭英卢吴传》。

之，安事诗书"①的言论，对儒学不屑一顾。改变刘邦对儒学看法的是叔孙通，据史料记载，刘邦当上皇帝之后，昔日与他并肩作战的将相们依然与之形同兄弟，君臣上下之间的界限很不分明，刘邦对此感到很忧虑，这时儒生叔孙通对刘邦说："夫儒者难以进取，可以守成，臣愿征鲁诸生，与臣弟子共起朝仪。"②得到许可之后，叔孙通带领儒生们用儒家礼仪对大臣进行训练，果然收到很好的效果，让刘邦感受到了天子之尊，因而得到了刘邦的赞赏，刘邦昭示天下："贤士大夫有肯从我游者，吾能尊显之"③，后又以"大牢祠孔子"④。汉初另一位为儒学复兴做出重要贡献、值得一提的人物是陆贾，他曾冒颜犯谏，在高祖面前为儒学据理力争，他说："马上得之，宁可以马上治乎？且汤武逆取而以顺守之，文武并用，长久之术也。昔者吴王夫差、智伯极武而亡；秦任刑法不变，卒灭赵氏。乡使秦以并天下，行仁义，法先圣，陛下安得而有之？"⑤这一番话打动了刘邦，刘邦要求陆贾"试为我著秦所以失天下，吾所以得之者，及古成败之国"⑥，陆贾于是作《新语》十二篇，借总结秦亡汉兴的机会将儒学与黄老学若干理论相结合，对儒

---

① 《汉书·郦陆朱刘叔孙传》。
② 《汉书·郦陆朱刘叔孙传》。
③ 《汉书·高帝纪》。
④ 《汉书·高帝纪》。
⑤ 《汉书·郦陆朱刘叔孙传》。
⑥ 《汉书·郦陆朱刘叔孙传》。

学进行融通改造，阐述了儒学的理论价值，"每奏一篇，高帝未尝不称善"①。汉惠帝即位后废除了汉高祖时期的"挟书令"，私家藏书由此合法，一些儒家经典也随之得以面世。汉文帝、汉景帝时期也有扶植儒学之举，儒学的力量在持续积蓄中。

公元前140年，汉武帝刘彻登基，儒学终于迎来登上正统的重大机遇。公元前134年，汉武帝下诏征召贤良文学之士上书对策，于是有了汉武帝与大儒董仲舒之间的三次册问与三篇对策。汉武帝对董仲舒的见解十分满意，在第三次册问中，董仲舒建议汉武帝"诸不在六艺（六经）之科孔子之术者，皆绝其道，勿使并进"②，汉武帝接受这一建议，决定罢黜百家、独尊儒术。儒学终于从先秦以来徘徊于官方政治与民间学术的尴尬境地中解脱出来，一跃成为官方正统思想，并一直延续至中国封建社会结束。

维护大一统的中央集权是董仲舒理论建构的一个重要目的。为此，董仲舒以儒家思想为核心理念，以阴阳五行为基本框架，兼融道、法、名等家思想对儒学进行了全方位地改造。相较于先秦儒学弱化"天"的主宰意味，董仲舒则强化了"天"的主宰意味，重提"君权神授"，宣扬君主被天"立于生杀之位，与天共持变化之势"③，君王依据天意来治理百姓，"天"是有意志的存在等观念。董仲舒所提出的这些观念与墨子的"天

①《史记·郦陆朱刘叔孙传》。
②《汉书·董仲舒传》。
③《春秋繁露·王道通三》。

志"有一定的相似之处。董仲舒认为"天"的意志须通过阴阳五行之"气"表现出来。即谓:"天意难见也,其道难理。是故明阳阴入出、实虚之处,所以观天之志;辨五行之本末、顺逆、小大、广狭,所以观天道也。"①董仲舒的这些观点主要是吸取了阴阳家的思想,阴阳家的代表人物邹衍,提出了"五德终始"说,其大意是:自然界有土、木、金、火、水,这五行循环相胜,即水胜火,火胜金,金胜木,木胜土,土又生水。五行代表着五德,每个朝代都要受一种"德"的支配,而朝代的更迭也就是"德"的转移,当某个朝代应了某德时,上天必有征兆,而统治者则须顺应天命、与之相配。据邹衍称,黄帝为土德,色尚黄;夏为木德,色尚青;商为金德,色尚白;周为火德,色尚赤,他进而预言替代周朝的是水德,其色尚黑。秦始皇相信这种说法,以水德自居,衣服采用的是黑色。按照"五德终始"说,到了一定机遇,水德又将为土德所代替。董仲舒在"五德终始"说的基础上,认为汉朝就是"土"德的代表,董仲舒歌颂土德,他讲:"土者,天之股肱也,其德茂美,不可名以一时之事,故五行而四时者,土兼之也。"②基于"天"有意志以及阴阳五行思想,董仲舒提出了"天人相副"说和"天人感应"说。所谓"天人相副",即将"人"看作是"天"的副本,例如:关于人的形体,董仲舒认为:"内有五脏,副

————————
① 《春秋繁露·天地阴阳》。
② 《春秋繁露·五行之义》。

五行数也；外有四肢，副四时数也"①；关于人的情感，董仲舒认为："人生有喜怒哀乐之答，春秋冬夏之类也"②，总之，在董仲舒看来，人是"天"的缩影，"天"是"人"的放大。战国时期阴阳五行家认为，凡同类的东西可以相互感应，董仲舒承袭了这种说法并作了发挥，他认为因为天人同类，所以人的行为可以引起自然界的变化，天会根据人的行为降下"灾异"或"福瑞"以作为警示或奖赏，这就是"天人感应"。

以上述阴阳五行思想以及由此衍生的"天人相副"说和"天人感应"说为理论基础，董仲舒为人间的伦理秩序作了论证。他将君臣、父子、夫妇关系比作阴阳关系，即谓"君臣、父子、夫妇之义，皆取诸阴阳之道。君为阳，臣为阴；父为阳，子为阴；夫为阳，妻为阴。阴阳无所独行，其始也不得专起，其终也不得分功，有所兼之义。是故臣兼功于君，子兼功于父，妻兼功于夫，阴兼功于阳，地兼功于天。"③因为当时人们对于自然界运行秩序的认知是阳为主、阴为从，于是董仲舒便将这种思想延伸到社会伦理关系之中，他指出：君是主，臣是从；父是主，子是从；夫是主，妇是从。而且，董仲舒认为这个主从顺序是永恒不变的，即"王道之三纲，可求于

---

① 《春秋繁露·人副天数》。

② 《春秋繁露·为人者天》。

③ 《春秋繁露·基义》。

天"①"道之大原出于天，天不变，道亦不变"②，这样，人间统治秩序的合理性便得到了论证，并上升到天经地义的高度。

当然，董仲舒之所以能称得上是儒学大师，并不在于他仅仅为封建统治秩序作了论证，而且在于他也以同样的方式为儒家所信奉的伦理道德作了论证，并同时坚守了儒家一贯的"道高于君"的理想。例如，在治国理政的基本思路上，董仲舒综合了孟子的"性善论"和荀子的"性恶论"提出了"性三品"说，他把人性分成"圣人之性""中民之性""斗筲之性"，他认为绝大多数人的人性属于"中民之性"，可以通过道德教化使之向善，但是，对"斗筲之性"则只能采用刑罚的手段加以遏制，所以统治者应该以德治教化为主，采用王霸并用、礼法双行的治国方略，这是董仲舒对荀子思想的发展。除了以人性理论为儒家的"德主刑辅"做论证之外，董仲舒还从阴阳角度进一步论证这一治国方略，董仲舒讲："天道之大者在阴阳。阳为德，阴为刑；刑主杀而德主生。是故阳常居大夏，而以生育养长为事；阴常居大冬，而积于空虚不用之处。以此见天之任德不任刑也。"③对于那些不能以德治国的君主，按照"天人感应"论的逻辑，天会给与警示，即谓"天人相与之际，甚可畏也。国家将有失道之败，而天乃先出灾害以遣告之；不知自省，又出怪异以警惧之；尚不知变，而伤败乃至。以此见天心之仁爱人

①《春秋繁露·基义》。
②《汉书·董仲舒传》。
③《汉书·董仲舒传》。

君而欲止其乱也"①。警示之后仍不知改变，那么，便会造成恶果，即谓："刑罚不中，则生邪气；邪气积于下，怨恶畜于上。上下不和，则阴阳缪戾而妖孽生矣。"②所以，君主应该改过迁善，修身正己。可见，董仲舒的"天人感应"理论包含着天意对君权的制约。同时，董仲舒的"天人感应"理论中还包含着以民为本的积极内容，他讲："'天之生民，非为王也；而天立王，以为民也。'故其德足以安乐者，天予之；其恶足以贼害民者，天夺之。"③这样一来，民意也就成了天意，君主对民意的顺从就变成了对天意的顺从，由此，董仲舒提出了"限民名田，以澹不足，塞并兼之路"，"薄赋敛，省徭役，以宽民力"④等主张，这是对孟子"民本"思想的发展。

　　总体来看，董仲舒借助神学的权威阐述了儒家思想，这种改造为儒学走上独尊地位发挥了重要推动作用。尽管他的改造带有浓重的神秘色彩，但其落脚点仍然是人生、人事、社会治理问题，并没有让人匍匐于神意之下，所以董仲舒的思想仍然是哲学而不是宗教。但是，董仲舒的改造方式毕竟与孔子的思想有大相径庭之处，与孔子"不语怪力乱神"的思想风格相去甚远，有违儒学的理性主义传统，且其理论建构多有随意比附、牵强附会之处，并刺激了"谶纬之学"的泛滥，这也是后

---

① 《汉书·董仲舒传》。

② 《汉书·董仲舒传》。

③ 《春秋繁露·尧舜不擅移汤武不专杀》。

④ 《汉书·食货志》。

世儒家对董仲舒褒贬不一的重要原因。

（三）今文经学与古文经学

儒学在汉代的发展，其主流形态是"经学"，"经"含有必须遵循、不能违背的意味，例如《释名·释典艺》曰："经，径也，如径路无所不通，可常用也"。先秦时期，被儒家奉为"经"的典籍有六部，称为"六经"，即《诗》《书》《礼》《乐》《易》《春秋》，后来《乐》失传，只剩"五经"。后世在此基础上，进一步扩大"经"的范围，从"七经"、"九经"、一直到"十三经"。在十三经中，《周易》被视为第一经典；第二部是《尚书》，含《今文尚书》和《古文尚书》两种版本；第三部是《诗经》；第四部是《周礼》，第五部是《仪礼》，第六部是《礼记》，合称"三礼"；第七部是《春秋左氏传》，第八部是《春秋公羊传》，第九部是《春秋谷梁传》，合称"三传"，都是围绕《春秋》作的阐发；第十部是《孝经》，托名孔子，实则为汉儒编写；第十一部是《尔雅》，托名周公，实则是汉儒在前人基础上编写的字典；第十二部是《论语》；第十三部是《孟子》。

经学在汉代的发展境遇和儒学在先秦时期的发展境遇有天壤之别，先秦时期是个学术自由的时期，各家各派可以针砭时弊、发表见解，政治动荡使统治者无暇干预学术，诸侯王甚至为了在诸侯国的竞争中胜出，还希望听到对同一问题的不同见解。但是，进入高度中央集权的汉朝，学者们已经丧失了独立的话语权，皇帝不仅在政治上专权，而且在文化上也要专权，他们要建构主流文化为自己的统治地位进行论证和辩护。被汉武帝立为学官的儒学就承担着这一使命。所以汉代经学其主要功能就是为汉王朝的统治服务。这对儒学发展造成的影响便是：汉代看起来经学非常发达，经说绚烂、经学大师辈出，但却缺乏真正有流传价值的思想建树，那时候的很多儒生注经、讲经主要是为了仕途利益，以至于《汉书·儒林传》讲到："自武帝立五经博士，开弟子员，设科射策，劝以官禄，讫于元始，百有馀年，传业者寝盛，支叶蕃滋，一经说至百馀万言，大师众至千馀人，盖禄利之路然也。"①经学很多时候变成了通往仕途的门票。可以说，虽然儒学在汉朝终于实现了自己独领风骚的地位，甚至达到了无人敢质疑的境地，但也因此丧失了可持续发展的生命力。

经学在汉代分为今文经学和古文经学两派。今文经学所用经典是用汉代通行的隶书写成的，而古文经学所用经典是用先秦古字写成的。之所以会出现经书版本的差异，主要是因为儒家经典经过战乱之后，典籍大量遗失，只好由名师宿儒口授然后以当时流行的隶书记录下来，这就是今文经；而自汉惠帝解除"挟书令"，鼓励民间献书以来，原来隐藏起来的一些书开始面世，随着儒学走上独尊地位，所献的书也越来越多，这

① 《汉书·儒林传第五十八》。

些书是用先秦古字写成的，这样便出现了古文经。今文经学和古文经学不仅所依据经书的文字版本不同，而且在学术风格上也有较大差异。今文经学注重阐发微言大义，往往按照朝廷的理论需要来改造发挥儒学思想，主观随意性较大，董仲舒即是汉代今文经学派最有代表性的人物；而古文经学与今文经学不同，古文经学家没有像今文经学家那样通过神话的方式树立儒家伦理权威，而是采用训诂、注疏的方式，用古人的名义来树立儒学的权威，侧重于名物训诂和史实考证，学风相对严谨。关于二者的区别，近代中国经学史专家周予同先生曾精辟地指出：“简明些说，就是今文学以孔子为政治家，以《六经》为孔子致治之说，所以偏重于‘微言大义’，其特色为功利的，而其流弊为狂妄。古文学以孔子为史学家，以《六经》为孔子整理古代史料之书，所以偏重于‘名物训诂’，其特色为考证的，而其流弊为烦琐”①。

　　古文经学虽然早在汉武帝之前便已出现，但是起初力量非常薄弱，汉武帝“罢黜百家、独尊儒学”所独尊的便是今文经学。后来随着古文经学力量的逐步壮大，其曾多次试图立于学官，但是都遭到今文经学家的反对。在追求意识形态大一统的时代，孰为正宗、孰为旁门，直接关系到谁可以成为官方思想，谁能获得更大的政治利益，今文经学与古文经学的争斗即缘于此。在西汉，今文经学在斗争中长期居于优势地位。直到

---

① 《经学历史·序》，见《经学历史》，北京：中华书局，2008年，第3页。

汉成帝、汉哀帝时期，在刘向、刘歆父子的推动下，古文经学的地位才有所上升，但是也并未被立为学官。直到王莽辅佐汉平帝主政以后，为了托古改制给篡位找到新的理论支柱，王莽才重用刘歆，古文经学得以显赫。在光武帝刘秀推翻王莽政权建立东汉之后，今文经学随之再度东山再起。东汉中期，古文经学又逐渐占据上风，涌现出卫宏、贾逵、马融、许慎等颇有建树的古文经学大师。古文经学对我国的文字学、音韵学、文献学、训诂学的发展做出了贡献，为后人开展学术研究打下了良好的基础。就儒学的发展来看，两汉时期今文经学和古文经学两派的相互辩难是有好处的，其客观上推动了儒学的自我完善，这种互相辩难并没有止于两汉，而是一直延续，直到近代仍有两派争论的余波。

综上所述，儒学上升为经学得到皇权的保护，对儒学来说，有利有弊。藉由皇权，儒家伦理上行下效，迅速扩大了影响力；但另一方面，与皇权的结合，过度为政权做辩护，也使儒学趋于僵化。

（四）对今文经学的批判反思

今文经学的神学倾向，一定程度上导致了谶纬之学的泛滥。所谓"谶"指的是政治性的预言，所谓"纬"指的是未能上升为经传的解释性著述。"谶"和"纬"早就有，例如秦朝之前便已经出现的《河图》《洛书》便是"谶"书，秦末民间

流行的"亡秦者胡也""始皇死而地分"等，便是谶语。汉朝
独尊儒术之后，谶与纬开始合流，"纬"成了"谶纬"的简称。
谶纬之学在王莽以及东汉时期发展壮大，东汉光武帝刘秀在发
兵攻打王莽时，曾利用谶语来标榜自己起兵的合法性，在他即
位后，遇到朝廷意见不统一时，他也常以谶语为幌子来推行自
己的意志。东汉皇帝还提倡用谶纬来解释儒家经典，使得"儒
者争学图纬，兼复附以妖言"①，这样的风气陷儒学于玄怪之
中。经学与谶纬之学的发展，引起一部分学者的反感，于是，
东汉时期民间出现了一股社会批判思潮。

　　在这股社会批判思潮中发挥先锋作用的学者是王充。在其
代表性著作《论衡》中，王充表达了他进行理论建构的初衷，
他说："伤伪书俗文，多不实诚，故为《论衡》之书"②"《诗》
三百，一言以蔽之曰：思无邪。《论衡》篇以十数，亦一言也，
曰：疾虚妄"③。本着"疾虚妄"的精神，王充对经学家所奉之
"经"提出了质疑，他认为"儒者说五经，多失其实"④，况且
五"经"经过秦朝的焚烧而残缺不全，在此基础上予以诠释，
更"不知何者为是"⑤。

　　为了更好地批判今文经学，王充在进行理论建构时，吸取

---

① 《后汉书·张衡传》。
② 《论衡·自纪》。
③ 《论衡·佚文》。
④ 《论衡·正说》。
⑤ 《论衡·书解》。

了道家"天道自然"的理念，并予以改造发挥。他从物质实体的角度来理解"天"，打破了"天"的神秘性，他认为天"乃玉石之类也"①。进而他将"气"视作万物的本原，认为人和物都禀元气而生，即"夫天覆于上，地偃于下，下气蒸上，上气降下，万物自生其中间矣"②。在王充看来，万物化生的过程是一个自然而然的过程，这个过程并不掺杂"天"或"气"的主观意志，即"天之动行也，施气也，体动，气乃出，物乃生矣。……天动不欲以生物，而物自生，此则自然也。施气不欲为物，而物自为，此则无为也。谓天自然无为者何？气也。恬澹无欲，无为无事者也"③。据此，王充批判了今文经学家"天地故生人"的观点，所谓"天地故生人"指的是天有目的地创造了人，对此王充批判说："儒者论曰：'天地故生人'，此言妄也。夫天地合气，人偶自生也。"④王充不仅认为"人"不是"天"有目的地创造出来的，而且万物也不带有"天"的目的，即"天不能故生人，则其生万物，亦不能故也，天地合气，物偶自生矣"⑤。这样，在今文经学家那里被神秘化了的"天""气"都被王充还原成了没有主观意志的物质性存在，天的运行和人的作为之间没有必然关系，这就破除了天的神秘

①《论衡·谈天》。
②《论衡·自然》。
③《论衡·自然》。
④《论衡·物势》。
⑤《论衡·物势》。

性，也就从根本上动摇了今文经学"天人相副""天人感应"的理论基础。在《论衡》一书中，王充引用了大量自然现象和人类社会现象来说明自然界没有意识、没有目的。《论衡》一书共八十四篇，其中就有二十余篇针对当时的各种迷信进行了批判，表现出那个时代难得的唯物主义精神。

　　王充不仅对天人关系提出了新见解，对形神关系也作了新论证。王充认为精神要依托形体才能够发挥作用，"人之所以聪明智慧者，以含五常之气也。五常之气所以在人者，以五藏在形中也。五藏不伤，则人智慧。五藏有病，则人荒忽。荒忽则愚痴矣。人死五藏腐朽，腐朽则五常无所托矣，所用藏智者已败矣，所用为智者已去矣。形须气而成，气须形而知。天下无独燃之火，世间安得有无体独知之精？"①这一认识构成了他"无鬼论"的理论基础，王充肯定地指出"死人不能为鬼，则亦无所知矣"②。但是还有很多人声称自己见过"鬼"，对此，王充分析了其中的原因，王充说："凡天地之间有鬼，非人死精神为之也，皆人思念存想之所致也。致之何由？由于疾病，人病则忧惧，忧惧则鬼出。"③王充在书中列举了诸多实例来论证："鬼"只不过是人在精神衰倦时出现的错觉而已。当然，王充承认有时候人确实会看到一些奇怪的东西，但王充认为，这是因为自然界中本来就存在一些人无法解释的现象，这

---

① 《论衡·论死》。
② 《论衡·论死》。
③ 《论衡·订鬼》。

种"鬼"并不是死人变的"鬼"，即谓："人见鬼神之形，故非死人之精也。"①王充由此提倡"约葬"，他讲："今著论死及死伪之篇，明死无知，不能为鬼，冀观览者，将一晓解约葬，更为节俭。斯盖论衡有益之验也。"②王充"约葬"的主张是对墨子"节葬"思想的扬弃。王充虽然主张"无鬼"和"约葬"，但是，他仍然注重祭祀，这是因为他认可祭祀的教化功能，即谓："凡祭祀之义有二，一曰报功，二曰修先。报功以勉力，修先以崇恩。力勉恩崇，功立化通，圣王之务也。"③王充的这一认识显然又承袭了儒家思想。此外，王充还对当时人们所热衷的"长生不死"进行了批判，他认为死是生的必然归宿，他深刻地指出："有血脉之类，无有不生，生无不死，以其生故知其死也。……死者生之效，生者死之验也。夫有始者必有终，有终者必有始。唯无终始者，乃长生不死。"④

在经学盛行、谶纬泛滥的时期，王充能够发出上述如此清醒、理性的哲思，大胆解构了今文经学，需要巨大的学术勇气，实属难得。近代学者章太炎曾这样评价王充："汉得一人焉，足以振耻"⑤，王充堪称两汉时代最杰出的无神论者和唯物

①《论衡·论死》。
②《论衡·对作》。
③《论衡·祭意》。
④《论衡·道虚》。
⑤《检论·学变》，见《章太炎全集》，上海：上海人民出版社，2014年，第452页。

主义哲学家。但遗憾的是，在王充生前，《论衡》并没有得到刻印，直到他去世一百多年之后，才得以流传开来。东汉末年，张衡、王符、仲长统等人也对谶纬之学、对迷信盛行的社会风气在不同层面进行了批判，他们的相关思想构成了东汉社会批判思潮的一部分，可以看作是对王充思想的补充。

东汉谶纬儒学的泛滥客观上为道教的兴起、佛教的传入营造了氛围。道家学者吸取谶纬之学的灾异、符命、阴阳五行等元素来建构道家方术，并效仿谶纬之学神话孔子的方式来神话老子，创立了我国唯一的土生土长的宗教——道教。产生于印度的佛教也在这种神学氛围中顺利地传入中国，落地生根并与中国本土思想不断碰撞交融。从此以后，中国便进入了儒、释、道并立的时代。魏晋隋唐时期，佛教、道教均大放异彩，儒、释、道的冲突与融合成为古代中国特有的文化景观。

三、魏晋隋唐时期

公元220年东汉灭亡，在接下来近400年的时间里，中国社会进入到又一个大分裂、大动荡的时期，这个时期在历史上被称为三国两晋南北朝时期。政权动荡使得君权无暇控制思想学术，思想家可以自由探索而较少受到牵绊制约，这为学术思想的活跃提供了宽松的外部环境。连年征战、动荡不已的社会加剧了人们精神上的苦闷迷茫，帮助人们重新建构精神世界的价值皈依和心灵秩序便成了社会现实给思想家们提出的时代课题。玄学、佛教、道教纷纷登场。魏晋南北朝结束之后，到了隋唐时期，中国再一次实现了全国范围的统一，为维系"大一统"，朝廷大力扶植儒学，将其作为科举考试的重要内容，可以说在政治领域掌握话语权的仍然是儒学。但是，唐朝并没有像汉朝那样"罢黜百家、独尊儒术"，而是实行儒释道三教并用的政策，以儒治国、以佛治心、以道治身，三教并立成为这一时期的思想特色。

（一）魏晋玄学的兴起

伴随着经学权威的消解，玄学在魏晋时期兴起。"玄"字出自《老子》第一章"玄之又玄，众妙之门"，代表着高深的学问。玄学家奉《周易》《老子》《庄子》为"三玄"，除"三玄"之外，他们对《论语》也很重视，何晏著有《论语集解》，王弼著有《论语释疑》。在思想路线上，玄学家批判经学的神秘主义、形式主义，而高扬理性主义，他们试图利用道家资源对儒家伦理做出新的解释。玄学家们虽然儒道兼修，但相比较而言，更重视道家思想，因此学界也往往将魏晋玄学称为"新道家"。玄学家喜欢就一些抽象的概念进行辩论，这些概念与实际生活关系不大，因而他们的辩论又被世人称为"清谈"或

"玄谈"。魏晋玄学的思考辩论的主题主要涉及有无之辩、名教与自然之辩、言意之辩等。

有无之辩

"有无之辩"的实质是讨论共相与殊相、一般与特殊的关系问题，用中国哲学的话语来表达，也可以看作是在讨论"体用关系"问题。所谓"体"指的是终极的价值依据，所谓"用"指的是"体"的具体表现。根据对这个问题的不同解答，玄学可分为三派：贵无论、崇有论和独化论。

"贵无论"以王弼为代表，王弼是三国时期魏国的玄学天才，在他二十四年短暂的人生中留下了多部光辉的著作，他所著的《老子注》成为后世《老子》的通行本；他所著《论语释疑》以道家哲思来解释《论语》，对宋明理学影响很大；他所著的《周易注》开启了义理易学的发展方向，为易学发展做出了重要贡献。王弼以"无"为本，把"无"看作是天地万物的根据和人类精神生活的最高原则，他认为世间万物作为"有"，要依附于"无"这个根本而存在。王弼讲："天下之物，皆以有为生。有之为始，以无为本。将欲全有，必反于无也。"①即在王弼看来，要了解世界万物全体之"有"，就必须把握"无"，"无"是"有"的根本。

"崇有论"以裴頠为代表，裴頠是晋朝名士，他同王弼一

---

① 《老子注》第四十章。

样少年成名但不幸短命，年仅三十三岁便在政治斗争中遇害，留下了传世名篇《崇有论》。裴𬱖的"崇有论"是对王弼"贵无论"的纠偏。"贵无"发展到极端容易使人沉溺于精神世界，不关心实际事物，而"崇有论"的理论诉求则是为了扭转玄虚之风，帮助人们重返实际世界。裴𬱖"以有为本"，他认为"无"不能生"有"，只有"有"才能生"有"，即谓："夫至无者无以能生，故始生者自生也。"[①]裴𬱖认为，从一个个具体的"自生之有"中，可以抽象出一个概括性最强的"总混群本"，这个"总混群本"就是各种具体"有"的根本，即谓："夫总混群本，宗极之道也。方以族异，庶类之品也。形象著分，有生之体也。化感错综，理迹之原也。"[②]千差万别的具体事物都是"总混群本"的体现，都是"总混群本"的一部分。万物作为"总混群本"的一部分，性质各有所"偏"，必须彼此依赖，裴𬱖称这种依赖为"外资"，即谓："夫品而为族，则所禀者偏。偏无自足，故凭乎外资。"[③]这实际上是一种普遍联系的思想。"有"所选择的"资"如果适宜，裴𬱖就称之为"情"，即谓："有之所须，所谓资也。资有攸合，所谓宜也。择乎厥宜，所谓情也。"[④]在裴𬱖看来，一切都是如此，人也不例外，人应该运用智慧为自身生存做出最佳选择，对此，裴𬱖提供的办法

---

① 《崇有论》。

② 《崇有论》。

③ 《崇有论》。

④ 《崇有论》。

是"惟夫用天之道，分地之利，躬其力任，劳而后飨"①，即遵循自然界的规律，利用自然界的资源，加上辛勤的劳动，然后便可以享受劳动的果实。这彰显的是回归生活、理性务实的精神。

"独化论"以晋朝名士郭象为代表，郭象最著名的著作是《庄子注》，他借注解《庄子》表达了"独化论"思想。郭象的"独化论"代表着魏晋玄学发展到了第三个阶段。郭象认同"崇有论"所秉持的"无不能生有"的观点，郭象明确说："无既无矣，则不能生有。有之未生，又不能为生。然则生生者谁哉？块然而自生耳。"②万物都是"自生"也就意味着不需要借助其它力量让万物产生，而且郭象认为，任何事物是什么样子就是什么样子，郭象称之为"自尔"，所以，也就根本不需要再追问它为什么是这个样子，只需要承认它就是这个样子就可以了，即谓："夫物事之近，或知其故，然寻其原以至乎极，则无故而自尔也。自尔则无所稍问其故也，但当顺之。"③总之，在郭象看来，万物都是自然而然的存在，并不是有某种力量让它产生，让它变成了这个样子，这就是"独化"。据此，郭象不承认世间有主宰一切的"造物主"，他讲："故造物者无主，而物各自造。物各自造而无所待焉，此天地之正也。"④

---

① 《崇有论》。
② 《庄子注·齐物论》。
③ 《庄子注·天运》。
④ 《庄子注·齐物论》。

同时郭象认为万物虽然都"自生""独化",但是并不说明彼此之间不存在联系,郭象以手、足、五脏举例来说明这个道理:"虽手足异任,五藏殊官,未尝相与而百节同和,斯相与于无相与也;未尝相为而表里俱济,斯相为于无相为也。"①这段话的意思是,手、足、五脏各有各的任务,它们并不是为了彼此而存在,即"无相与";但是它们在发挥各自的功能时,确实又做到了互相配合,这就是"相为"。在郭相看来,世间任何事物都处在"相与于无相与"和"相为于无相为"的状态中。总体来看,郭象的"独化论"反对外因论,特别是反对关于造物主的迷信,在一定程度上可以看作是对裴頠"崇有论"的发展。

名教与自然之辩

"名教与自然之辩"是魏晋玄学的又一核心论题。它以"有无之辩"为理论基础,是"有无之辩"在社会伦理领域的延伸。"名教"指的是两汉建立起来的纲常伦理等道德规范,"自然"出自《老子》的"道法自然",在魏晋玄学这里,主要涵义是指不受约束、自然而然的状态。两汉时期,道德准则和伦理规范因为被过分强调而越来越与人性脱节,而且由于汉朝实行"征辟"的方式选拔官员,征辟的标准主要是"乡评",即看这个人在家乡的社会评价。社会评价越高被征辟的机会就越

---

① 《庄子注·大宗师》。

大。于是很多人为了获得官职，便把自己伪装成践履某种德行的典范，结果征来了很多名不副实、甚至欺世盗名之人，以致于东汉末年曾有诗云："举秀才，不知书；察孝廉，父别居。寒素清白浊如泥，高第良将怯如鸡。"①随着东汉的灭亡，"名教"更是失去了规范人心的作用。到魏晋时期，如何理顺"名教"和"自然"的关系，重建一种合乎"自然"的"名教"，成为摆在玄学家面前的时代课题。在玄学家们看来，今文经学家以天意为根据，古文经学家以圣人的言语为根据，再加上皇权的威慑力来确保"名教"的落实，所借助的都是外部力量而并没有把"名教"变成主体的自觉选择，他们认为名教所出现的种种混乱都根源于此。于是魏晋玄学家们试图从本体论的层面借助"有无之辩"，对"名教"与"自然"关系进行重新解释与调整。

王弼持"贵无论"，以"无"为本、为体，以"有"为用、为末，落实到"名教"与"自然"的关系上，就表现为以"自然"为本、为体，以"名教"为用、为末。在王弼的视野中，名教由自然而生、据自然而成。如果能够植根于"自然"之上，以"自然"为前提，顺应"自然"来设置名教，使万物各得其所，那么便能够发挥名教调节社会的功能，使名教成为利国之器。王弼这一思想在他注解《老子》第三十六章时有所体现，即谓："'利器'，利国之器也。唯因物之性，不假形以

---

① 《抱朴子·审举》。

理物。器不可睹，而物各得其所，则国之利器也。"①总之，王弼强调自然与名教的一致性，他的观点可以概括为"名教本于自然"。

王弼之后，"贵无论"出现了以嵇康为代表的激进派，他们把"无"和"自然"推向极致，视纲常名教为束缚人性的枷锁。当时有人写了一篇《自然好学论》，论证了学习礼乐经典并追求名利是出于人的自然本性。嵇康则针对此文写了一篇《难自然好学论》予以反驳，嵇康讲："仁义务于理伪，非养真之要术；廉让生于争夺，非自然之所出也。"②他甚至认为应当"以六经为芜秽，以仁义为腐臭"③。基于这样的认识，关于如何处理"自然"与"名教"的关系，嵇康的观点可以概括为"越名教而任自然"。信奉这一理念的名士，往往不愿意做官，不愿意受俗务之累，不拘小节、放浪形骸，看重精神生活，追求绝对的精神自由。魏晋玄学之所以出现这样的发展路向，与当时的社会环境有重要关系，汉末、三国、两晋时期是一个被战乱笼罩的时期，儒学可以提供秩序却没有办法安慰苦闷的心灵，面对时代带给人的困局，即使希图建功立业、积极有为的曹操也难免发出感叹："对酒当歌，人生几何！譬如朝露，去

---

① 《老子注》第36章。
② 鲁迅辑校：《清末民初文献丛刊·嵇康集》，北京：朝华出版社，2018年，第93页。
③ 鲁迅辑校：《清末民初文献丛刊·嵇康集》，北京：朝华出版社，2018年，第93页。

日苦多。慨当以慷，忧思难忘。何以解忧？唯有杜康。"①而道家以无为本、因循自然的理念恰好可以为逍遥自由的希冀提供理论支撑。

"贵无论"的激进派所倡导的"越名教而任自然"的理念，如果任其发展必然会对社会风气产生负面效应。持"崇有论"的名士欲对此进行纠偏。"崇有论"的代表人物裴頠认为"名教"的根本不在于"无"，因为"无中不能生有"，所以"无"中引申不出"名教"。他反对"贵无"，认为"贵无"必然会导致"贱有"，即谓："贱有则必外形，外形则必遗制，遗制则必忽防，忽防则必忘礼。礼制弗存，则无以为政矣。"②即裴頠认为崇尚玄虚、放任自流的理念无法确保国家的安定、社会的井然有序。

裴頠基于"崇有论"对名教所作的论述，比较充分地阐发了儒家积极有为的人生态度与治世态度，但几乎没有兼顾到道家无为思想。持"独化论"的郭象则努力在儒家和道家之间寻求平衡，既肯定儒家的"有为"，又肯定了道家的"无为"，在他看来，二者可以互相兼容，精神境界中的超脱与世俗生活中的认真并不矛盾。郭象塑造了一个二者兼容的圣人形象，即谓："夫圣人虽在庙堂之上，然其心无异于山林之中，世岂识之哉？徒见其戴黄屋，佩玉玺，便谓足以缨绋其心矣；见其

①《短歌行》。
②《崇有论》。

历山川，同民事，便谓足以憔悴其神矣，岂知至至者之不亏哉！"①在郭象看来，"名教"和"自然"之间并不冲突，二者是一体两面的关系，儒道两家可以融为一炉，他的观点可以概括为"名教即自然"。

言意之辩

无论是以"有"为本体，还是以"无"为本体，要想把握本体，都必然牵扯到"言"和"意"的关系问题，"意"指本意，"言"是对"意"的表达。"言意之辩"争论的焦点在于：言语能否充分地表达"意"。在这个问题上，魏晋玄学形成了两种观点："言不尽意"论和"言尽意"论，这两种观点的分歧，是"贵无论"和"崇有论"分歧的体现。

持"贵无论"的玄学家以"无"为本，他们受到道家"道可道，非常道；名可名，非常名"思想的影响，一般都主张言、意有别，认为语言无法把"真意"完全表达出来，正所谓"言不尽意"。以王弼为例，在《周易略例·明象》中，王弼对言、象、意三者的关系作了这样的说明："夫象者，出意者也；言者，明象者也。尽意莫若象，尽象莫若言。言生于象，故可寻言以观象；象生于意，故可寻象以观意。意以象尽，象以言著。故言者所以明象，得象而忘言。象者所以存意，得意而忘象。犹蹄者所以在兔，得兔而忘蹄；筌者所以在鱼，得鱼

---

① 《庄子注·逍遥游》。

而忘筌也……然则，忘象者，乃得意者也；忘言者，乃得象者也。得意在忘象，得象在忘言。"王弼这段论述是针对《周易》来阐发的，"言"是指《周易》中的卦爻辞，"象"是指用符号表示的由阴阳两爻构成的卦象，"言"和"象"都是表达"意"的工具。在王弼看来，解《周易》者固然需要借助文本上的"象"和"言"来了解《周易》之"意"，但"言"和"象"并不是"意"本身，所以，如果解读《周易》的人只是拘泥于文本上的符号和词句，相当于舍本逐末，并不能达到"得意"的目的。王弼认为，解《易》者应当努力捕捉作者的言外之象、象外之意，应当超出语言、符号的限制，依靠理性直觉，深入到"意"本身，也正是基于这样的思路，王弼突破了相数易学的研究视域，推动了义理易学的发展。王弼的观点还包含着对经学家治学方法的批评，他认为经学尤其是古文经学过度重视"言"和"象"，缺乏独立思考，反倒干扰了得"意"。

持"崇有论"的玄学家以"有"为本，认为"言能尽意"。在持这一论点的玄学家中，西晋名士欧阳建的《言尽意论》较为典型。欧阳建反对当时流行的"言不尽意"。他首先从"名""实"关系的层面来立论，认为"实"即事物本来所蕴含的"理"是客观存在的，不以言说物理的"名"而转移，例如方、圆两种形状，是因为这两种形状先存在，才有了方、圆的名称；再例如黑白两种颜色，也是因为这两种颜色先存在，才有了黑、白的名称。在欧阳建看来，即使没有方圆、黑白之名，方圆黑白也依然是方圆黑白，即谓："形不待名，而方圆已著；色不俟称，而黑白以彰。然则名之于物，无施者也；言之于理，无为者也。"①欧阳建认为，无论是"名"还是表达"名"的"言"，对于客观事物及其规律本身都不会产生实质影响。虽然如此，欧阳建指出，人们对客观事物的认识过程却必须依靠名、言，因为"诚以理得于心，非言不畅；物定于彼，非言不辩。言不畅志，则无以相接；名不辩物，则鉴识不显。鉴识显而名品殊，言称接而情志畅"②，即只有对客观事物及其规律形成判断，并用语言表达出来，才能使人对事物的认识清晰、深化；不仅如此，人与人之间的交流，也需要借助"名"和"言"。欧阳建指出，名和物的关系、言和意的关系就如同声和响的关系、形和影的关系一样，不可分割，所以"言"能尽"意"，即谓："名逐物而迁，言因理而变。此犹声发响应，形存影附，不得相与为二。苟其不二，则言无不尽。吾故以为尽矣。"③

　　纵观魏晋玄学，与其说它是儒学的对立面，不如说是对儒学的纠偏。魏晋玄学"援道入儒"，试图以道家哲理来激活儒学。儒学关注人伦日用、实用理性突出，但形而上的哲学思辨却不足，而儒学的不足之处恰恰是道家的优长。魏晋玄学家所做之事，可以看作是利用道家的本体论从哲学层面升华了儒学。兼综儒道是魏晋玄学的特点。同时，兼综儒道也在一定程

---

① 《艺文类聚》卷十九。

② 《艺文类聚》卷十九。

③ 《艺文类聚》卷十九。

度上打破了儒学在思想领域一家独大的状态，客观上为佛教、道教的发展创造了机遇。

（二）佛教的发展

汉朝时，随着中国和"西域"的交往，从印度传来了佛教。佛教的"佛"是觉悟的意思，佛教试图通过建构一套理念来帮助人缓解心灵痛苦，达致精神觉悟。释迦牟尼之后，佛家弟子因为对佛教教义有不同理解，印度佛教内部分成了不同的流派，初期分化成"上座部"和"大众部"，一般认为"上座部"代表着精英阶层对佛教的认知，"大众部"则代表着大众阶层对佛教的认知。后来，这两派又演化成"大乘佛教"和"小乘佛教"，"大乘佛教"以"大"自称，宗旨在于普渡众生；"小乘佛教"则更关注个人解脱。因为大乘佛教以群体为重、胸怀众生，这与中国儒家的价值取向较为贴近，所以大乘佛教在中国传播范围更广、影响更大。大乘佛教内部又可分为两大派：空宗和有宗。简而言之，"空宗"强调四大皆空、缘起性空，认为世界在本质上就是一场空；"有宗"则认为尽管此岸世界中的一切事物确实是缘起性空，但"成佛"却不空，"有宗"试图以"诸法实相"来补充"缘起性空"。

佛教在中国的传播经历了一个从依附到融入的本土化过程。佛教在初传入时，为了寻找与中华文化的共同点，曾向道家、道教靠拢，也讲"清静无为""息心去欲"，以致于当时不少人认为佛教是道术的一种。例如,《后汉书》记载,东汉楚王刘英"诵黄老之微言,尚浮屠之仁祠"[1],可见,佛教、道教在汉朝时常被等同看待,甚至那时候僧人也自称自己为"道人"。到魏晋时期,玄学占据主导地位,佛教又引玄入佛、以玄释佛,来扩大影响,而玄学在注重抽象思辨方面也确实与佛教有相通之处。这一时期的佛教也在寻找与儒学的相通之处,例如,据《大正藏》五十二卷记载,晋代著名佛教徒孙绰曾称:"周、孔即佛,佛即周、孔。盖外、内名之耳。……应世接物,盖亦随时。周、孔救极弊,佛教明其本耳。共为首尾,其致不殊。"此外,佛经在中国传播,需要僧人把它们翻译成中文,而当时有翻译能力的高僧在从事佛教研究之前,往往本来就是儒学或道家的门徒,译经的过程是一个再创造的过程,这个过程自然地便融入了儒、道思想。除了直接翻译佛经,中国僧人还编写"经论",较出名的"经论"有《大乘起信论》《坛经》等,这都促进了佛教的中国化。当然,佛学在与中国本土文化交融的过程中,其思辨性、逻辑性以及身心修养方法也给予中国本土文化以很大启发。融入中华文化的佛教已经不再是印度佛教,而发展为中国佛教,变成了中华传统文化的一部分。

按照冯友兰先生的说法,中国佛教经历了三个发展阶段,第一个阶段为"格义",即理解诠释的阶段,大致在魏晋南北朝时期,在这个阶段主要是佛教学者用中国原有的哲学术语把

---

[1]《后汉书·楚王英传》。

佛教哲学阐发出来，让中国人对佛教有基本的理解，在这一阶段做出突出贡献的佛教学者有僧肇、慧远、道生、谢灵运等；第二阶段为"教门"，大致在南北朝之后，这个阶段中国佛学界对佛学的研究已经进入到了综合创新的阶段，中国佛教界根据所奉佛教经典的不同而分为许多宗派，宗派之间互相批评，生趣盎然。这个阶段代表性的宗派主要有吉藏创立的三论宗、智顗创立的天台宗、玄奘创立的法相唯识宗、法藏创立的华严宗等；第三个阶段是"宗门"，发生在唐朝中叶慧能创立禅宗之后，"禅宗并不仅只是佛教和佛学中的一个宗派，而且是中国佛学发展的一个新阶段"①，禅宗不再以某种佛教经典做依据，而以人自己的"本心"做依据，用通俗易懂的白话把佛学的中心思想简明扼要地表达出来。禅宗克服了教门时期的繁琐，促进了佛教在中国的流行。禅宗盛行之后，其他宗派的影响力逐渐衰微，"禅"几乎成了中国本土化佛教的代名词。当然，禅宗内部按照对教义的不同理解以及修行方法的不同，也有不同的宗派。佛教尽管宗派众多，佛经更是浩如烟海，但是在基本教义方面还是相通的。本节简要列举以下四点，以管窥佛教的一些基本思想特色。

其一，佛教构造了一种二重化的世界图式：彼岸世界和此岸世界。彼岸世界独立自存，超越于此岸世界，那里是真实的、清净的、永恒的世界，是价值安顿之所，是值得追求的极

①冯友兰：《中国哲学史新编》（中），北京：人民出版社，2007年，第554页。

乐世界，在那里一切痛苦烦恼都可以得到解决。此岸世界是众生生活的世界，是一个被污染、有烦恼的世界。佛教认为，人生的终极价值目标不在此岸，而在彼岸。

其二，佛教否定此岸世界的真实性：诸行无常，诸法无我。这两点体现了佛教"空"的世界观和人生观。所谓"诸行无常"的"诸行"，指的是动态视角下世间的一切现象，"无常"指的是不常在和不真实，"诸行无常"即世间一切现象都是变化无常的幻像。所谓"诸法无我"的"诸法"，指的是静态视角下世间的一切现象，"无我"是指一切现象都"依他起"，都没有自性，佛教"诸法无我"的意思是一切现象都依因缘而起，是不同因缘构成的某种关系的体现，任何事物和现象都不存在自身真正的规定性。佛教认为，如果人无法参透"诸行无常"和"诸法无我"，把虚假当作真实，便陷入了"法执"和"我执"之中，便会造成无尽的痛苦。

其三，佛教认为因果报应推动下的六道轮回是一切痛苦的根源。因果报应论是佛教用以说明世间一切关系的基本理论。佛教认为"因"必然产生"果"，"果"一定事出有"因"，佛教将这个因果过程称为"业报"，"业"指的是众生的身心活动，大致可分为由身体行动造成的身业，由言语造成的口业和由内心意念造成的意业。其中，善业会招来善报，恶业会招来恶报，非善非恶的无记业则不招果报。业报的实现方式并非局限在现世，而是三世因果，即谓："一曰现报，二曰生报，三曰后报。现报者，善恶始于此身，即此身受。生报者，来生便受。后报者，或经二生三生，百生千生，然后乃受。"①具体来说，在业报的推动下，依据所作"业"的不同，生命会落入不同的"道"中，佛教认为有"六道"，分别是天、人、阿修罗、畜生、恶鬼、地狱，但即使在最好的"天道"中，仍然有苦、仍有堕入恶道的危险，因此，佛教讲人生就是苦海。在佛教看来，生命形态至少要经历八种苦，即：生苦、老苦、病苦、死苦、怨憎会苦、爱别离苦、求不得苦、五取蕴苦。

其四，佛教的终极追求是跳出轮回，进入涅槃寂静的极乐世界。既然六道轮回中的任何一"道"都是苦，只不过苦的形式和程度不同而已，那么，只有超越这种生死轮回才能够获得彻底解脱。佛教把处于六道中的生命形态称为"凡夫"，把超越轮回者称为"圣者"，凡夫处于"迷"的世界中，而圣者处于"悟"的世界中。由"迷"转"悟"的方式便是修习佛法，持守佛教戒律，灭除贪、瞋、痴，以增长智慧等。通过佛教的一系列修持实践，最终目标是跳出六道轮回，彻底超越生死，进入到"常、乐、我、净"的理想境界，"常"是永恒、永久，"乐"是安乐、幸福，"我"是自我、自由，"净"是清净、高洁，这种境界就是涅槃。

佛教之所以能在中国社会广泛传播，从根本上来说是因为它满足了中国人的精神需求。首先，佛教具备强大的精神安

---

① 石峻等编：《中国佛教思想资料选编》第一卷，北京：中华书局，2014年，第87页。

慰功能。佛教从生、老、病、死等让人深受困扰的人生痛苦讲起，能够打动人心；佛教突破了实际的时间观念，构造出往世、现世、来世三个时间观念，因果报应通过三世轮回来实现，这就为人世间福德不一致现象提供了解释，解决了世人的困惑；同时，中国本土文化没有设置彼岸世界，中国人原来只看重现实世界，而佛教却帮助人们拓展出一个彼岸世界，佛教关于来世的承诺，关于佛国、净土、极乐世界的描绘，对深陷苦难之中的普通民众产生了强大的吸引力。其次，佛教的教义对社会治理也有价值。例如，佛教讲究善有善报、恶有恶报，倡导不杀生、不奸淫、戒贪、戒嗔、戒痴等戒律，并通过地狱构想和报应理论，建构了较强的威慑力，这使得佛教具备了维护伦理道德、净化社会风气、劝善止暴的功能，对统治者维护统治秩序很有益处。正是在统治者的扶植下，佛教才得以在中国迅速发展开来。魏晋南北朝乃至隋唐时期，寺院造像无数，且极尽雄奇华美，著名唐诗《江南春》"南朝四百八十寺，多少楼台烟雨中"的诗句，便描绘了佛教在中国的繁荣程度。

佛教对我国社会产生了广泛深入的影响：从文学方面来看，佛教给中国文字、文学带来了新的意境、新的文体和遣词方法，丰富了中国的文学宝库。汉语中的许多词汇，比如世界、如实、实际、平等、现行、刹那、清规戒律、当头棒喝、回头是岸、一针见血等都来源于佛教，许多佛教典籍如《法华经》《楞严经》《百喻经》等本身就具有很高的文学价值，一直被视为难得的文学佳作，再如中国古代的四大名著之一《西游记》直接描述的就是唐玄奘西行取经的故事。从音乐方面来看，佛教为扩大影响，在做法事的时候经常伴之以音乐，僧人进行"俗讲"时，有时也会演唱佛教歌曲，这丰富、促进了中国音乐的发展，例如唐朝的乐曲中就吸收了天竺乐、龟兹乐、安国乐、康国乐、骠国乐、林邑乐等许多佛教国家的音乐。从绘画、雕塑、建筑方面来看，佛教也做出了卓越贡献，例如，唐代大画家阎立本、吴道子等都以擅画"佛画"闻名于世，宣传佛教的敦煌莫高窟、云冈石窟、龙门石窟中的雕塑、壁画等已成为中华民族的艺术宝藏，目前我国保存最多的古建筑就是佛教寺塔，这些寺塔如今大多成为当地风景名胜的标志性建筑等。从天文学方面来看，制定了《大衍历》，测定子午线的就是一位叫"一行"的唐朝和尚。从医学方面来看，佛教典籍中记载了不少药方，许多寺院、僧人怀着普度众生的追求，行医施药、治病救人，有的还设专科，如浙江萧山竹林寺的女科就曾门庭若市；唐代名僧鉴真也是一位名医，相传他著有《鉴真上人秘方》等医药著作。在民俗方面，佛教对中国的影响也很深刻，例如，寺院在农历十二月初八佛祖释迦牟尼的成道日供应腊八粥，这一习惯流布到民间，于是民间也有了腊八这天喝粥的习俗；再如，佛教认为灯火能显现佛的光明、破除人世间的阴暗、化解众生的烦恼，因此在正月十五佛祖变神、降妖除魔的日子，佛教界要举行燃灯法会纪念，中国民间受此影响，从唐代起也有了元宵节张灯的风俗；此外，中国农历七月十五中元节也与佛教超度先灵的盂兰盆会有一定渊源。从思想理论方面来看，儒家重伦理道德和政治制度，重视现世人生，对灵魂和死后世界存而不论，难以满足民众在这方面的探求心理，而佛教恰恰弥补了儒学的这一不足。佛学还开拓了儒学的理论视野，丰富了儒学的思想资源，促使儒学提出了新命题和新方法。例如，宋明理学关于天理、天地之性、气质之性的理论，以及主静、主敬的修身方法，就直接受到了华严宗、禅宗的影响。儒家思想正是在同道教、佛教的相互斗争、相互吸收中逐渐成熟起来的。晚清时期，佛教的慈悲、平等、无常、无我的思想以及净化身心、利于社会人群的"人间佛教"精神还曾成为一些民主思想启蒙者，如谭嗣同、康有为、梁启超、章太炎等人的思想武器，我国早期的马克思主义活动家瞿秋白同志也曾说过："菩萨行的人生观、无常的社会观渐渐指导我一光明的路"①。总之，佛教的传播和深入发展，丰富和充实了中华文化的内涵，成为中华传统文化的有益补充。

（三）三教并立

所谓"三教并立"是指儒、释、道三教，但这个"教"，指的是"教育或教化之教，不是宗教之教"②。宗教应具备与彼岸世界有关的教义，应具备超人力量的救世主，应具备宗教组

---

① 瞿秋白：《饿乡纪程》，西安：太白文艺出版社，1995年，第19页。
② 冯友兰：《中国哲学史新编》（中），北京：人民出版社，2007年，第508页。

织和专门的神职人员。儒学显然不具有宗教的这些要素，儒学创始人孔子以老师的面目而非以神仙的面目出现，儒学关注的是现世今生而非彼岸来世。道教尽管是宗教，但在中国文化中，除道教之"道"外还有更重要的内容，那就是以老子、庄子、黄老道家等为代表的道家思想。鉴于此，对"三教并立"这一关于中华文化发展状况的常见说法，应该将其理解成"教化之教"，而不是宗教之"教"。

　　关于老子、庄子以及黄老道家乃至玄学中的道家思想，本书在前文中已有较多论述，这里不再赘述。接下来仅分析一下道教在中国的发展。道教兴起于东汉，它是老庄哲学与神仙方术相结合的产物，并吸取了佛教"出世"观念。道教有别于道家的地方主要有：道教建立了宗教组织，有宗教仪式和神职人员，确立了人、仙两界的世界图式。对大众来说，道教还拥有一些儒学和佛教所不具备的长处，例如，道教迎合了人追求长生不老的愿望，它通过"道"和"气"把人间和仙界联系在一起，认为通过用心修道、练气功、服丹药等方式可以实现肉身成仙，长生久视。道教的仙界和佛教的极乐世界不同，佛教对极乐世界的建构以否定世俗世界的价值为前提，而道教的仙界却没有否定人世，而是对人世进行提升。再例如，道教还可以满足人降妖除魔、祈福消灾的心理需求，道教所构造出来的神都来源于人的实际生活需求，比如门神、土地神、财神、寿星等，这些神均与民众的生活息息相关，民众在生活中遇到某些困难时，便愿意去寻求这些神仙的庇佑。可见，道教虽然向往彼岸世界，但并不漠视此岸世界，而是有着浓厚的烟火气息。这些特点使道教对民众产生了较强的吸引力。经过魏晋南北朝的发展，至隋唐时期，三教并立的局面形成，但三教在不同时期的排位稍有不同，隋文帝笃信佛教，他列佛为首，道第二，儒第三。唐代则是道第一，佛第二，儒第三，其中武则天时期佛教又暂居首位。道家、道教之所以在唐朝受到重视，除依赖自身素质之外，还与一个政治因素有关：唐朝皇室不是正宗的华夏后裔，而是源出于带有鲜卑族血统的关陇贵族，他们在取得政权之后，也意欲标榜自己是华夏正统，而相传道家创始人老子的真名为李耳，与唐朝皇室同姓，于是唐朝皇帝便宣称自己是老子的后裔，尊老子为太上玄元皇帝，因而道家、道教在唐朝倍受重视。

　　魏晋南北朝隋唐时期，尽管从精神领域来看，儒学的发展不及佛、道，但是从政治领域来看，儒学实际上仍占据优势。中国的封建统治者都非常清楚，要治理好国家，维护自身统治，就要好好地利用儒家所常设的忠孝仁爱、伦理纲常的思想，在适应中国封建统治上，佛教、道教、道家思想远不如儒家完善。以唐太宗为例，唐太宗认为儒学"可以正君臣，明贵贱，美教化，移风俗，莫若于此焉"[①]，而对于佛教他则持存疑的态度，他说："至于佛教，非意所遵，虽有国之常经，固弊俗之虚术。何则？求其道者，未验福于将来；修其教者，翻受

---

① 《旧唐书·列传》卷139。

辜于既往。至若梁武穷心于释氏，简文锐意于法门，倾帑藏以给僧祇，殚人力以供塔庙。……子孙覆亡而不暇，社稷俄倾而为墟，报施之征，何其谬也。"[1]可见，唐太宗并不真心信奉佛教，只是鉴于佛教的声势，不得不加以利用。综观中国的历史进程，统治者始终以儒学作为维护统治秩序的工具，从汉朝"察举制""征辟制"开始，儒家的道德规范便成为朝廷选拔官员的标准，魏晋时期实行的"九品中正制"，形式虽有变化，但以儒家伦理作为选拔标准并没有发生实质改变。尤其是隋朝创立了科举制，更是直接以儒家思想作为主要考核内容，且与"察举制""征辟制"和"九品中正制"相比，更为合理和客观，给了下层民众更多的提升社会阶层的机会，极大地调动了全民学习儒学的热情，这项制度一直延续至清朝末年，大大促进了儒学的普及。

（四）儒学的革新

尽管儒学在政治领域仍然受到统治者的青睐，但是作为学术，儒学在这一时期的衰颓也是不争的事实。这种颓势肇始于汉代经学的繁琐和谶纬的泛滥，从魏晋南北朝开始，佛、道的挑战更是加剧了这一态势。至唐朝中期，儒学的自救与革新被儒学内部的有识之士提上了议事日程，最先扛起儒学革新大旗

---

[1]《旧唐书·列传》卷13。

的是韩愈和李翱。

韩愈是位排道、排佛的斗士。对于道教，他曾多次撰文批判修道成仙、肉体升天的虚妄谣言，他认为人应该务实，要把精力集中在应该做的事情上，他说："人生有常理，男女各有伦。寒衣及饥食，在纺绩耕耘。下以保子孙，上以奉君亲。苟异于此道，皆为弃其身。"[1]对于佛教，韩愈批评说："夫佛本夷狄之人，与中国言语不通，衣服殊制，口不言先王之法言，身不服先王之法服，不知君臣之义，父子之情。"[2]当时，唐宪宗派人迎佛骨入宫，韩愈极力反对，唐宪宗因此把韩愈贬为潮州刺史，但韩愈丝毫不气馁，他写诗明志："一封朝奏九重天，夕贬潮阳路八千。欲为圣明除弊事，肯将衰朽惜残年"[3]，排佛的斗志跃然诗间。佛教、道教的弱势在于经世致用方面，韩愈抓住这一点予以批判并借此褒扬儒学的价值。韩愈对儒家经典《大学》维护伦理纲常、修身齐家治国平天下的思想理路推崇有加，他指出佛和道只关注自身的清净，这会造成人们"弃而君臣，去而父子，禁而相生相养之道，以求其所谓清净寂灭者"[4]，而儒学所倡导的仁义道德都直接关乎大众的利益，即"博爱之谓仁；行而宜之之谓义；由是而之焉之谓道；足乎己

①韩愈：《谢自然诗》，见《韩昌黎诗系年集释》。

②《论佛骨表》，见《韩昌黎文集校注》。

③韩愈：《左迁至蓝关示侄孙湘》，见《韩昌黎诗系年集释》。

④《原道》，见《韩昌黎文集校注》。

而无待于外之谓德"①，儒学所作的礼乐刑政等制度设计亦直接关乎社会的安定，即"古之时，人之害多矣。有圣人者立，然后教之以相生相养之道。为之君，为之师。……为之礼，以次其先后；为之乐，以宣其壹郁；为之政，以率其怠倦；为之刑，以锄其强梗"②。韩愈认为佛教和道教不仅对维护社会秩序没有帮助，会破坏伦常道德，而且还会加重社会的经济负担，因为和尚和道士不劳动、不缴纳赋税，却要接受供养，这会导致国家、百姓越来越穷。对此，韩愈建议"人其人，火其书，庐其居"，即让和尚和道士还俗，把他们的书烧掉，把他们的庙宇改成住宅。可见，韩愈反佛、反道的态度相当激进。

除了排道、排佛之外，韩愈在重振儒纲方面的贡献还突出地表现在他构造了一个儒家圣圣相传、一以贯之的"道统"，即"尧以是传之舜，舜以是传之禹，禹以是传之汤，汤以是传之文武周公，文武周公传之孔子，孔子传之孟轲，轲之死，不得其传焉。"③在韩愈看来，自孟子死后，这个道就失传了，他希望自己能够接续道统，力挽狂澜。韩愈的"道统"没有把汉唐经学包括进去，是因为韩愈认为从汉朝开始的经学已经偏离了儒学的正统。韩愈构造出"道统"是为了同佛、道的"法统"相抗衡，来树立儒学在历史上的正统地位。

韩愈并非单纯地排道、排佛，他也主张借鉴佛、道的长

---

① 《原道》，见《韩昌黎文集校注》。

② 《原道》，见《韩昌黎文集校注》。

③ 《原道》，见《韩昌黎文集校注》。

处。在经世致用方面，儒学虽然有明显优势，但是在"心性"方面则显然佛、道的优势更大，道教有"修心"之说，佛教有"佛性"之说，而且二者都为此建构起了较为系统的修养方法。儒学若想与佛、道抗衡，必须在人性理论与心性修养方面有所发展。韩愈意识到了这个问题，写了《原性》一文。在这篇文章中，他综合前人的观点，提出了"性三品"说，把人性分成"性"和"情"两部分，同时又将性与情划分为上、中、下三个品级，他判断上、中、下的标准是"仁义礼智信"五德在人性中所占的比重，即谓"其所以为性者五：曰仁、曰礼、曰信、曰义、曰智。"[①]他判断"情"上、中、下三品的标准是"喜怒哀惧爱恶欲"七情所发合乎"中道"的程度。尽管韩愈试图弥补儒学在"心性"理论中的不足，但是总体来看，他这种建构并没有在理论上超越前人。实际上，汉朝董仲舒已经把人性分为圣人之性、中民之性、斗筲之性三种等级，关于"七情是否合乎中道"在《中庸》中也早有阐述。并且，韩愈关于如何修身养性也没有给出更为具体的方案。可以说，在"心性"问题上，韩愈并没有找到更好的理论同佛、道对垒。

韩愈未能解决的问题，在他的学生李翱那里得到了一定程度的解决。李翱认同韩愈"道统"的提法，与韩愈重视《大学》相比，李翱则更重视《中庸》。《中庸》的作者相传为子思，所以李翱把子思添入儒家的"道统"之中，他亦希望自己

---

① 《原性》，见《韩昌黎文集校注》。

能接续"道统"。在人性问题上，李翱对韩愈作了修正，他所著《复性书》基本否定了韩愈对人性的三分法，而代之以"性"与"情"两分法，李翱认为人性都是一样的，"百姓之性与圣人之性弗差也"①，甚至"桀纣之性，犹尧舜之性也"②。而恶与"性"无关，之所以有恶人恶事，是因为"情"在作怪，"情者，性之邪也"③，是"情"扰乱了本性。李翱认为圣人也有"情"，即谓："圣人者岂其无情邪？圣人者，寂然不动，不往而到，不言而神，不耀而光，制作参乎天地，变化合乎阴阳，虽有情也，未尝有情也。"④只是圣人达到了"寂然不动"的境界，所以能够做到不被"情"所迷惑。普通人若想达到这种境界，便要在"去情复性"方面下一番工夫。李翱所认可的修养工夫是"弗虑弗思"，李翱把静时的"弗虑弗思"称之为"斋戒其心"，把动时的"弗虑弗思"称之为"至诚无为"，即谓："或问曰：人之昏也久矣，将复其性者，必有渐也，敢问其方？曰：弗虑弗思，情则不生，情既不生，乃为正思。正思者，无虑无思也。……方静之时，知心无思者，是斋戒也。知本无有思，动静皆离，寂然不动者，是至诚也。"⑤李翱这样讲，并非不让人接触外部事物，他认为："不睹不闻，是非人也，视听昭昭，

---

① 《复性书》（上），见《李文公集》。
② 《复性书》（中），见《李文公集》。
③ 《复性书》（中），见《李文公集》。
④ 《复性书》（上），见《李文公集》。
⑤ 《复性书》（中），见《李文公集》。

而不起于见闻者，斯可矣"①，也就是说，只要克制自己，让心灵不执着于外物、不受外物影响就可以了。对人性修养工夫的探讨，是他的人性论比韩愈的人性论更为细致、高明的地方。李翱"弗虑弗思"的修养工夫，显然是受到了佛教修养方法的影响。

　　韩愈和李翱所讨论的问题、所开启的研究方法、所推崇的儒家典籍，此后被宋明理学所关注、吸收和借鉴。在一定程度上，韩愈、李翱可以称做是宋明理学的思想先导，北宋欧阳修曾赞赏韩愈："自愈没，其言大行，学者仰之如泰山、北斗云。"②苏轼亦高度评价韩愈："文起八代之衰，而道济天下之溺。"③

四、宋元明清时期

　　公元907年，唐朝灭亡，经过五代十国分裂动荡的局面之后，公元960年北宋建立，公元1127年随着北宋迁都临安，南宋建立。两宋时期，是中国文化发展的又一座高峰，宋朝统

----

① 《复性书》（中），见《李文公集》。
② 《新唐书·韩愈传》。
③ 《潮州韩文公庙碑》。

治者仍然采取兼容并包的文化政策，并对文化传承高度重视，《太平御览》一千卷、《太平广记》五百卷、《文苑英华》一千卷、《道藏》四千三百余卷、《大藏经》等的编纂或重印都在官方主持下得以完成。宋代继续推行科举制，除中央太学之外，地方州、县的学校以及民间书院纷纷设立，儒家思想得到更广泛的传播，儒学也在这一时期吸取佛、道的思想，并予以整合创新，以"理学"的形式出现。宋朝灭亡，元朝建立，元朝统治者虽为蒙古族，但大力推崇儒学，例如，加封孔子为"大成至圣文宣王"，确立了程朱理学的官方正统地位等。元朝之后的明、清两朝，曾大兴文字狱，科举考试以"八股制义"，选才标准愈益僵化，学术自由的空气也日益消退，但思想界的创新并未中止，中华文化仍在发展。程朱理学、陆王心学、实学思潮、乾嘉朴学可以看作是宋元明清时期思想文化发展的里程碑。

（一）程朱理学

程朱理学是宋明理学的重要分支，宋明理学在宋代建立，历经元代至明代，发展成为儒学理论的最高峰。在历史上，宋明理学又被称为"新儒学"，它的"新"在于它剔除了汉唐儒学不适应时代发展的旧因素，在汲取了佛教和道教的思想方法和理论元素的基础上，对先秦儒家的文本作了新的诠释，对儒学的理论体系进行了新的建构，创造了先秦儒学和汉唐儒学所不具备的新形式、新内容。无论是对经典的诠释还是对义理的阐发，相较于先秦儒学，宋明理学的思想都更加深刻；相较于汉唐经学，宋明理学又表现出了更多的原创性。学界一般认为，宋明理学作为一套思想体系，可以分为程朱理学和陆王心学两大派，其中，程朱理学起源于北宋，鼎盛于南宋，并在明代仍有较大影响，因其以二程、朱熹为代表、以"理"为核心范畴，故而，学术界称之为"程朱理学"。

周敦颐开其山

在宋明理学初创阶段，周敦颐、邵雍、张载、程颢、程颐都做出了理论贡献，学术史上称他们为"北宋五子"。就他们与程朱理学的渊源来看，周敦颐和二程的贡献最大，其中，周敦颐可谓开山者，被视为"理学宗祖"，他的主要思想体现在《太极图说》和《通书》中。

周敦颐深谙道家思想，他借用道家"无极"概念和创生宇宙的图式，又糅合《周易》的"太极"范畴，构造了一个"太极图"来论述世界生成和万物变化的过程。《太极图说》写道："无极而太极。太极动而生阳，动极而静，静而生阴，静极复动。一动一静，互为其根；分阴分阳，两仪立焉。阳变阴合，而生水、火、木、金、土。五气顺布，四时行焉。五行，一阴阳也；阴阳，一太极也；太极，本无极也。五行之生也，各一其性。无极之真，二五之精，妙合而凝。'乾道成男，坤道成女'，二气交感，化生万物。万物生生，而变化无穷焉。"①在周敦颐的思想体系中，"无极"和"太极"不是两个本体，而是同一本体的不同称谓，周敦颐称之为"无极而太极"，这就如同《老子》所讲的"无"和"有"一样，"此两者，同出而异名"②，当用来表征本体的抽象性时，便可以用"无极"，当强调本体的实在性时，便可以称之为"太极"。

关于"无极而太极"的定位，周敦颐并没有仅仅把它作为万物生成的依据，而是进一步将其上升为"人"以及人类社会的价值依据。按照周敦颐的《太极图说》的理解，世间万物，包括"人"在内均由"无极之真，二五之精，妙合而凝"③，但"人"毕竟不同于"物"，这不同之处在周敦颐看来，便在于人有仁义等道德理念，这些道德理念在"人"被创生的过程中便已经植根于人心中，即谓"立天之道，曰阴与阳；立地之道，曰柔与刚；立人之道，曰仁与义"④。正因为有"仁义"，所以"惟人也，得其秀而最灵"⑤，这样，周敦颐便为儒家所倡导的仁义道德确立了来源和价值依据。

周敦颐把圣人称作"人极"，即众人学习的楷模，而圣人

---

① 《太极图说》，见《通书》。

② 《老子》第一章。

③ 《太极图说》，见《通书》。

④ 《太极图说》，见《通书》。

⑤ 《太极图说》，见《通书》。

之所以能成为楷模，是因为圣人"定之以中正仁义"①，"中正仁义"在周敦颐的思想体系中可以概括为"诚"，他说："圣，诚而已矣。诚，五常之本，百行之源也。"②在周敦颐看来，"诚"代表着纯粹至善的人生境界，是人所应当追求的价值目标。为了向"诚"的境界靠拢，周敦颐还对修养方法进行了探索："'圣可学乎？'曰：'可'。曰：'有要乎？'曰：'有。''请闻焉。'曰：一为要。一者无欲也，无欲则静虚、动直，静虚则明，明则通；动直则公，公则溥。明通公溥，庶矣乎！"③即学做圣人应做到"一"，"一"就是要"静虚""无欲"。需要说明的一点是，周敦颐倡导的"无欲"并非要求人断绝一切感官欲望，而是指摒弃不必要的杂念和成见。在这里，后世理学家"存理灭欲"的修养思路已经基本展现出来。要达到"诚"，除了"静虚""无欲"之外，还须要"思"来配合，周敦颐讲："寂然不动者，诚也；感而遂通者，神也。"④"神"指的就是人的思维能力，"感而遂通"的过程就是人在接触外部世界时做出反应的过程，在这个过程中，周敦颐认为人应保持警惕以辨察善恶，即谓："不思，则不能通微；不睿，则不能无不通。是则无不通，生于通微，通微，生于思。故思者，圣功之本，而吉凶之

①《太极图说》，见《通书》。

②《通书·诚下》。

③《通书·圣学》。

④《通书·圣》。

几也。"①儒家经典《中庸》已有"诚者，天之道也；诚之者，
人之道也"②理念，周敦颐的思想是对《中庸》的推进和提升。

　　周敦颐还对"孔颜之乐"进行了探讨和倡导，为人的道德
修养设置了值得效法的具体榜样。孔子曾赞赏颜回"一箪食，
一瓢饮，在陋巷，人不堪其忧，回也不改其乐"③，颜回在如此
困窘的局面下，为何还能感到快乐呢？周敦颐分析说："夫富
贵，人所爱也。颜子不爱不求，而乐乎贫者，独何心哉？天地
间有至贵至爱可求，而异乎彼者，见其大而忘其小焉尔。见其
大则心泰，心泰则无不足。无不足则富贵贫贱处之一也。"④周
敦颐认为"孔颜之乐"是精神上的满足与快乐，其与现实生活
的贫富贵贱无关。周敦颐所确立的这种人生价值观，后来被理
学家多次讨论，成为宋明理学家共同的精神追求。

二程奠其基

　　二程指的是程颢、程颐两兄弟，程颢世称明道先生，程颐
世称伊川先生，他们两人都是周敦颐的学生，他们在周敦颐思
想理论的基础上提出了理学的核心范畴——理，可谓奠定了理
学的根基。两人在思想细节上虽然存在着一些差异，比如程颐
相较于程颢更强调"理"的客观性等，但二程思想的主体部分

---

① 《通书·思》。
② 《中庸》第二十章。
③ 《论语·雍也》。
④ 《通书·颜子》。

基本一致，因而后世常将程颢、程颐相提并论。

　　"理"是二程思想的核心，程颢曾说："吾学虽有所受，天理二字却是自家体贴出来。"①自然规律、社会规范都蕴含于"理"之中，"天理"是贯通自然与社会的普遍原理。二程也把"天理"称为"道"。关于"理"或者"道"与万物的区别，他们借用《周易·系辞》中"形而上"与"形而下"作了解释："'形而上者谓之道，形而下者谓之器。'……阴阳亦形而下者也，而曰道者，惟此语截得上下最分明，元来只此是道，要在人默而识之也。"②可见，在二程看来，天下万物包括阴阳在内，都属于"形而下"，而"理"是最抽象、最普遍的存在，是"形而上"，它无法通过感官来把握，只能"默而识之也"。二程认为，"天理"和"万物"尽管可以做"形而上"和"形而下"的区分，但实际上，二者却是一体，"所以谓万物一体者，皆有此理"③，"理"或者"道"蕴藏于一切事物中，一切事物都是"天理"的体现，即"道之外无物，物之外无道，是天地之间无适而非道也"④。二程认为，天理永恒不变、至高无上，即谓："天理云者，这一个道理，更有甚穷已？不为尧存，不为桀亡。人得之者，故大行不加，穷居不损。这上头来，更

①《外书》卷十二，见《二程集》。
②《遗书》卷十一，见《二程集》。
③《遗书》卷二，见《二程集》。
④《遗书》卷四，见《二程集》。

怎生说得存亡加减？是佗元无少欠，百理具备。"①进而，二程对儒家所倡导的人伦秩序、道德规范与"天理"的关系做了界定，不同于周敦颐把"无极而太极"看为"体"，把人伦规范看作"用"，二程则直接把二者统一起来，即谓："视听言动，非理不为，即是礼，礼即是理也"②，"父子君臣，天下之定理，无所逃于天地之间"③。这样一来，儒家的人伦秩序、道德规范就上升到了本体的高度，不需要另外再给它找终极依据，它自己就是自己的依据。基于这种理念，二程对"天人合一"有了新的理解，以往学者讲天人合一，一般要求以人道去符合天道，但是二程不同于此，他们讲："天人本无二，不必言合。"④

　　基于上述认识，二程认为"万物皆是一理"，"一物之理即万物之理"⑤，二程称之为"理一"。虽然"理一"，但"天理"在万物中的表现方式不同，二程称之为"分殊"。二程的"理一分殊"说，既肯定了世界的统一性，也肯定了世界的多样性，二者可以兼容。二程以"理一分殊"的理念来分析"人性"，他们把人性分成两重，一重是"天命之谓性"，一重是"生之谓性"。他们认为"天命之谓性"就体现了"理一"，是天理在人性中的贯彻，纯然至善、永恒不变、没有差别，"性

---

① 《二程遗书》卷二上。
② 《二程遗书》卷十五。
③ 《二程遗书》卷五。
④ 《二程遗书》卷六。
⑤ 《二程遗书》卷二。

即是理，理则自尧、舜至于涂人，一也"①，但是，"理一"落实到每个人身上就会产生差别。"理一"落实到每人身上的过程，就是天命之性"分殊"的过程，落实的结果就产生了现实的人性，二程称之为"生之谓性"，"分殊"之后现实的人性可善可恶。这种对人性的二分法对推动儒学发展的意义在于："天命之谓性"接续了孟子的"性善论"，从本体论的高度确立了人性自我完善的可能性，而且这种完善有别于宗教的外在超越路向，是一种内在超越，实现人性的自我完善是人性的自我召唤和内在要求，不需要借助救世主的帮助；同时，"生之谓性"又说明了儒家所倡导的道德教化的必要性。先秦时期，孟荀有性善、性恶之争，二程则通过"天命之性"和"生之谓性"的划分弥合了儒家人性论的内部分歧。

二程的"天命之性"和"生之谓性"实际上将天理与人欲进一步对立起来，前文提到，周敦颐提出"静虚""无欲"的修养方法，潜在地确立了"存理去欲"的人性修养路向。到二程这里，则明确提出"存理灭欲"的主张。在二程看来，在"天命之谓性"的作用下，人本来可以自觉地恪守人伦秩序和道德规范，然而，因为受到"生之谓性"的干扰，人便产生了各种欲望，结果"惟蔽于人欲，则亡天德也"②，据此，二程提出："人心私欲，故危殆。道心天理，故精微。灭私欲则天理

———————

① 《二程遗书》卷十八。
② 《二程遗书》卷十一。

明矣。"①"存理灭欲"后来成为理学的信条，被理学家视为恢复"天命之谓性"的主要方式。在提升道德修养的过程中，二程认为应贯穿"主敬"的态度。在二程之前，周敦颐提出了"主静"，即"圣人定之以中正仁义，而主静，立人极焉"②，周敦颐所使用的"主静"一词显然深受佛、道的影响，佛教有"禅定""静虑"，道教有"静坐""静修"。二程则淡化了佛、道的痕迹，用"主敬"代替了"主静"，二程说："学者不必远求，近取诸身，只明人理，敬而已矣"③。"敬"与"静"相比，除了指内心无杂念之外，它更包含着从内到外的敬畏严肃，即："一者，无他，只是整齐严肃，则心便一，一则自是无非僻之奸。此意但涵养久之，则天理自然明"④。二程要求用"敬"的态度去体会"理"，并在视听言动、举手投足间把"理"体现出来。

此外，二程还讨论过"知行关系"、"主敬"与"和乐"的关系、"涵养用敬"与"进学致知"的关系等，可以说，后世理学所涉及的话题几乎在二程思想中都可以找到端倪。

朱熹集大成

到南宋时期，理学在理论上更加成熟，朱熹把二程的"天

---

① 《二程遗书》卷二十四。
② 《太极图说》，见《通书》。
③ 《二程遗书》卷二上。
④ 《二程遗书》卷十五。

理"思想发扬光大，同时吸收了张载的"元气"观念，并综合了周敦颐的"无极而太极"说和邵雍的"太极"说，建立了一个庞大的理学体系，成为理学的集大成者。朱熹的理学思想得到了官方认可，他去世后被从祀孔庙。以下结合朱熹对"理"所作的哲学思考来对朱熹所建构的理学大厦作一简要勾勒。

关于理、事关系。理学的"理"是指贯通自然与社会的普遍原理，既包括事物的规律，也包括人伦与道德法则，"事"则指世间万物万象。关于理、事关系二程曾借助《周易》"形而上者"和"形而下者"的范畴做过界定。朱熹继承了这一理解，他说："凡有形有象者，皆器也。其所以为是器之理者，则道也。"①与二程没有明确肯定"天理"对宇宙万有的逻辑在先性不同，朱熹则对理、事逻辑上的先后顺序进行了明确，他说："此言未有这事，先有这理。如未有君臣，已先有君臣之理；未有父子，已先有父子之理。不成元无此理，直待有君臣父子，却旋将道理入在里面！"②朱熹这种对"理"的逻辑在先性的强调，是关于哲学本体论的自觉深思，有助于夯实"理"的永恒性。

关于理、气关系。二程提出了作为宇宙万有本质和规则的"理"，但却没有论及构成宇宙万物的实体材质。张载对这个问题进行了探讨，提出了"气"是构成世界的材料，即谓"凡

---

① 《与陆子静》，见《朱子全书（修订本）。
② 《朱子语类》卷九十五。

可状，皆有也……凡有，皆象也……凡象，皆气也"①。朱熹则综合了张载和二程的思想，认为宇宙万有是由理、气共同构成的，即谓："天地之间，有理有气。理也者，形而上之道也，生物之本也；气也者，形而下之器也，生物之具也。是以人物之生，必禀此理然后有性，必禀此气然后有形。"②关于"理"与"气"的先后关系，朱熹认为，同"理""事"的先后类似，尽管在实体上理气不可分离，没有无理之气，也没有无气之理，理、气难以区分先后，但在逻辑上可以区分先后，"理"具有逻辑上的先在性，朱熹明确提出"理在气先"，即谓："或问：'理在先气在后？'曰：'理与气本无先后之可言。但推上去时，却如理在先，气在后相似。'"③

　　关于"理一"与"分殊"的关系。"理一分殊"是二程提出的一个重要命题。朱熹对此命题又作了进一步阐释，朱熹说："宇宙之间，一理而已，天得之而为天，地得之而为地，而凡生于天地之间者，又各得之以为性"④，"理只是这一个，道理则同，其分不同"⑤。可见，在朱熹看来，宇宙间的事物都涵具着普遍的"理"，"理"只有一个，但是具体到每一类事物、每一种关系中又有不同的表现，即谓："所居之位不同，则其

① 《正蒙·乾称篇》，见《张子正蒙》。
② 《答黄道夫》，见《朱子全书（修订本）》。
③ 《朱子语类》卷一。
④ 《朱文公文集》卷七十，见《朱子全书（修订本）》。
⑤ 《朱子语类》卷六。

理之用不一。如为君须仁，为臣须敬，为子须孝，为父须慈。物物各具此理，而物物各异其用，然莫非一理之流行也。"①朱熹又借鉴周敦颐的"无极而太极"说和邵雍的"太极"说，把"天理"称作"太极"，"太极之义，正谓理之极致耳"②，"太极只是个极好至善底道理"③。进而，朱熹把"理一分殊"表述为"人人有一太极，物物有一太极"④。需要注意的一点是，朱熹认为，宇宙万有并不是各自体现了太极的一部分，而是每个都体现了完整的太极，朱熹举例说："本只是一太极，而万物各有禀受，又自各全具一太极尔。如月在天，只一而已；及散在江湖，则随处而见，不可谓月已分也。"⑤

关于"天命之性"与"气质之性"的关系。二程从"理本论"出发，把人性分成"天命之性"和"生之谓性"；张载则从"气本论"出发，把人性分成"天地之性"与"气质之性"。在论证至善的本然之性时，二程的"天命之性"比张载的"天地之性"价值意味更浓；而在论证有善有恶的实然之性时，张载的"气质之性"则更有助于说明实然之性的形成过程。朱熹对二者思想进行了综合，基于对"理气"关系的理解，他把人性分为"天命之性"和"气质之性"，分别代表"本来之性"

---

① 《朱子语类》卷十八。

② 《答程可久》，见《朱子全书（修订本）》。

③ 《朱子语类》卷九十四。

④ 《朱子语类》卷九十四。

⑤ 《朱子语类》卷九十四。

和"实然之性"。在朱熹看来，"天命之性"都一样，"但禀气之清者，为圣为贤，如宝珠在清冷水中；禀气之浊者，为愚为不肖，如珠在浊水中。所谓'明明德'者，是就浊水中揩拭此珠也"①。为了建构使"气质之性"回复到"天命之性"的路径，朱熹对"心"做了区分，他把与天命之性相对应的"心"称为"道心"，把与"气质之性"相对应的"心"称为"人心"。在朱熹看来，"道心"和"人心"不是两颗心，而是同一个"心"的两个不同方面，即谓："只是这一个心，知觉从耳目之欲上去，便是人心；知觉从义理上去，便是道心。"②朱熹推崇《尚书·大禹谟》中的一句话："人心惟危，道心惟微，惟精惟一，允执厥中。"③朱熹认为"道心"容易受到遮蔽，如果"人心"不能听命于"道心"，便会走到邪路上去，故而"人心惟危"；道德意识常潜藏在心灵深处，且体会"道心"的方式十分微妙，很难言说，故而"道心惟微"。朱熹认为，唯有精心体察、精纯专一，自觉用"道心"去约束"人心"，才能达到切合中道的境界。

关于"理"与"欲"的关系。"理"与"欲"的对立，在周敦颐的思想中已经显现出来，至二程明确提出了"存理灭欲"的理念。朱熹承袭这一思想，他讲："人之一心，天理存，

---

① 《朱子语类》卷四。

② 《朱子语类》卷七十八。

③ 《尚书·大禹谟》。

则人欲亡；人欲胜，则天理灭，未有天理人欲夹杂者。"①朱熹将"天理"与"人欲"对立起来，他指出，人生有两种选择，一是"循天理"，二是"殉人欲"。"循天理"意味着树立道德意识，回归天命之性，向圣贤靠拢；"殉人欲"则意味着在个人私欲中迷失自己。朱熹试图以"天理"为纽带，引导人们克服对个人私利的过度追求，让个体利益服从群体利益。这种价值取向一方面对维系社群关系有积极意义，但是另一方面，将理与欲截然对立，要求人灭人欲，过度理想化，不切实际，过分强调禁欲主义甚至还会引起副作用，导致出现"假道学"的伪君子。

　　关于"知"与"行"的关系。"存天理"首先便要"知天理"，知行关系问题由此被提出。二程的观点是"知先行后"，强调"知"对"行"的指导意义，他们曾举例讲："譬如人欲往京师，必知是出那门，行那路，然后可往。如不知，虽有欲往之心，其将何之？"②朱熹在"知""行"的先后顺序上赞同二程的观点，承认"知"逻辑上在先，但是，朱熹又作了重要补充，他讲："知、行常相须，如目无足不行，足无目不见。论先后，知为先；论轻重，行为重。"③可见，在朱熹视野中，"行"指的是对道德知识的践行，"知"只有落实到实际中去，能够践行才有

①《朱子语类》卷十三。
②《遗书》卷十八，见《二程集》。
③《朱子语类》卷九。

意义。正因为如此，朱熹认为"致知、力行，用功不可偏"①，"知与行须是齐头做，方能互相发"②。朱熹的"知行相须""知轻行重"的观点是对二程"知行观"的理性校航，二程单纯讲"知先行后"容易导致对"行"的忽视，朱熹的知行观则避免了这一点。

　　关于"致知"的路径。朱熹的规划是：格物致知、读书穷理。《大学》中已有"致知在格物，物格而后知至"理念，朱熹对这一理念作了进一步的阐发："所谓致知在格物者，言欲致吾之知，在即物而穷其理也。……至于用力之久，而一旦豁然贯通焉，则众物之表里精粗无不到，而吾心之全体大用无不明矣。"③即从格物入手，获得具体事物之理，"今日格一物，明日格一物"，进而从量变到质变，"豁然贯通"，从而完成对天理的体认。朱熹所讲的"物"，其外延十分广泛，所谓"眼前凡所应接底都是物"④。具体"格"的方式，朱熹认为，可以在自然界中通过考察具体事物而获得，也可以在社会生活通过待人接物来体会，还可以通过广泛读书、继承前人的格物成果。"格物"的升华总结便是"致知"，即"格物，是零细说；致知，是全体说"⑤。需要指出的一点是，"致知"并非另外一种不同于

---

① 《朱子语类》卷九。
② 《朱子语类》卷一百一十七。
③ 《四书章句集注·大学章句》。
④ 《朱子语类》卷十五。
⑤ 《朱子语类》卷十五。

"格物"的认识方法或修养方法，而是"格物"达到豁然贯通的程度时所得到的自然结果，即"格物只是就一物上穷尽一物之理，致知便只是穷得物理尽后我之知识亦无不尽处，……但能格物则知自至，不是别一事也"[①]。

在格物致知以通达天理的过程中，朱熹认为还需要配合"主敬涵养"的工夫，朱熹认为"主敬"可以帮助人收敛心思，集中精力，他说："示喻主敬之说，先贤之意盖以学者不知持守，身心散漫，无缘见得义理分明，故欲其先且习为端庄整肃，不至放肆怠堕，庶几心定而理明耳。"[②]实际上，不仅"致知"的过程需要"主敬涵养"，"行"的过程同样需要"主敬涵养"，朱熹的学生曾这样来总结朱熹"知行"与"主敬"的关系："其为学也，穷理以致其知，反躬以践其实，居敬者，所以成始成终也。谓致知不以敬，则昏惑纷扰，无以察义理之归；躬行不以敬，则怠惰放肆，无以致义理之实。"[③]

（二）陆王心学

陆王心学是宋明理学的又一重要分支，它成型于南宋，在明朝中期占据主导地位，因其以陆九渊、王阳明为代表，以

---

① 《晦庵先生朱文公文集·答黄子耕》，见《朱子全书》。

② 《答方子实》，见《朱子全书（修订本）》。

③ 黄干：《朝奉大夫文华阁待制赠宝谟　阁直学士通议大夫谥文朱先生行状》，见《朱子全书》。

"心"为核心范畴，故而学术界称其为"陆王心学"。陆王心学与程朱理学在认同"天理"方面有共识，二者并非对立面，只是在具体的思维路向方面有差异而已，程、朱选择了客观主义向度，陆、王选择了主观主义向度。两派路径虽有不同，但殊途同归，目标是一致的。现代新儒家的代表人物贺麟先生曾对此评价说："讲程、朱而不能发展到陆、王，必失之支离，讲陆、王而不能回复到程、朱，必失之狂禅。"①

陆九渊的心学转向

陆九渊是与朱熹同时期的理学家，世称象山先生。他不认同朱熹把"理"和"事"分成"形而上"和"形而下"两部分，不认同"理在事先"的说法，他更强调"理"与宇宙万物的整体性，强调"理"内在于万事万物，他讲："此理塞宇宙，所谓道外无事，事外无道。"②陆九渊所说的"理"，主要指天理在人伦道德方面的展现，与朱熹兼及知识层面的"物理"相比，陆九渊关注的焦点基本集中在人生观方面，重点谈修养工夫。由于陆九渊更强调"理"的内在性，所以他以"本心"来代指"理"。陆九渊所说的"本心"来源于孟子的"良知良能"的理念，陆九渊说："孟子曰'所不虑而知者，其良知也；所不学而能者，其良能也'。此天之所与我者，我固有之，非由

① 贺麟：《五十年来的中国哲学》，沈阳：辽宁教育出版社，1989年，第215页。
② 《陆九渊集》卷三十五。

外烁我也。故曰'万物皆备于我矣，反身而诚，乐莫大焉'。此吾之本心也"①，"本心"在陆九渊的视野中指的就是人先验的道德意识，是人心的本来状态，是永恒的、普遍的，"心只是一个心，某之心，吾友之心，上而千百载圣贤之心，下而千百载复有一圣贤，其心亦只如此"②。进而，陆九渊提出了"人皆有是心，心皆具是理，心即理也"③的命题。既然"心即理"，天理在人心之中，那么，在陆九渊看来，要回归天理，便应当去"发明本心"，激发出人自我完善的内在动力，陆九渊认为，个体的道德完善只能依凭个体在心灵中真正挺立起道德的自觉性，"人精神在外，至死也劳攘，须收拾作主宰"④。"须收拾作主宰"的关键在于"自"，陆九渊讲："诚者自诚也，而道自道也。君子以自昭明德。人之有是四端，而自谓不能者，自贼者也。暴谓自暴。弃谓自弃。侮谓自侮。反谓自反。得谓自得。祸福无不自己求之者。圣贤道一个自字煞好。"⑤

　　基于以上认识，在修养工夫方面陆九渊走出了一条不同于朱熹"今日格一物，明日格一物"的路向。虽然陆九渊也赞成"格物"，但他所讲的"格物"不是指的格外物，而是修身正心，保存养护本心。陆九渊推崇的具体方式是"静坐"，南

---

① 《陆九渊集》卷一。
② 《陆九渊集》卷三十五。
③ 《陆九渊集》卷十一。
④ 《陆九渊集》卷三十五。
⑤ 《陆九渊集》卷三十四。

宋思想家陈亮这样来总结陆九渊的修养工夫："象山教人终日静坐以存本心，无用许多辩说劳攘"①。在陆九渊看来，研究外物或学习经典对提升道德境界没有帮助，反倒使"学者疲精神于此，是以担子越重"②，而静坐却可以用简单的方法帮助人进入"忽觉此心已复澄莹"③的境界。总之，在陆九渊看来，既然人的本心就是道德的根源，又何必外求，而至于读书穷理更不是必要途径，即使一个人不识一字，也不耽误他做一个堂堂正正的人，即谓："若某则不识一个字，亦须还我堂堂地做个人。"④当然，陆九渊并不是反对读书，他只是不认同"读书"与"存天理"之间存在必然关系，陆九渊认为，读书的目的也不在于记住书本上的字句，而在于发明本心，通过与圣贤的视界交融，建构起自己的精神世界，即"六经注我，我注六经"⑤。发明本心就是剥落掉对本心的遮蔽，在陆九渊来看，人心比本心复杂，现实中的人都是"有病"之人，即谓："人心有病，须是剥落。剥落得一番，即一番清明，后随起来，又剥落，又清明，须是剥落得净尽方是。"⑥通过"剥落"，"将以保

① 《宋元学案》卷五十八。
② 《陆九渊集》卷三十五。
③ 《陆九渊集》卷三十五。
④ 《陆九渊集》卷三十五。
⑤ 《陆九渊集》卷三十四。
⑥ 《陆九渊集》卷三十五。

吾心之良，必有以去吾心之害。"①既然是"剥落"，那就是一个删繁就简的过程，而朱熹的"格物"则是在增加知识。陆九渊认为朱熹的方式过于繁琐支离，他说："然则学无二事，无二道，根本苟立，保养不替，自然日新。所谓可久可大者，不出简易而已。"②

在陆九渊批判朱熹"繁琐"的同时，陆九渊的修养工夫同样也受到了朱熹的批评，朱熹批评陆九渊的方式过于"空疏"。1175年，由吕祖谦出面召集，朱熹和陆九渊在江西鹅湖寺，开展了一场辩论，史称"鹅湖之会"。据记载："鹅湖之会，论及教人。元晦之意，欲令人泛观博览，而后归之约。二陆之意，欲先发明人之本心，而后使之博览。朱以陆之教人为太简，陆以朱之教人为支离，此颇不合。"③应该说，这段会议纪要概括出了朱熹和陆九渊在修养工夫上的核心差异。

陆九渊倡导"发明本心"，所以特别看重做事的动机，即"志"，陆九渊认为，判断一个人德性如何，主要不在于他的外在行为，而在于他的内心动机，即"某观人不在言行上，不在功过上，直截是雕出心肝"④。进而，关于"义利之辨"这一问题，陆九渊认为，动机只要是出于"义"不出于"利"即可，并不需要在结果上避免"利"。1181年，朱熹邀请陆九渊

---

① 《陆九渊集》卷三十二。
② 《陆九渊集》卷五。
③ 《陆九渊集》卷三十六。
④ 《陆九渊集》卷三十五。

在自己所建的白鹿洞书院讲演《论语》"君子喻于义，小人喻于利"这一章，在这场演讲中，陆九渊强调了动机的重要性，他讲："人之所喻，由其所习，所习由其所志。志乎义，则所习者必在于义，所习在义，斯喻于义矣。志乎利，则所习者必在于利，所习在利，斯喻于利矣。故学者之志，不可不辨也。"陆九渊还以读书人科举考试求取功名为例，认为读圣贤书这个美好的行为，若是以提升自己的精神境界为目标，由此参加科举考试，一定能勤政爱民，建功立业，即谓："专志乎义而日勉焉，博学审问，慎思明辨而笃行之。由是而进于场屋，其文必皆道其平日之学、胸中之蕴，而不诡于圣人。由是而仕，必皆供其职，勤其事，心乎国，心乎民，而不为身计。其得不谓之君子乎"[①]。反之，如果读书仅仅以求取功名、获得利益为目标，那即使终日读圣贤书也不能称之为君子，即谓："则终日从事者，虽曰圣贤之书，而要其志之所向，则有与圣贤背而驰者矣。推而上之，则又惟官资崇卑、禄廪厚薄是计，岂能悉心力于国事民隐，以无负于任使之者哉？"[②]陆九渊在这场演讲中严厉批判了为功利读书的不良风气，据记载，当时不仅感动了在场的读书人，也感动了朱熹。陆九渊的关于义利关系的认识，在一定程度上可以防止程朱"存天理，灭人欲"流向禁欲主义。

---

① 《陆九渊集》卷二十三。
② 《陆九渊集》卷二十三。

王阳明对心学的系统建构

陆九渊过世之后，"心学"在发展态势上不如程朱理学，趋于沉寂。到了明朝中期，程朱理学发展的颓势显现出来，日渐僵化、繁琐，对道德人心的维系作用也在日益减弱。与此同时，陆九渊的心学思想在王阳明的重新倡导和发扬下，声誉日隆。王阳明本名王守仁，自号阳明子。他本来信奉朱熹"格物穷理"的修养工夫，但有两件事促使他的立场发生了转变，一次是他按照朱熹的方法在庭院"格"竹子，他以庭前竹子为对象，苦思冥想了七天，除了疲累一无所获；再有一次，王阳明被贬至贵阳龙场，在困苦的环境中王阳明进行换位思考，想到如果圣人处于自己的境地将会如何作为，恍然大悟，"始知圣人之道，吾性自足，向之求理于事物者误也"①，史称"龙场悟道"。"龙场悟道"之后，王阳明转而认同陆九渊"心即理"的理念，并进一步提出了"心外无理"的思想。

王阳明所讲的"理"同陆九渊一样，不是指"物理"，而是指道德法则和人伦规范。关于道德法则和人伦规范都源于"本心"的理念，王阳明的学生徐爱曾提出过疑惑："至善只求诸心，恐于天下事理有不能尽。……如事父之孝，事君之忠，交友之信，治民之仁，其间有许多理在，恐亦不可不察。"②对

---

① 《阳明全书》卷三十二。
② 《阳明全书》卷一。

此，王阳明告诉学生：道德法则并不存在道德对象身上，"事父，不成去父上求个孝的理？事君，不成去君上求个忠的理？交友治民，不成去友上、民上求个信与仁的理？都只在此心，心即理也。"①当徐爱继续追问是否需要学习待人接物的具体礼节时，王阳明以"事父"为例，讲了自己的见解："此心若无人欲，纯是天理，是个诚于孝亲的心，冬时自然思量父母的寒，便自要去求个温的道理；夏时自然思量父母的热，便自要去求个清的道理。"②也就是说，如果个体的"心"能够回复到"本心"的纯良至善，对待父母，明了"孝"之理，从本心出发，自然会做出符合孝道的适宜举动。任何礼仪细节只有与它背后的伦理精神联系起来，才有意义，只是纠缠礼仪细节是否到位，无异于舍本逐末，"理也者，心之条理也。是理也，发之于亲则为孝，发之于君则为忠，发之于朋友则为信。千变万化，至不可穷竭，而莫非发于吾之一心"③。进而，王阳明讲："心外无物，心外无事，心外无理，心外无义，心外无善。"④需要说明的是，这句话中的"物"与"事"是同意语，"物"就是"事"，就是人的活动，"如意在于事亲，即事亲便是一物；意在于事君，即事君便是一物；意在于仁民爱物，即仁

---

① 《阳明全书》卷一。

② 《阳明全书》卷一。

③ 《阳明全书》卷八。

④ 《阳明全书》卷四。

民爱物便是一物；意在于视听言动，即视听言动便是一物"①。既然朱熹认为这些都源于本心，"身之主宰便是心，心之所发便是意，意之本体便是知，意之所在便是物"②，那么，"格物致知"就不是要格外物、去外求，而是"致者，致此也；格者，格此也。"③其落脚点在于"去其心之不正，以全其本体之正"④，"格者，正也。正其不正，以归于正也"⑤。如果说陆九渊在定位"本心"时，偶尔还会将本体论和价值论混为一谈的话，那么王阳明则将象征天理的"本心"完全转移到了价值论上，转向了一种内向性的立场。

王阳明对"心学"的贡献，除了对"本心"定位比陆九渊更清晰之外，还表现在他把《孟子》的"良知"也接续过来，孟子提出"人之所不学而能者，其良能也；所不虑而知者，其良知也。孩提之童无不知爱其亲者，及其长也，无不知敬其兄也"⑥，可见，在孟子那里，"良知"是"不学""不虑"的先验道德意识，王阳明继承这种说法，并且进一步把"良知"定位成本心之本，即"心者身之主也，而心之虚灵明觉，即所谓本然

---

① 《阳明全书》卷一。

② 《阳明全书》卷一。

③ 《阳明全书》卷二。

④ 《阳明全书》卷一。

⑤ 《阳明全书》卷一。

⑥ 《孟子·尽心上》。

之良知也"①。良知作为本心之本，通过心性修养，便可以使良知呈现出来，这个过程王阳明称其"致良知"，这个词是《大学》"致知"和孟子"良知"的结合，王阳明讲："'致知'云者，非若后儒所谓充广其知识之谓也，致吾心之良知焉耳。"②王阳明在晚年把"致良知"的路径概括为四句话："无善无恶是心之体，有善有恶是意之动，知善知恶是良知，为善去恶是格物"③，这四句话被人们称作"王门四句教"。

"致良知"在王阳明心学体系中，主要包含两层意思：一是指充分扩充天赋的"良知"，二是指把良知付诸到实践中去，他说："吾心之良知，即所谓天理也。致吾心良知之天理于事事物物，则事事物物皆得其理矣。"④这样一来，"致良知"实际牵扯的便是"知行关系"问题，这是宋明理学讨论的核心话题之一，王阳明基于"致良知"的理念提出了对知行关系的新见解，即：知行合一。"合一"指的是知、行互为表里，知行不可分。王阳明反对程朱理学界定知、行的逻辑先后顺序，他认为若强调"知先行后"容易导致"终身不行"，尤其联系当时科举考试的状况，很多读书人只是为了谋取功名，而并没有在实践中落实圣贤之道的打算，王阳明认为"此不是小病痛，其

---

① 《阳明全书》卷二。
② 《阳明全书》卷二十六。
③ 《阳明全书》卷三。
④ 《阳明全书》卷二。

来已非一日矣。某今说个知行合一，正是对病的药"①。在王阳明看来，知、行难以分先后，他举例说："见好色属知，好好色属行。只见那好色时已自好了，不是见了后又立个心去好。闻恶臭属知，恶恶臭属行。只闻那恶臭时已自恶了，不是闻了后别立个心去恶。"②由此，王阳明认为"一念发动处，便即是行了"③。总之，在王阳明的视野中，知行没有先后之分，知中有行，行中有知，"知行之合一并进而不可以分为两节事矣"④。但是，在生活实践中，确实存在着知行不一致的情况，例如，有人尽管懂得孝悌之道，但是却做不到孝悌，对此情形，王阳明的解释是："此已被私欲隔断，不是知行的本体了。未有知而不行者。知而不行，只是未知。圣贤教人知行，正是要复那本体。"⑤

　　王阳明提出"知行合一"的本意是纠正"只知不行"的不良社会风气，因而，他的理论重心实际上放到了"行"这一方面，在他的思想体系中，"行"比"知"更重要，"行是知之成"⑥，"就如称某人知孝、某人知弟，必是其人已曾行孝行弟，方可称他知孝知弟，不成只是晓得说些孝弟的话，便可称为孝

_____

① 《阳明全书》卷一。
② 《阳明全书》卷一。
③ 《阳明全书》卷三。
④ 《阳明全书》卷二。
⑤ 《阳明全书》卷一。
⑥ 《阳明全书》卷一。

弟"①。而且，王阳明认为，只有通过"行"，才能获得深入的"知"，王阳明举例说："知痛，必已自痛了方知痛；知寒，必已自寒了；知饥，必已自饥了。"②所以，王阳明倡导"人须在事上磨炼"③。在这种理念的指导下，王阳明不仅是个思想家，更是一位实干家，他历任贵州龙场驿丞、庐陵知县、右佥都御史、南赣巡抚、两广总督、南京兵部尚书、左都御史等职，接连平定南赣、两广盗乱及朱宸濠之乱，获封新建伯，成为明代凭借军功封爵的三位文臣之一。

　　"心学"在没有得到官方扶持、没有被纳入科举考试的情况下，依然获得大批读书人的追随，形成了"以良知之说觉天下，天下靡然从之"④的局面，实属难得。其学术魅力主要在于，心学以简易直接的道德修养理论和方法打破了程朱理学的繁琐、僵化，更加注重个体的道德自律，高扬了人的主体性，正如王阳明所强调的那样："夫学贵得之心。求之于心而非也，虽其言之出于孔子，不敢以为是也，而况其未及孔子者乎！求之于心而是也，虽其言之出于庸常，不敢以为非也，而况其出于孔子者乎！"⑤"心学"的这些理念，在当时的社会状况下，颇有进步意义。王阳明之后，"心学"的发展逐渐异化，出现了

①《阳明全书》卷一。

②《阳明全书》卷一。

③《阳明全书》卷三。

④《阳明全书》旧序。

⑤《阳明全书》卷二。

空谈心性、脱离实际的理论偏差。这种异化在一定程度上催生了实学思潮的产生，"心学"对道德主体意识的高扬，被实学思潮的倡导者转化为强烈的社会责任感和历史使命感，转化为平治天下的实行、实功。

（三）实学思潮

明朝中叶至清朝中后期，伴随着社会政治经济领域的变动与转轨，以及"西学东渐"的影响，针对"理学"的僵化和"心学"的空疏，思想界兴起了一股对儒家文化传统和价值观念进行反思批判的思潮，这股思潮舍虚务实，以"经世致用"为特征，崇尚实际、实效、实用，学界一般称之为"实学"。"实学"从"程朱理学"或"陆王心学"中分化而来，其对儒学的批评是来自儒学内部的自我批判和自我建构。实学思潮发展的鼎盛时期在明清之际，这一时期最有代表性的思想家主要有王夫之、黄宗羲和颜元。

王夫之的实学思想

王夫之推崇张载，他认为"张子之学上承孔孟之志，下救来兹之失"。而张载是"北宋五子"之一，"北宋五子"又常被视为"程朱理学"的渊源，且王夫之也将理、气关系作为立论的基点，因此，王夫之可以被看作是从"程朱理学"系统中分化出来的"实学"思潮的代表。

在本体论方面，王夫之发展了张载"气"的学说，但王夫之"气"论与张载"气"论的理论建构初衷不同，张载进行理论建构的主要目的是以"气"的实在性来批判佛教、道教的虚无主义和出世主义，同时为儒家伦理寻求理论依据，所以张载的"气"论带有伦理价值的意义，关注做人的道理。而王夫之生活在明末清初，他的主要任务是把人从宋明理学空谈心性的状态中唤醒，引导人关注现实世界，所以王夫之的"气"本体论，其目标在于"经世致用"，而不再是宋明理学的"穷理尽性"。王夫之认为客观世界是真实的存在，客观实在的本体便是"气"，他说："阴阳二气充满太虚，此外更无他物，亦无间隙，天之象，地之形，皆其所范围也。"①王夫之认为，气的聚散须遵循一定的规律，这个规律便是"理"。他不认同程朱理学家"理在气先"的观念，而认为"理在气中"，他说："理只是以象二仪之妙，气方是二仪之实。健者，气之健也；顺者，气之顺也。天人之蕴，一气而已。从乎气之善而谓之理，气外更无虚托孤立之理也"②，"理即是气之理，气当得如此便是理，理不先而气不后"③。在王夫之看来，"理"不是本体，"气"才是本体，不存在离开"气"的"理"。既然以"气"为本体，这便意味着王夫之对陆王心学的"心外无物"也持否定的态度。

在"理在气中"的基础上，王夫之进一步探讨了"道"与

①《张子正蒙注》卷一上。

②《读四书大全说》卷十，见《船山全书》（第六册）。

③《读四书大全说》卷十，见《船山全书》（第六册）。

"器"的关系，得出"道在器中"的结论，这里的"器"指的是由"气"构成的具体事物，"器"是"气"的存在状态。王夫之不仅强调"气"的本体性，更关注"器"的实在性，他认为"天下惟器而已矣"①。这样，其理论建构的重点便从"理气关系"转化为"道器关系"。既然"理在气中"，而"道"是"理"的别称，那么便意味着"道在器中"，"道"不能单独存在，离"器"无"道"，即谓："道者器之道，器者不可谓之道之器也。……无其器则无其道"②。由此，王夫之对《周易·系辞》"形而上者谓之道，形而下者谓之器"作出了新的解释，王夫之一方面认可"形而上"与"形而下"的分法，另一方面他又认为："形而上者，非无形之谓，既有形矣。有形而后有形而上。无形之上，亘古今，通万变，穷天穷地，穷人物，皆所未有者也。"这段话的意思是说，"形上""形下"都必须从"形"开始，"形上"作为一类事物的"当然之道"必须依附于这一类具体事物，"形上"也不可能离开具体事物而单独存在，"上下无殊畛，而道器无异体"③，形上形下的界限是相对的。总之，王夫之关于理气关系、道器关系的理念，把人们的目光引向了真实的客观世界，引向了具体事物，这种"气"本体论的建立，为经世致用的实学思潮提供了坚实的哲学基础。

在知行关系方面，与程朱理学和陆王心学将"行"仅理解

①《周易外传》卷五，见《船山全书》（第一册）。
②《周易外传》卷五，见《船山全书》（第一册）。
③《周易外传》卷五，见《船山全书》（第一册）。

成道德践履不同，王夫之则将"行"扩大到人的一切实践活动，"知"也不再局限于道德认知，而是转变为对客观事物的认知。基于这一理解，王夫之没有从价值理性的角度来界定知行关系，而是从知识论的角度来界定知行关系。他既不认可理学家的"知先行后"，也不认可心学家的"知行合一"，而是强调"行"是"知"的基础，主张"行先知后"。王夫之认为，人只有在"行"的基础上才能获得真知，例如，"饮之食之，而味乃知[①]，"而且，王夫之认为，只有在"行"的过程中，"知"才能"日进于高明而不穷"[②]，不断得以深化。在王夫之看来，"行"不仅是"知"的来源，而且是检验真知的尺度，反过来则不成立，即"且夫知也者，固以行为功者也。行也者，不以知为功者也。行焉可以得知也，知焉未可以收行之效也"[③]。由此，王夫之反对仅在心性上做工夫，而主张经世致用，在他看来，"知之尽，则实践之而已。实践之，乃心所素知，行焉皆顺，故乐莫大焉。"[④]

对理学家"存天理、灭人欲"的主张，王夫之同样持否定的态度。他基于"理在气中""道在器中"的哲学理念，认为理、欲并不对立，提出了"理寓于欲"的观点，即"私欲之中，

---

① 《四书训义》卷二，见《船山全书》（第七册）。

② 《思问录·内篇》，见《船山全书》（第十二册）。

③ 《尚书引义》卷三，见《船山全书》（第二册）。

④ 《张子正蒙注·至当》。

天理所寓"①。在王夫之看来，人的正常欲望应该得到满足，这是人生存下去的前提，而"人理"又必须依附"人"才能存在，所以，"天理充周，原不与人欲相为对垒"②。此外，王夫之认为，天理作为规范人欲的伦理规则，也必须通过人欲才能显现，即谓："礼虽纯为天理之节文，而必寓于人欲以见……故终不离人而别有天，终不离欲而别有理也。"③

在历史观方面，儒学旧说往往以古为法，言必称尧舜，而王夫之则持反对态度，主张贵今贱古。他认为讲历史要有根据，"凡论事者，违实不引效验，则虽甘义繁说，众不见信。论圣人不能神而先知，先知之间，不能独见，非徒空说虚言，直以才智准况之工也，事有证验，以效实然"④。基于此，王夫之认为，传统儒学所推崇的尧、舜、禹，以及三代之治，究竟是什么样子，难以考证，所以他反对盲目崇拜那个时期。在政治制度方面，鉴于当时还有人赞赏夏商周三代所实行的分封制，王夫之以历史事实批判了这种观点，他说："两端争胜，而徒为无益之论者，辨封建者是也。郡县之制，垂二千年而弗能改矣，合古今上下皆安之，势之所趋，岂非理而能然哉？"⑤王夫之认为，郡县制既然能实行近两千年，就证明了其合理

---

① 《四书训义》卷二十六，见《船山全书》（第八册）。

② 《读四书大全说》卷六，见《船山全书》（第六册）。

③ 《读四书大全说》卷八，见《船山全书》（第六册）。

④ 《论衡·知实》。

⑤ 《读通鉴论》卷一，见《船山全书》（第十册）。

性，再去争辩分封制的好处没有意义。在政治伦理方面，王夫之的思想也展示出了那个时代难得的进步性，他表达了对君主专制的不满，他说："一姓之兴亡，私也；而生民之生死，公也。"①他心目中理想的社会状态是"不以一人疑天下，不以天下私一人"②。

王夫之读书著述四十余年，留下四百余卷著作，在他的著作中，几乎对宋明理学的各种思想观念都进行了讨论，对各种哲学问题都提出了唯物主义的解决方法，在一定程度上可以说，他的思想达到了中国古代唯物主义的最高峰。

黄宗羲的实学思想

黄宗羲可以看作是从"陆王心学"系统分化出来的"实学"思潮的又一代表。他的著作主要有《宋元学案》《明儒学案》《明夷待访录》等。他仍然将"心"作为本体，提出了"盈天地皆心也"③的观点，但同时，他又对"心"作了不同于陆王心学的理解，主要体现在两个方面：其一，王阳明认为"心"还需要一个本体的落脚点——"良知"，但是黄宗羲却认为"心无本体，工夫所至，即其本体"④。他指出："理不可见，见之于

---

① 《读通鉴论》卷十七，见《船山全书》（第十册）。

② 《黄书·宰制》，见《船山全书》（第十二册）。

③ 《明儒学案·自序》。

④ 《明儒学案·自序》。

气；性不可见，见之于心；心即气也。"①这样，养心的工夫就变成了"养气"，这种观念来自于孟子的"养浩然之气"，即谓："养气之后，则气化为知，定静而能虑，故知言、养气，是一项工夫"②，"养气即是养心"③。其二，陆王心学认为，"本心"作为人的先验的道德意识，是至纯至善、永恒不变的存在。黄宗羲则认为"心无本体"，这实际上是否定了"心"之内还有"本心"的理念，进而也就否定了"心"的一成不变。黄宗羲认为"心"处于变化不测之中，即"变化不测，不能不万殊"④，这实际上是动摇了封建伦理秩序天经地义的根基。既然心"变化万殊"，黄宗羲认为人的思想也必然随之变化万殊，对圣贤经典的领悟，亦无需固守教条，而是要有自己的理解，否则对提升道德修养毫无用处，即"先儒之语录，人人不同，只是印我之心体，变动不居，若执定成局，终是受用不得"⑤，黄宗羲的这种思想是当时工商业发展所带来的思想解放的反映。

　　黄宗羲思想的进步之处还体现在他洞察到了当时社会的种种弊端，并予以批判。例如：黄宗羲批判了宋明儒者空谈性理的作风，他认为宋明儒"假其名以欺世。……一旦有大夫之忧，

①《孟子师说》卷二，见《黄宗羲全集》（第一册）。
②《孟子师说》卷二，见《黄宗羲全集》（第一册）。
③《孟子师说》卷二，见《黄宗羲全集》（第一册）。
④《明儒学案·自序》。
⑤《明儒学案·自序》。

当报国之日，则蒙然张口，如坐云雾，世道以是潦倒泥腐"[1]；
黄宗羲提出了"工商皆本"的思想，他批判说："世儒不察，
以工商为末，妄议抑之。夫工固圣王之所欲来，商又使其愿出
于途者，盖皆本也"[2]；黄宗羲对君主专制进行了大胆抨击，倡
导民本主义，他说："然则为天下之大害者，君而已矣"[3]"然则
其所谓法者，一家之法，而非天下之法也"[4]"盖天下之治乱，
不在一姓之兴亡，而在万民之忧乐"[5]。为了打破"桎梏天下人
之手足"[6]的君主专制，黄宗羲在《明夷待访录》中设计了他心
目中理想的政治制度：加重宰相的职权，使其有能力约束世袭
君主的权力，"其后天子传子，宰相不传子。天子之子不皆贤，
尚赖宰相传贤足相补救，则天子亦不失传贤之意"[7]；增补学校
的功能，赋予其评议政治的权力，学校领导不由皇帝任免，而
由学校评议决定，这样一来，"天子之所是未必是，天子之所
非未必非，天子亦遂不敢自为非是，而公其非是于学校"[8]。黄
宗羲所设计的这套君主、宰相、学校相结合的政权运行机制，
深含民本气息。

---

① 《赠编修弁玉吴君墓志铭》，见《黄宗羲全集》（第二十册）。

② 《明夷待访录·财计三》。

③ 《明夷待访录·原君》。

④ 《明夷待访录·原法》。

⑤ 《明夷待访录·原臣》。

⑥ 《明夷待访录·原法》。

⑦ 《明夷待访录·置相》。

⑧ 《明夷待访录·学校》。

基于"经世致用"的理念，在史学研究方面，黄宗羲倡导经世史学。所谓"经世史学"，即治史应着眼于经世，通过研究历史、考察古代的典章制度，来总结历史经验，为当世社会治理提供借鉴。同样，黄宗羲也认为治世亦应"必兼读史"，即谓"明人讲学，袭语录之糟粕，不以六经为根柢，束书而从事于游谈，故受业者必先穷经。经术所以经世，方不为迂儒之学，故兼令读史"①。黄宗羲所开创的经世史学之新风，对破除教条主义，矫正学界空谈、繁琐的风气大有裨益。此外，黄宗羲对自然科学也颇有研究，他撰写了《授时历故》《大统历推法》《开方命算》《测图要义》等，为推动中国古代自然科学成果的保存和发展做出了贡献。

颜元等人的实学思想

如果说王夫之、黄宗羲的实学思想尚属于来自理学内部的修正，那么，兴起于北方的由颜元以及他的学生李塨所创立的"颜李学派"，则是从理学外部对理学的抨击。正因为来自理学外部，所以他们的实学思想对宋明理学空疏风气的批判更为尖锐。

为批判宋明理学的僵化与空疏，颜元首先摘下了宋明理学家自诩的光环，理学家们重视道统，常以孔孟的传承人自居，而颜元则指出：理学"集汉、晋、释、老之大成"，并非"尧、

---

① 《梨洲先生神道碑铭》，见《明夷待访录》。

舜、周、孔之正派"①，甚至认为"宋儒之学，平心论之，支离章句，染痼释、老，而自居于直接孔、孟，不近于伪乎?"②他认为这种"伪学"对儒学的伤害比佛、道等所谓异端的伤害更大，即谓："天下宁有异学，不可有假学;异学能乱正学，而不能灭正学，有似是而非之学，乃灭之矣。"③颜元认为宋明理学空谈玄理，不能解决实际问题，于家国社会无用，他讲："居不习兵、农、礼、乐之业，出不建富民、教民之功"④"分毫无益于社稷生民，分毫无功于疆场天地"⑤。颜元不认同宋明理学家"读书穷理"以及"主静"的道德修养工夫，他认为理学家所倡导的这种修养工夫让人缺乏运动，会导致精神萎靡、筋骨疲软，正所谓"今天下兀坐书斋人，无一不脆弱，为武士、农夫所笑者，此岂男子态乎"⑥。而且颜元认为，如果只在书籍中用功而缺乏对社会的了解和对苍生的体察，所学知识便根本无法经世致用。故而，颜元讲："千余年来率天下人故纸堆中，耗尽身心气力，作弱人、病人、无用人者。"⑦颜元指出："误人才、败天下事者，宋人之学。"⑧可见，颜元反对理学

①《存学编·上太仓陆桴亭先生书》，见《颜元集》。

②《颜习斋先生年谱》卷下，见《颜元集》。

③《颜习斋先生年谱》卷下，见《颜元集》。

④《四书正误》卷四，见《颜元集》。

⑤《四书正误》卷六，见《颜元集》。

⑥《存学编卷三·性理评》，见《颜元集》。

⑦《四书正误》卷六，见《颜元集》。

⑧《颜习斋先生年谱》，见《颜元集》。

空谈玄理、死读书本、脱离实际的态度十分坚决。

　　与宋明理学的空疏相反，颜元"以实为贵"，他讲："天地所生以主此气机者，率皆实文、实行、实体、实用，卒为天地造实绩，……亦必终身尽力于文、行、体、用之实。"①基于此，颜元对"格物致知"作出了新的解释，他认为"格物谓犯手实做其事"②，在颜元的视野中，"格"是"'手格猛兽'之格，'手格杀之'之格，乃犯手捶打搓弄之义"③；对于"致知"，颜元解释说："今言致知者，不过读书、讲问、思辨已耳，不知致吾知者，皆不在此也。譬如欲知礼，任读几百遍礼书，讲问几十次，思辨几十层，总不算知。直须跪拜周旋，捧玉爵，执币帛，亲下手一番，方知礼是如此，知礼者斯至矣。譬如欲知乐，任读谱几百遍，讲问、思辨几十层，总不能知。直须搏拊击吹，口歌身舞，亲下手一番，方知乐是如此，知乐者斯至矣。"④可见，在颜元看来，只有实地去做才有可能获得真知。颜元建议"吾辈只向习行上做工夫，不可向言语、文字上著力"⑤，因而，颜元的哲学也被世人称之为"习行"哲学。

　　关于义利关系，颜元反对"重义轻利"的传统观念，他将"利"界定为"行"的结果，认为任何人做事情必然都会期盼

---

① 《存学编·上太仓陆桴亭先生书》，见《颜元集》。
② 《颜习斋先生言行录》，见《颜元集》。
③ 《习斋记余》，见《颜元集》。
④ 《四书正误》，见《颜元集》，北京：中华书局，1987年，第159页。
⑤ 《颜习斋先生言行录·王次亭第十二》，见《颜元集》。

所做之事可以达到预期目的，颜元举例说："世有耕种，而不谋收获者乎？世有荷网持钩，而不计得鱼者乎？"[1]所以，颜元认为"利者，义之和也"[2]，由此，他反对汉儒、宋儒所倡导的"正其谊不谋其利，明其道不计其功"的理念，在他看来，"全不谋利计功，是空寂，是腐儒"[3]。

　　颜元的理论在逻辑性与思维深度上尽管不及王夫之，但是他关于经世致用的态度更为鲜明，他对宋明理学的批判也更坚决。颜元的学生王源曾称赞其"说尽后儒之弊"[4]"开二千年不能开之口，下二千年不能下之笔"[5]。梁启超亦曾盛赞颜元"其见识之高，胆量之大，我敢说从古及今未有其比"[6]。

　　历史进入康熙中期，伴随着社会矛盾的缓和以及中央文化政策的调整，明清之际蓬勃兴起的实学思潮开始趋于平淡，以考据古籍为主的朴学在学界占据了主体地位。从嘉庆后期开始，清王朝所面对的内忧外患越来越多，社会又开始向乱世滑落，统治者无暇顾及文化领域，文化专制的气氛也因而日益减弱。一些深具社会责任感、忧国忧民的知识分子重提"经世致用"，希望能够有所作为以救世，这样，在道光咸丰年间，实

---

①《颜习斋先生言行录》，见《颜元集》。

②《四书正误》，见《颜元集》。

③《颜习斋先生言行录》，见《颜元集》。

④《颜氏学记》卷八。

⑤《颜氏学记》卷八。

⑥梁启超：《中国近三百年学术史》。

学思潮再次发展到高峰。这一时期的代表人物主要有龚自珍、魏源等人。

　　龚自珍对社会矛盾感受深刻，他运用《公羊春秋传》的"三世说"所包含的"变"的理念来分析时局变化，批判专制、倡导变革；他反对"存天理、灭人欲"的理学观念，勇敢地为个体利益的合法性作辩护；他鼓励人们大胆探索，倡导"大言不畏，细言不畏，浮言不畏，挟言不畏"[①]的勇气；他既反对宋明理学空谈性理，又批评乾嘉朴学的烦琐考据，提倡经世致用。晚清学人程秉钊这样评价龚自珍："近数十年来，士大夫诵史鉴，考掌故，慷慨论天下事，其风气实定公（龚自珍）开之。"[②]

　　魏源是龚自珍的好友，过世时间晚于龚自珍，因而比龚自珍经历了更多的社会变革，另外，相较于龚自珍，他对西方有更多的了解。他主张"师夷长技以制夷"，并提出了经世致用的四项原则：一是"事必本夫心"，但"善心者必验于事"，不能离客观而专靠主观；二是"法必本人"，但"善言人者必有资于法"，不能离工具法度而恃聪明；三是"今必本夫古"，但"善言古者必有验于今"，不能离开现代而谈古代；四是"物必本夫我"，但"善言我者必有乘于物"，不能离别人的意见而专凭自己的意见。[③]在知行观方面，他认为"知"从"行"

---

① 《平均篇》，见《定庵文集》（全二册）。

② 见国学扶轮社本《龚定庵全集》中《定庵文集》卷下。

③ 冯友兰：《中国哲学史新编》（下），北京：人民出版社，2007年第2版，第333页。

来，即谓"披五岳之图，以为知山，不如樵夫之一足；谈沧溟之广，以为知海，不如估客之一瞥"①。在历史观方面，他不拘泥复古，而是从进化的角度看待历史变迁。魏源学问广博，在哲学、历史、地理等方面都留下了重要著作，他开启了向西方学习的新潮流，是明清实学思潮的终结者，是中国思想从传统转向近代的里程碑式的人物。

（四）乾嘉朴学

前文提到，明清之际蓬勃兴起的实学思潮，至康熙中期以后便日趋平淡，代之而起的是以考订古籍为主的朴学，朴学在乾隆、嘉庆年间达到鼎盛，故这一时期的朴学，也常被学界称之为乾嘉朴学。朴学之所以能在这一时期占据主导，与当时的政治文化环境有密切关系。从康熙中后期开始，清朝平定了内外叛乱，社会矛盾趋于缓和，统治者为了进一步巩固统治，一方面大力复兴程朱理学，重用理学大师，另一方面，又对知识分子采取怀柔与高压相结合的手段，既通过科举考试、典籍编纂等方式招揽知识分子，又对异见分子实施文字狱，进行政治打压。同时，自雍正时期开始，清朝实行闭关锁国的政策，亦干扰了中西文化交流。各种因素综合在一起，消磨了知识分子的意志，束缚了他们针砭时弊的热情。

---

① 《默觚》，见《魏源集》（全二册）。

　　乾嘉朴学以考据为主要方法，其考据对象广泛，他们不仅对儒家经书的字音、字义、名物、版本进行考证，而且将考据对象扩大到历史、地理、天文、算学、音律、典章制度等方面。在全盛时期，朴学分化成吴、皖两派，代表人物分别是惠栋和戴震，戴震尚具有一定的民主启蒙精神，他批判过理学"以理杀人"。但除戴震之外，其他朴学大师，例如戴学一派的段玉裁、王念孙、王引之等人，吴派惠栋及其门人王鸣盛、钱大昕等人，均终生从事纯粹的考据工作。以考据为方法和目标的朴学既不同于阐发"心性义理"的理学，也不同于讲求"经世致用"的实学，朴学家只是投身于古籍的整理和考订之中，可以说既不讲内圣，也不讲外王，其脱离实际的弊端是显而易见的。

　　尽管如此，乾嘉朴学在推动中华文化传承与发展方面仍然作出了重要贡献。显性的贡献主要表现为：他们在古籍的搜补辑佚、辨伪校勘、整理保存等方面取得了辉煌成果，这毫无疑问夯实了文化传承的基础；隐性贡献则体现在他们所做的工作实际上为客观对待儒家思想提供了条件。这正如朴学家自己所说的那样："以六经孔孟之旨，还之六经孔孟，以程朱之旨，还之程朱，以陆王佛氏之旨，还之陆王佛氏，俾陆王不得冒（假冒）程朱，释氏不得冒孔孟。"①朴学的考据思路是"复原"和"辨伪"，把儒家经典作为客观研究的对象，进行审视和怀

---

①《戴东原先生年谱》，见《戴东原集》附录。

疑，这种研究思路与方法本身在一定程度上便是对儒学权威性的消解。而且，在考据的过程中，有些经典著作被认定为"伪作"或部分"伪作"，这实际上也对封建意识形态构成了冲击。借用李泽厚评价戊戌变法代表人物康有为的一段话，便可以揭示出乾嘉朴学所具备的这种思想史意义："如果这些为统治者奉之为封建专制制度的理论根据的神圣典籍实际上并不算什么根据，并且还恰恰相反，它们只不过是某个刁滑的野心家伪造的恶劣的赝货；那么，这一专制制度统治本身的存在不也就完全失去足够的理由和根据了么？"①

---

① 李泽厚：《中国近代思想史论》，北京：人民出版社，1979年，第167页。

第四章

近代以来对中华传统文化的批判和反思

　　1840年的鸦片战争是中国步入近代的标志性事件，伴随着帝国主义的入侵，中国沦为了半殖民地半封建社会。为了救亡图存，有识之士开始对中国社会进行全面反思，最深刻的反思便是对思想文化的反思。这对以儒学为主干的中华传统文化是挑战，更是机遇；是痛苦的，也是有益的。在太平天国、维新变法、辛亥革命、五四新文化运动等种种社会激荡下，人们得以更清醒地认识我们的文化传统，传统文化也在不断回应时代课题的过程中获得了走向新生的契机。

一、新文化运动之前对传统文化的批判反思

　　近代中国，内忧外患。对内来说，政治黑暗，民生凋敝，社会危机四伏；对外来说，"欧洲诸国，百十年来由印度而南洋，由南洋而东北，闯入中国边界腹地，凡前史之所未载，亘古之所未通"①，古老的中国面对的是数千年来未有之强敌，迎来的是数千年未有之变局。中国该怎么办，如何救亡图存，对这一问题的思考在鸦片战争前夕即已开始，思考首先来自于儒

---

① 《同治十一年五月十五日李鸿章折》，见《中国近代史资料丛刊·洋务运动》第5册，上海：上海人民出版社，1961年，第119页。

家学者中有革新意识的人物，龚自珍、魏源就是其中的杰出代表。当时，龚自珍便发出了自我革新的心声，他说："一祖之法无不敝，千夫之议无不靡，与其赠来者以劲改革，孰若自改革?"[①]此外，魏源作为倡导向西方学习的第一人，他从中西比较这一更宏阔的视野积极探索中国文化的出路，他批判汉学、宋学的空疏无用，认为儒学应该关心现实，成为有用之学。关于二人的学说特点在上一章"实学思潮"部分已有论及，这里不再赘述。尽管龚自珍和魏源的构想并不周全，在当时的社会环境中也没有实践的契机，但是他们思想中所包含的新思想的萌芽，其启蒙意义不容低估，正如梁启超所言："数新思想之萌蘖，其因缘固不得不远溯龚、魏。"[②]

（一）太平天国运动对儒学的摧残

1851年，洪秀全发动了金田起义，太平天国农民革命运动开始。洪秀全受西方传教士的影响，信奉基督教，他称基督教为"拜上帝教"，并利用传教来组织农民，为其革命服务。当然，洪秀全所信奉的这个"拜上帝教"是经过他结合中国文化改造后的基督教，其中既遗存有中国传统伦理纲常，也有一些原始迷信思想。他的宗教观念主要体现在《原道救世歌》《原

---

① 《乙丙之际箸议第九》，见《龚自珍全集》。
② 《论中国学术思想变迁之大势》。

道醒世训》和《原道觉世训》三篇文章中。洪秀全认为西方的
"长技"在于基督教，向西方学习，就是要信基督教。为此，
他称孔孟诸子百家为妖书邪说，主张"凡一切孔孟诸子百家妖
书邪说者尽行焚除，皆不准买卖藏读也，否则问罪也"[①]。他试
图以上帝来对抗孔子，以《圣经》来对抗儒家经典。所以，尽
管洪秀全宗教思想中保留了一些传统元素，比如宗法观念、原
始迷信等，但这些主要是传统文化的糟粕，他对儒学的否定，
实际上是一种纯外部的否定，并没有从中国人的思想深处动摇
中国人对儒学和孔子的认同。1864年，太平天国运动因为内
讧和清政府的镇压而失败，极端的排孔运动也就随之中止了。

（二）曾国藩对儒学的护卫

　　平定太平天国运动的领头人是曾国藩。曾国藩与太平天国
的斗争，既是军事斗争，也是一场思想文化上的斗争。曾国藩
在《讨粤匪檄》中讲到："自唐虞三代以来，历世圣人，扶持
名教，敦叙人伦，君臣父子，上下尊卑，秩然如冠履之不可倒
置。粤匪窃外夷之绪，崇天主之教，自其伪君伪相，下逮兵卒
贱役，皆以兄弟称之。谓惟天可称父，此外凡民之父，皆兄弟
也；凡民之母，皆姊妹也。农不能自耕以纳赋，而谓田皆天王

---

① 《诏书盖玺颁行论》，见《中国近代史资料丛刊·太平天国》第1册，上海：
　　上海人民出版社，1957年，第313页。

之田；商不能自贾以取息，而谓货皆天王之货；士不能诵孔子之经，而别有所谓耶苏之说、《新约》之书。举中国数千年礼义人伦、诗书典则，一旦扫地荡尽。此岂独我大清之变，乃开辟以来名教之奇变，我孔子、孟子之所痛哭于九原！凡读书识字者，又乌可袖手安坐，不思一为之所也！"①从这段话中，我们便可以感受到，曾国藩讨伐太平天国不仅仅是为了维护清政府，而且是为了维护中华文化的主体地位。对洪秀全破坏中华文化的举动，曾国藩非常痛恨，他举例斥责说："李自成至曲阜，不犯圣庙；张献忠至梓潼，亦祭文昌。粤匪焚郴州之学宫，毁宣圣之木主，十哲两庑，狼藉满地。嗣是所过郡县，先毁庙宇。即忠臣义士，如关帝、岳王之凛凛，亦皆污其宫室，残其身首。以至佛寺、道院、城隍、社坛，无庙不焚，无像不灭。斯又鬼神所共愤怒，欲一雪此憾于冥冥之中者也。"②从中华文化传承的角度来看，曾国藩对太平天国的反击，有抵制帝国主义文化侵略的意义。

在思想上，曾国藩认同张载和王夫之的思想，尤其推崇王夫之。他亲自校阅了《船山遗书》，对其中七十余处文字进行了订正。他在《船山遗书序》中，高度评价了王夫之，认为王夫之的学说最接近孔孟思想，即谓："仲尼好语求仁，而雅言执礼，孟氏亦仁、礼并称。盖圣王所以平物我之情，而息天

---

① 《讨粤匪檄》，见《曾国藩全集》第十四册。
② 《讨粤匪檄》，见《曾国藩全集》第十四册。

下之争，内之莫大于仁，外之莫急于礼。自孔、孟在时，老、庄已鄙弃礼教，杨、墨之指不同，而同于贼仁。厥后众流歧出，载籍焚烧，微言中绝，人纪斁焉。汉儒掇拾遗经，小戴氏乃作《记》以存礼于什一。又千余年，宋儒远承坠绪，横渠张氏乃作《正蒙》，以讨论为仁之方。船山先生注《正蒙》数万言，注《礼记》数十万言，幽以究民物之同原，显以纲维万事，弭世乱于未形，其于古者明体达用，盈科后进之旨，往往近之。"①

曾国藩和王夫之所面对的社会局面有类似之处，在明清易帜之际，王夫之坚守"华夷大防"，甚至把严守华夷大防与严守君子和小人之间的界限相提并论，即"天下之大防二：中国、夷狄也，君子、小人也"②。"夷"在王夫之的视野中既包括满族，也包括西方传教士，他把西方传教士称为"西夷"或者是"狄"，对于夷狄，王夫之的态度是："夷狄者，歼之不为不仁，夺之不为不义，诱之不为不信。何也？信义者，人与人相于之道，非以施之非人者也"③。在维护中华文化方面，曾国藩显然承袭了王夫之的立场，如前文所述，他面对太平天国摧残儒学所表现出的悲愤与痛恨，与王夫之严守华夷大防的精神是一致的。

而就文化冲突的激烈程度而言，曾国藩所面临的局面则更

---

① 《〈船山遗书〉序》，见《船山遗书》第一册。

② 《读通鉴论》（卷十四）。

③ 《读通鉴论》（卷四）。

为尖锐和复杂。西方文化在坚船利炮的护卫下，既给了像曾国藩这样的传统士大夫以更大的压力，也促使他们更加理性。曾国藩一方面致力于维护中华文化的主体地位，另一方面，他也看到了西方科技发达的优势，在吸收西方先进科学技术方面，他主张突破"夷夏"界限。曾国藩是洋务运动的领袖人物，1861年，他创办了安庆军械所，后来又创办江南制造总局。洋务运动以富国强兵为目的，延揽科技人才，引进西方军事装备、机器生产。除兴办工厂之外，洋务派还积极创办报纸、编译外文书、开办新式学堂、选派留学人员等。曾国藩对待西方科学技术的态度，体现的是一种经世致用的精神。

　　曾国藩这种经世致用的精神，落实到对待中国固有文化的态度上就表现为他不仅重视儒学，而且重视儒学之外其它学派的思想，例如，他肯定了道家、墨家、法家的价值，他讲："周末诸子各有极至之诣……若游心能如老庄之虚静，治身能如墨翟之勤俭，齐民能以管、商之严整，而又持之以不自是之心，偏者裁之，缺者补之，则诸子皆可师也，不可弃也。"[①]在尊奉儒学的前提下，他还肯定了佛教的价值，认为佛教因果报应的理念具有警示世道人心的作用，应当加以利用，即谓："是故从乎天下之通理言之，则吾儒之言不敝而浮屠为妄；从乎后世之事变、人心言之，则浮屠警世之功与吾儒略同，亦未

---

① 《日记之二》，见《曾国藩全集》（第十八册）。

可厚贬而概以不然屏之者也。"①

　　曾国藩的上述言行，在一定程度上可以看作是对明末清初实学思潮的延续和进一步发扬。

（三）中学为体　西学为用

　　洋务运动期间，"中学为体，西学为用"是洋务派和早期改良派处理中学与西学关系的主流思潮。1861年，冯桂芬在《校邠庐抗议》中提出："如以中国之伦常名教为原本，辅以诸国富强之术，不更善之善者哉？"②这被认为是"中体西用"思想最原始的表达，是"中体西用"的开端。之后，王韬用"道与器"来表述"中体西用"思想，他说："器则取诸西国，道则备自当躬。盖万事而不变者，孔子之道也，儒道也，亦人道也。"③郑观应在《盛世危言》中讲到："合而言之，则中学其本也，西学其末也。主以中学，辅以西学。知其缓急，审其变通，操纵刚柔，洞达政体。教学之效，其在兹乎。"1895年4月，沈寿康在《万国学报》上发表《匡时策》，指出："夫中西学，本自互有得失。为华人计，宜以中学为体，西学为用。"1896年，礼部尚书孙家鼐在《议复开办京师大学堂折》

---

① 《诗文》，见《曾国藩全集》（第十五册）。

② 《校邠庐抗议·采西学议》。

③ 《杞忧生与〈易言〉跋》，见《中国近代思想家文库·王韬卷》，北京：中国人民大学出版社，2013年，第137页。

中明确提出："自应以中学为主，西学为辅；中学为体，西学为用。"

　　最为全面系统地阐发"中学为体、西学为用"思想的是洋务派代表人物张之洞，他的相关思想主要体现在《劝学篇》中。《劝学篇》由张之洞在1898年所作。当时，思想领域的争论很激烈，既有守旧派，也有试图效法西方实行君主立宪的维新派。张之洞对这两派都不赞同，他批判道："图救时者言新学，虑害道者守旧学，莫衷于一。旧者因噎而食废，新者歧多而羊亡；旧者不知通，新者不知本。不知通则无应敌制变之术，不知本则有非薄名教之心。"①他试图梳理出一条既不动摇根本，又能救亡图存的路径，即"中学为体，西学为用"。

　　张之洞视野里的"中学"主要包含如下几方面的内容：其一，中国古代延续数千年的伦理纲常，即谓："五伦之要，百行之原，相传数千年，更无异义。圣人所以为圣人，中国所以为中国，实在于此。故知君臣之纲，则民权之说不可行也；知父子之纲，则父子同罪、免丧、废祀之说不可行也；知夫妇之纲，则男女平权之说不可行也。"②其二，中国古代延续数千年的礼仪规范，即谓："圣人为人伦之至，是以因情制礼，品节详明。西人礼制虽略，而礼意未尝尽废。诚以天秩民彝，中外大同。人君非此不能立国，人师非此不能立教。"③其三，以

---

① 《劝学篇·序》。
② 《劝学篇·内篇·明纲》。
③ 《劝学篇·内篇·明纲》。

《论语》《孟子》为代表的儒家经典，在《劝学篇·宗经》中，张之洞列举大量实例证明"诸子之驳杂"，"群经简古，其中每多奥旨异说，或以篇简摩灭，或出后师误解"，只有"《论》、《孟》文约意显"，所以，张之洞认为，在学习各类文献时，都"当以《论语》《孟子》折衷之"①。其四，中国古代的政治体制，他认为"方今中华诚非雄强，然百姓尚能自安其业者，由朝廷之法维系之也"②。

张之洞视野中的"西学"主要包括"西政"和"西艺"两个部分，其中"学校、地理、度支、赋税、武备、律例、劝工、通商，西政也；算、绘、矿、医、声、光、化、电，西艺也。"③在这方面，张之洞超越前人的地方在于：他拓展了向西方学习的范围，不仅主张学习西方的军事技术和现代工业，而且主张学习西方的农业和商业；此外，张之洞还突破了以农为本的传统思维，重新厘定了农工商的关系，即"工者，农商之枢纽也。内兴农利，外增商业，皆非工不为功"④，表现出以工业为本的思想倾向。

在张之洞看来，"中学"与"西学"的地位和作用不同，"中学为内学，西学为外学，中学治身心，西学应世事"⑤。张之洞

---

① 《劝学篇·内篇·宗经》。
② 《劝学篇·内篇·正权》。
③ 《劝学篇·外篇·设学第三》。
④ 《劝学篇·外篇·农工商学第九》。
⑤ 《劝学篇·外篇·会通》。

认为，中国的发展必须学习西方的"西政"和"西艺"以补"中学"的不足，"西学为用"不会妨碍"中学"；反之，如果为了抱守"中学"却拒绝"西学"，则会导致国家颠覆，圣教灭绝，那便是罪人，"中学"也会随之失落，即"如其心圣人之心，行圣人之行，以孝弟忠信为德，以尊主庇民为政，虽朝运汽机，夕驰铁路，无害为圣人之徒也。如其昏惰无志，空言无用，孤陋不通，傲很不改，坐使国家颠，圣教灭绝，则虽弟佗其冠，冲淡其辞，手注疏而口性理，天下万世皆将怨之詈之，曰：此尧舜孔孟之罪人而已矣"①。可以说，张之洞清醒地认识到了学习西学的紧迫性。

虽然张之洞认识到了"今欲强中国，存中学，则不得不讲西学"②，但张之洞同时主张，在以"西学"补"中学"、中西结合时，必须坚持以"中学为体"的前提。所谓"中学为体"，如前文对张之洞"中学"内容的归纳，就是要坚守中国传统的伦理纲常、礼仪规范、政治制度、儒家经典等内容不能动摇，否则，在张之洞看来，中国便会面临亡国灭种的危险。即谓："必先通经以明我中国先圣先师立教之旨，考史以识我中国历代之治乱、九州之风土，涉猎子集以通我中国之学术文章，然后择西学之可以补吾缺者用之、西政之可以起吾疾者取之。斯有其益而无其害。"③

—————————

① 《劝学篇·外篇·会通》。

② 《劝学篇·内篇·循序》。

③ 《劝学篇·内篇·循序》。

张之洞上述关于中西文化的体认以《劝学篇》的形式正式问世是在1898年，但实际上《劝学篇》是对之前洋务运动相关思想的总结。虽然到1898年，洋务运动随着甲午中日战争北洋水师的全军覆没已经被证明失败了，张之洞在这个时候再提"中学为体，西学为用"、拒斥对政治体制进行改革，已经属于逆潮流而动，但是，必须承认的是，以"中学为体，西学为用"为指导方针，持续了三十余年的洋务运动具有一定的历史积极意义，洋务派认识到了中华文化的不足，他们把魏源"师夷长技以制夷"的设想落到了实处，他们通过办报纸、编译外文书、开办新式学堂、选派留学人员等举措，增进了中国人对西方的了解，这有助于进一步打破中国人在文化观方面的自我中心主义，为中国社会进一步的思想解放提供了助力。

（四）康有为等托古改制

在洋务派以"中学为体，西学为用"的指引下开始救亡图存的同时，资产阶级维新派也在崛起。甲午中日战争之后，有识之士对中国落后挨打、积贫积弱的反思，由器物层面进入了制度层面，维新派认为比技术革新更重要的是政治革新，他们主张效仿日本变法图强。这一时期的标杆人物主要有康有为、谭嗣同、梁启超、严复等人。

维新变法的组织者和领导者是康有为。在那个时代，要想在中国大地上变法维新，离不开对儒家思想的重新诠释，康有为走的正是这条路线，因而谭嗣同称他为"孔教之路德"。在学术路向上，他回到了今文经学的路子上，今文经学的主要经典是《春秋公羊传》，《春秋公羊传》的基本思路是：把《春秋》看作孔子阐述政治理想的寄托，认为孔子限于自己的社会地位和所处的政治环境，无法直接表达自己的政治理念，所以通过"书法"的形式借《春秋》表达出来，在《春秋》简略的文字背后，实际上蕴藏着圣人的微言大义。汉初公羊高自称按此思路为《春秋》作传，但实际上他的目的是为"托古改制"提供掩护。按照公羊家的理解，《春秋》的主要思想是"三世说"，即把春秋这段历史分成"所传闻之世""所闻之世""所见之世"三个时间段，分别对应衰乱世、升平世、太平世，整个历史发展也遵循这一演化，这体现的是一种变易、进化的历史观。除《春秋公羊传》之外，康有为推崇的另一部经典是《周易》，他大力发掘了《周易》"穷则变，变则通，通则久"的思想内涵，认为社会处于变化发展之中，所谓"千年一大变，百年一中变，十年一小变"[①]"流变之微，无须臾之停"[②]。康有为应用《春秋公羊传》的思想理路和《周易》的相关理念为维新变法提供了理论基础，即谓："孔子之为《春秋》，张为三世……盖推进化之理而为之。"[③]"人道进化，皆有定位，自族制而为部落，由部落而成国家，由国家而成大统。由独人而渐立酋

---

① 《变则通通则久论》，见《康有为全集》（第二集）。

② 《变则通通则久论》，见《康有为全集》（第二集）。

③ 《论语注》。

长，由酋长而渐正君臣。由君臣而渐为立宪，由立宪而渐为共和……盖自据乱进为升平，升平进为太平，进化有渐，因革有由，验之万国，莫不同风。"[1]康有为认为，中国的旧制度适应的是"据乱世"，而在欧美的带动下，世界已经进入"升平世"，应对"升平世"，就必须拿出应对"升平世"的治理方案，必须对旧制度进行变更，否则就会造成社会混乱，即谓："孔子之法，务在因时，当草昧乱世，教化未至，而行太平之制，必生大害。当升平世，而仍守据乱，亦生大害也。譬之今当升平之时，应发自主自立之义，公议立宪之事，若不改法，则大乱生。"[2]在变法的方式上，康有为反对激烈的革命，而主张渐进式的改良，这种变法思路也是基于他"人道进化，皆有定位""进化有渐，因革有由"[3]的历史观。当然，任何观念走向极端都是一把双刃剑，这些观念后期也成为康有为反对革命的思想根源。

　　康有为不仅沿袭今文经学的路子，借由儒家思想为自己变法维新的政治行为找到了根据，而且他还着手对儒学本身进行改造，他按照自己的理想来重塑孔子形象，重建儒学价值。戊戌变法期间，他上了一个奏折：《请尊孔圣为国教立教部教会以孔子纪年而废淫祀折》，在这个奏折中，康有为对宗教进行了分析，他认为"一神教"要比"多神教"进步、高级，而

①《论语注》。
②《中庸注》，见《康南海书牍·中庸注》。
③《论语注》。

中国的民间信仰为"多神教"，他把多神的民间信仰称为"淫祀"，他认为应该废止，建立"一神教"。与洪秀全不同，康有为具有强烈的文化主体意识，他反对照搬基督教，而主张把儒学宗教化，立为"孔教"，将孔子设为"教主"，即谓："臣今所编撰，特发明孔子为改制教主，六经皆孔子所作，俾国人知教主，共尊信之。"①在他看来，世界上所有的教主都是靠迷信起家，唯有孔子依靠的是六经，因而是真正文明世界的教主，他所创立的"孔教"不仅适合于中国，而且适合全世界。为了使"孔教"更像一个宗教，在奏折中，他还仿效基督教的制度设计，具体规划了孔教的教会设置原则、神职人员的选拔机制、教徒修习教义的规范等。在他为孔教所做的制度设计中，体现的便是君主立宪的思路，例如，教会领导均通过自下而上的选举产生，皇帝只能根据选举结果对教部尚书进行任命，而不能干涉选举结果，除"淫祀"不允许信奉外，民众信教自由，可自主选择自己的信仰等。

康有为对儒家思想的改造发展，还体现在他对大同世界的构想上。康有为构想的基础是《礼记·礼运》对"大同"的描述，他的依据仍然是"三世说"。汉朝公羊学家何休概括了"三世"的特点，何休说："于所传闻之世，见治起于衰乱之中，用心尚粗觕。故内其国而外诸夏"；"于所闻之世，见治升平，

①《请尊孔圣为国教立教会教部　以孔子纪年而废淫祀折》，见《康有为全集》第四集。

内诸夏而外夷狄"；"至所见之世，著治太平，夷狄进至于爵，天下远近、小大若一。"①可见，最好的"所见之世"即"太平世"是一个没有差异的社会。康有为在此基础上进行了引申，他认为造成人生之苦、社会之苦的根源在于社会上存在着各种差别，即"总诸苦之根源，皆因九界而已。九界者何？'一曰国界，分疆土、部落也；二曰级界，分贵、贱、清、浊也；三曰种界，分黄、白、棕、黑也；四曰形界，分男、女也；五曰家界，私父子、夫妇、兄弟之亲也；六曰业界，私农、工、商之产也；七曰乱界，有不平、不通、不同、不公之法也；八曰类界，有人与鸟、兽、虫、鱼之别也；九曰苦界，以苦生苦，传种无穷无尽，不可思议'。"②而消灭痛苦的方式，便是破除这些差别，即"破九界"，康有为讲："吾救苦之道，即在破除九界而已。第一曰去国界，合大地也；第二曰去级界，平民族也；第三曰去种界，同人类也；第四曰去形界，保独立也；第五曰去家界，为天民也；第六曰去产界，公生业也；第七曰去乱界，治太平也；第八曰去类界，爱众生也；第九曰去苦界，至极乐也。"③这个破除了九界的社会就是康有为视野中的大同社会，这种大同社会是一个极为美好的社会，所有的界限都消除了，人人独立、自由平等、普爱众生，即谓："大同之道，至平也，至公也，至仁也，治之至也，虽有善道，无以加此

---

① 《春秋公羊传注疏·隐公元年》。

② 《大同书》。

③ 《大同书》。

矣。"①推动康有为构想大同世界的动力，除了与他对国内诸多社会矛盾的感受有关，也与他观察到了国外资本主义社会的矛盾有关，例如，他曾说："今者一大制造厂、一大铁道轮船厂、一大商厂乃至一大农家，皆大资本家主之，一厂一场，小工千万仰之而食；而资本家复得操纵轻重小工之口食而控制之或抑勒之，于是富者愈富，贫者愈贫矣。"②康有为对大同世界的构想是他结合社会现实对儒家传统"大同"理念的发展。

除康有为之外，另外一个在文化传承创新方面值得一提的人物是谭嗣同。谭嗣同是戊戌变法的核心人物，在变法失败后，他慷慨就义。他不仅是勇士，也是思想家。他结合西方物理学的相关原理，并糅合佛学、墨学等思想，对孔子"仁"的理念作了新阐发，建构起他的"仁学"思想体系，同时他还利用中国古代的道器说、三世说等为变法维新做论证。他尽管倡导向西方资本主义学习，但是他和康有为一样，也认识到了资本主义发展中出现的诸多问题，并没有把资本主义作为最高理想。

当然，就理论本身的建构而言，无论是康有为还是谭嗣同，因为他们的思想体系杂糅了古今中外的诸多思想，又因为高度关注现实问题，所以往往不可避免地会忽略掉了学术本身发展的内在逻辑性和一致性，这导致他们的思想体系内部确实

---

① 《大同书》。

② 《大同书》。

存在不少混乱、牵强之处。如何评价康有为、谭嗣同这种回归今文经学、托孔改制并糅合西方思想的学术构建思路，冯友兰先生有一段话说得很中肯，可以解释这一阶段具有改革意识的中国思想家的所作所为，冯友兰先生说："在东西文化互相接触的时候，中国思想界的领袖人物，为了更好地理解形势，更明智地适应形势，就有时候用过去解释现在，又有时候用现在解释过去。换句话说，他们将西方来的新文化与中国固有的文化联系起来，使西方文化变成中国人可以理解的东西。他们或以中国文化解释西方文化，或以西方文化解释中国文化，有时候以中国文化的眼光批评西方文化，又有时候以西方文化的眼光批评中国文化。这种解释与批评，是东西文化在中国会合的产物，构成当时中国思想的一部分主要内容。"[1]

（五）严复以西学视野反思中华文化

在严复之前，中国有识之士对西方文化的探索与学习早已开始，但是，由于语言障碍或者其他客观条件的限制，他们对西方的认识往往有一定的局限，甚至不可避免地夹杂着一些对西方文化的误解。但严复不同，他14岁起便在洋务派创办的海军学校学习，随后又被派到英国留学，回国之后他翻译了大量西方名著。这样的经历使得他精通英语，同时也对西方资本

---

[1]冯友兰：《中国哲学史新编》（下），北京：人民出版社，2007年，第400页。

主义有切身体会。在一定意义上，严复堪称中国第一个真正了解西方文化的思想家。

　　严复对中西政教学术的差异作了系统分析。他认为西方和我国相比，最根本的进步之处在于学术和政治，他指出西方的学术精神是"黜伪而崇真"，西方的政治精神在于"屈私以为公而已"，贯穿于这两种精神的是"自由"，至于自然科学方面的优势只是表面差异，严复讲："如汽机兵械之伦，皆其形下之粗迹，即所谓天算格致之最精，亦其能事之见端，而非命脉之所在。其命脉云何？苟扼要而谈，不外于学术则黜伪而崇真，于刑政则屈私以为公而已。斯二者，与中国理道初无异也。顾彼行之而常通，吾行之而常病者，则自由不自由异耳。"①而严复认为中国欠缺的恰恰是自由，学术自由、政治自由是中国真正应该"师夷长技"之处。学术与政治相比，严复认为学术是根本，即谓："且其为事也，又一一皆本之学术"②。严复认为，中国的旧学术都没有用，尤其八股文更是一无是处，严复讲："经营八表，牢笼天地。夫如是，吾又得一言以蔽之，曰：无实。非果无实也，救死不赡，宏愿长赊。所托愈高，去实滋远，徒多伪道，何裨民生也哉！故由后而言，其高于西学而无实；由前而言，其事繁于西学而无用。均之无救危亡而已矣。"③因而，严复认为要想救亡图存，首先便要学习西

①《论世变之亟》，见《严复集》。

②《原强》，见《严复集》。

③《救亡决论》，见《严复集》。

方"黜伪而崇真"的学术自由精神。严复所讲的"学术"接近于"文化"的含义。学术自由、政治自由所贯穿的精神均是"自由"，可见"自由"是严复相当关切的问题，他借翻译穆勒的《群己权界论》作了专门探讨，这个书名中的"群"指的是社会，"己"指的是个体，从书名的翻译便可以看出严复视野中的"自由"是有边界的自由。在《群己权界论》的《译凡例》中，严复讲："自繇者凡所欲为，理无不可，此如有人独居世外，其自繇界域，岂有限制？为善为恶，一切皆自本身起义，谁复禁之！但自人群而后，我自繇者人亦自繇，使无限制约束，便入强权世界，而相冲突。故曰人得自繇，而必以他人之自繇为界，此则《大学》絜矩之道，君子所恃以平天下者矣"①可见，严复认为个人之自由不能妨碍他人之自由。如果侵犯了社会中其他人的自由，社会有权发起制裁。

　　严复最有名的代表作是他翻译的英国科学家赫胥黎所著的《天演论》。《天演论》将达尔文主义与人类社会联系在一起，在这部书中，赫胥黎指出自然界遵循的是"物竞天择、弱肉强食"的"天演公例"，但是从社会伦理的角度考虑，他却并不主张将"物竞天择、弱肉强食"的达尔文主义应用于人类社会。严复在翻译这部书时，将自然规律翻译成"天行"，将社会伦理翻译成"人治"，并通过翻译将自然规律的"天行"

―――――――――

① 〔英〕约翰·穆勒著、严复译：《群己权界论》，北京：商务印书馆，1981年，第ⅶ页。

与社会伦理的"人治"之间存在的天然矛盾揭示出来。严复指出,这一对矛盾的论题中国唐代哲学家刘禹锡曾做过初步揭示,刘禹锡讲:"天之道在生植,其用在强弱;人之道在法制,其用在是非"①"天与人交相胜耳"②。即自然规律与社会伦理的运行机理不同,二者之间的矛盾难以消除,只能"交相胜",即主导地位有可能流转。关于赫胥黎的思想与刘禹锡观点的相似之处,严复评价道:《天演论》各篇"皆以尚力为天行,尚德为人治,争且乱则天胜,安且治则人胜。此其说与唐刘、柳诸家天论之言合"③,只不过,赫胥黎的《天演论》比刘禹锡讲得更清楚。对于"天行"与"人治"之间的矛盾,无论是唐代的刘禹锡还是英国的赫胥黎,都没有找到较好的解决办法。严复引入英国社会学家斯宾塞的社会达尔文主义相关理论来试图解决这个问题,严复在为《天演论》做"按语"的时候,多次引用斯宾塞的观点。严复认为,赫胥黎的《天演论》之所以没有找到处理这对矛盾的方法,是因为赫胥黎只看到了"天行"与"人治"的对立,却没有意识到物竞天择的"天行"与善相感通的"人治"之间的先后顺序,"善相感通"是"物竞天择"的结果。而斯宾塞注意到了这一点,斯宾塞在物竞天择之后,再讲"体合","体合"指的是社会组织的整合,那些能够通过物竞天择的考验,能够"善相感通"而"体合"的就被保存下

---

① 《天论上》,见《刘禹锡集》。

② 《天论中》,见《刘禹锡集》。

③ 〔英〕赫胥黎著、严复译:《天演论》。

来，反之就会在"善相感通"之前就被淘汰掉了。这样一来，"天行"与"人治"由完全对立，变成了天人一贯。严复总结说："盖人之由散入群，原为安利，其始正与禽兽下生等耳，初非由感通而立也。夫既以群为安利，则天演之事，将使能群者存，不群者灭；善群者存，不善群者灭。善群者何？善相感通者是。然则善相感通之德，乃天择以后之事，非其始之即如是也……赫胥黎执其末以其本，此其言群理，所以不若斯宾塞氏之密也。"①严复翻译的《天演论》出版之后，深刻地唤醒了中国人对自身生存境遇的危机感，物竞天择、优胜劣汰、弱肉强食等说法，成为当时知识分子经常论及的话题。

　　除对上述问题进行探讨之外，严复还通过翻译《穆勒名学》介绍了西方逻辑学思想；通过引入培根的经验论，探讨了伦理学中的苦乐、善恶等相关问题；他对笛卡尔的"我思故我在"以及赫胥黎的"不可知论"亦有阐发。总之，严复涉猎很广，他抱着"补中学之所缺"的目的，推介西方思想，对国人敲响了亡国灭种的警钟，鼓舞了国人的救亡热情。纵观严复的学说体系，其潜在地存在着西学比中学更为优秀的价值评判，这实际上也为后来中国社会出现全盘西化论埋下了伏笔，尽管这很可能并非严复的本意。

---

① 严复：《天演论》导言。

（六）晚清国粹思潮的兴起

晚清时期，帝国主义对中国侵略的触角早已深入到文化领域，试图救亡图存的人士，既有中西兼顾的理性主义者，也有全盘西化的狂热分子，甚至有人主张废弃汉语，改为世界语。此外，就儒学内部来看，随着康有为等人对今文经学的倡导，古文经学遭到贬抑。对于上述状况，一部分知识分子感到忧心忡忡，例如，邓实在发起保存会时曾说："念铜驼于荆棘，扬秦灰之已死，文武之道，今夜尽矣，同人吾为此惧，发愤保存。"[①] 在此态势下，以保存国学、重铸国魂、抵抗欧化、增进爱国热肠为主要目的的国粹思潮逐渐兴起，可以说，国粹思潮既是对欧化主义的反动，也是对今文经学的反动。1902年，邓实、黄节在上海创办《政艺通报》，创刊之初就发表了《国粹保存主义》《国学保存论》等文章，树起了国粹主义的旗帜。1905年初邓实、黄节在上海成立国学保存会，发行《国粹学报》，标志着国粹派正式登上历史舞台。国粹思潮的代表人物主要有章太炎、刘师培、邓实、黄节等人。

国粹派将中国历史上的学说区分为国学和君学两部分。邓实认为，之所以要作此划分，是因为"近人于政治之界说，既

---

① 邓实：《国学保存会小集叙》，见《国粹学报》第一年（1905年），第一册，第一期。

知国家与朝廷之分矣，而言学术则不知有国学、君学之辨，以故混国学于君学之内，以事君即为爱国，以功令利禄之学即为国学，其乌知乎国学自有其真哉"[①]。在国粹派看来，先秦时期的学术可以划为"国学"的范畴，秦汉以后的儒学因为与封建专制制度捆绑在一起，"其学能使天下之人，驯服而不敢动，而一听君主之操纵也"[②]，主要是为君权服务，所以他们将之归于"君学"。即使是先秦儒学，国粹派也不再承认它的领导地位，而认为儒学仅是先秦时代的显学，属于国学的范围，但却不能代表国学。既然国粹派这样来定位儒学，那么他们必然反对以康有为为代表的维新派尊孔设教的主张，在他们看来，康有为等人是在"假威孔子，颠倒六经"[③]。在国粹派的视野中，孔子只是儒家学派的创始人，是古文化的保存者，儒学不具有独尊地位，孔子因而也不具有独尊地位。当然，国粹派对待儒学的态度也不是一成不变的，随着社会形势的变化，国粹派中一些人物的思想也在发生变化，以章太炎为例，他在晚年便对自己之前对儒学的鄙薄进行了反省，重新评价和肯定了孔子以及儒家思想，在一定程度上又回归到了儒学本位主义。

　　在对中西文化差异的认识方面，国粹派承认这种差异，但是反对以此来判断优劣，他们倾向于认为中西文化各成体系，

---

① 邓实：《国学真论》，见《国粹学报》第三年（1907年）第二号，第27期。

② 黄晦闻：《孔学君学辩》，见《光绪丁未政艺丛书》。

③ 《致山田饮江书》，见汤志钧《章太炎年谱长编》，北京：中华书局，1979年，第498页。

是两种不同类型的文化，各有特色，适应各自不同的国家，章太炎指出："今中国之不可委心远西，犹远西之不可委心中国也。"①国粹派认为，不仅不应该凭这种差异来划分优劣，而且正因为它们反映了各自的民族精神，代表各自的民族特色，反倒应该以此为荣，这正如章太炎所说："余以不类方更为荣，非耻之分也。"②虽然如此，国粹派实际上并不反对西学，而是认可中西文明可以互通互补，他们承认西方文化可以在一定程度上弥补中国文化的不足，正如章太炎所说："今之言国学者，不可不兼求新识。"③章太炎身体力行，他曾担任过译书公会的主笔，翻译西方著作。国粹派不仅看到了西方文化的优势，而且肯定了中国文化对西方文化的价值，他们认为中国文化在仁义道德方面有优势，也可以补西方文化的不足。当然，国粹派最重视的仍然是国学，正所谓"国粹者，精神之学也；欧化者，形质之学也"④。国粹派把国学的兴衰与国家兴亡联系起来，他们把国学在中国的复兴同欧洲的"文艺复兴"和日本的"王政复古"作类比，对国学复兴的时代价值期待甚高。他们认为西

①姜玢编选：《革故鼎新的哲理——章太炎文选》，上海：上海远东出版社，1996年，第363页。
②姜玢编选：《革故鼎新的哲理——章太炎文选》，上海：上海远东出版社，1996年，第363页。
③《国学讲习会序》。
④许守微：《论国粹无阻于欧化》，见《国粹学报》第一年（1905年），第一册，第七期。

方文化固然有优势，但是未必完全适合中国，"橘逾淮则为枳，今日之欧化，枳之类也，彼之良法善制，一施诸我国而弊愈滋"[1]。所以，尽管他们不反对西学，也在一定程度上赞同学习西学，但他们更强调文化的民族性，他们的思想具有浓厚的文化保守主义色彩。

总体来看，国粹派有不少见解具有积极意义：他们将中国文化置于世界文化中加以考察，看到了中国文化的价值；他们抛弃了狭隘的儒家文化观，引导人们重新重视先秦诸子；他们对传统文化发展命运的忧虑，迄今依然值得中国文化研究者思考；他们认识到了文化引进中存在"逾淮为枳"的问题，并对如何避免这一问题进行了初步探索，为后来新文化运动对中西文化的大讨论奠定了基础；他们尊重文化的多样性，不以文化差异作为判断文化优劣的标准，迄今仍然是值得认可的文化观。

---

[1] 许守微：《论国粹无阻于欧化》，见《国粹学报》第一年（1905年），第一册，第七期。

二、新文化运动对传统文化的批判反思

（一）新文化运动前夕政治与思想文化的跌宕

　　1905年，清政府正式宣布废除科举考试，废除科举考试导致读书人通经致仕的道路被断绝，这标志着儒学丧失了政治制度的强力保障，儒学的优越性逐渐被消解。1911年，辛亥革命爆发，帝制被推翻，1912年，中华民国成立，孙中山就任临时大总统，在共和与帝制的角逐中，双方均曾试图利用儒学来达到目的。维护帝制的一派对儒学的利用自不必说，共和派实际上也应用了儒学的思想元素。例如，孙中山以"天下为公"来诠释平等、博爱，以"大同社会"来训解共和政体，三民主义将"民族"放到首位，"驱除鞑虏、恢复中华"的革命口号也可以与儒家所严守的"华夷之防"相呼应。儒家的这些理念在推翻帝制的过程中都发挥了重要作用。但是，儒家的伦理纲常，其根本价值与民主共和之间确实存在诸多不合之处。中华民国成立之后，颁布的第一部宪法——《中华民国临时约法》规定：中华民国之主权属于国民全体，中华民国人民一律平等，无种族、阶级、宗教之区别，享有人身、集会、结社、财产、言论等自由权利，中华民国以参议院、临时大总统、国务员、法院，行使其统治权。这样，在宪法中，西方近代资产级的自由、民主、平等的学说，取代了三纲五常，上升为国家政治生活和社会生活的指导思想。此外，中华民国临时政府在教育上决定罢黜儒学、实施公民教育。国民政府第一任教育总长蔡元培认为："忠君与共和政体不合，尊孔与信教自由相违。"①基于此，蔡元培提出了新的五项教育：军国主义教育、实利主义教育、公民道德教育、世界观教育、美感教育，其中公民道德教育是基础，公民道德教育的核心内容即自由、平等、博爱等道德原则。蔡元培主张在大学教育中取消"经"科，将《易》《论语》《孟子》等入哲学系，将《诗经》《尔雅》等入文学系，将《尚书》《三礼》《大戴礼记》《春秋三传》等入史学系，中小学一律停止读经。教育制度的改革可以说从根本上动摇了儒学的社会根基。当然，这种动摇是以行政和法律的手段实现的，并非意味着社会意识已经发生根本变化。

资产阶级民主共和国的发展道路十分坎坷，中华民国成立不久，袁世凯取代了孙中山临时大总统的职位，上任半年之后，袁世凯颁布了《整饬伦常令》，称："中华立国，以孝悌忠信，礼义廉耻，为人道之大本经。政体虽更，民彝无

---

① 蔡元培著，沈善洪编：《蔡元培选集》，杭州：浙江教育出版社，2012年，第431页。

改。"1912年10月，陈焕章等人在上海成立孔教会，以"昌明孔教，救济社会"为宗旨。1913年康有为、陈焕章等创办《孔教会杂志》《不忍》杂志，提倡尊孔读经、复辟帝制。1913年10月，新的宪法草案规定"国民教育以孔子之道为修身大本"，严重背离了《临时约法》的精神。1915年袁世凯复辟帝制，共和的脚步戛然而止，当时的教育部颁布一系列法令要求增设读经课程，随后，护国战争迫使袁世凯取消帝制，北洋政府重新修订《国民学校令施行细则》又删掉了读经内容。1917年，张勋拥清废帝溥仪再复辟，虽未能成功，但是从1911年到1917年短短几年间，历史跌宕起伏，这在一定程度上反映了新旧体制、新旧文化的激烈斗争。

　　新文化运动就是在这样的社会背景下爆发的。实际上，从西方列强入侵中国以来，中华民族从来就没有停止过救亡图存的艰难探索，从器物层面到制度层面再到思想文化层面，痛苦而深刻，新文化运动正是在思想文化层面对传统所作的一次全面清理与批判。

（二）新文化运动前期对儒学的全面批判

　　新文化运动正式开启的标志是1915年陈独秀创办《青年杂志》（第二期开始改成《新青年》）。与《青年杂志》同一年创办的还有梁启超任撰述主任的《大中华》，这也是一本进步杂志，梁启超本来是主张君主立宪的维新派，民国之后逐渐倾向共和。《大中华》杂志先后发表了蓝公武的《辟近日复古之谬》、吴贯因的《尊孔与读经》、凤兮的《今后国民教育之研究》、梁启超的《复古思潮评议》《异哉所谓国体问题者》等一系列知名文章，在思想文化领域揭开了反对复古、反对帝制的序幕。其中，蓝公武发表的《辟近日复古之谬》影响较大，在文章中，蓝公武指出："舜禹汤文武周公孔子之道，仅属过去之文化，而非今世可奉为教化之法则。"[①]他认为当时的中国真正的需要"不在复古而在革新，不在礼教而在科学；不欲以孔孟之言行为表率，而欲奉世界之伟人为导师"[②]。他还具体分析了旧伦理与新时代的不容之处：其一，与近世国家之有机组织不相容；其二，与近世之经济组织不相容；其三，与近世之法治制度不相容；其四，与近世之教育制度不相容；第五，与今世之人格观念不相容。当然，从总体来看，《大中华》所刊载的文章仍带有浓重的新旧更替的痕迹。与《大中华》相比，《新青年》对传统文化的批判更为彻底，它主张全方位地学习西方，以民主和科学来医治传统痼疾。陈独秀在《敬告青年》中指出："国人而欲脱蒙昧时代，羞为浅化之民也，则急起直追，当以科学与人权并重。"[③]他按照民主和科学的英文首字母，称

①蓝公武:《辟近日复古之谬》，见《大中华》杂志第一卷第一期，1915年1月。
②蓝公武:《辟近日复古之谬》，见《大中华》杂志第一卷第一期，1915年1月。
③陈独秀:《敬告青年》，见《新青年》(第一卷)。

民主为"德先生"，称科学为"赛先生"，在《〈新青年〉罪案之答辩书》中，陈独秀指出："要拥护那德先生，便不得不反对孔教、礼法、贞节、旧理论、旧政治；要拥护那赛先生，便不得不反对旧艺术、旧宗教"①，"我们现在认定只有这两位先生，可以救治中国政治上、道德上、学术上、思想上一切的黑暗"②。1917年，蔡元培出任北京大学校长，聘请陈独秀为文科学长，《新青年》由上海随迁北京，一批有志于新文化运动的中坚人物如李大钊、吴虞、胡适、鲁迅、钱玄同、刘半农、陈大齐等人先后执教北大。他们以《新青年》为阵地发声，1918年，陈独秀和李大钊又创办《每周评论》，成为了《新青年》之外新思潮的另一重要阵地。总体来看，新文化运动对以儒学为代表的传统文化的批判主要集中在政治秩序、伦理道德、学术思想三个层面。

其一，政治制度层面的批判

新文化运动时期，对儒学政治层面的批判主要是剖析儒学与封建帝制的关系，揭露袁世凯、张勋等政治人物利用儒学来复辟帝制，以及康有为等文化人物利用儒学来保皇的实质。

新文化运动的领袖人物认识到了封建帝王尊孔、以及袁世凯、张勋复古的根本目的在于维护君主专制。在《新青年》上

①陈独秀：《本志罪案之答辩书》，见《新青年》（第六卷）。
②陈独秀：《本志罪案之答辩书》，见《新青年》（第六卷）。

第一个发文点名批评孔子的是易白沙，易白沙指出，从汉武帝开始，孔子便成为"独夫民贼作百世之傀儡"[1]。随后，陈独秀、李大钊也陈述了相关论点。陈独秀指出，"孔教与帝制，有不可离散之因缘"[2]，"盖主张尊孔，势必立君；主张立君，势必复辟"[3]，因而，他认为孔子之道就是立君复辟之道，孔教会、尊孔会等组织是复辟党。李大钊指出："历代君主，莫不尊之祀之，奉为先师，崇为至圣"[4]，他认为袁世凯和康有为等人也是如此，尊孔的目的在于复活专制，即谓："洪宪皇帝出现以前，先有尊孔祭天的事；南海圣人与辫子大帅同时来京，就发生皇帝回任的事。"[5]1916年，当康有为上书黎元洪、段祺瑞，主张将孔教定为国教、列入宪法时，陈独秀、李大钊撰文坚决反对。在《宪法与孔教》一文中，陈独秀讲："今效汉武之术，罢黜百家，独尊孔氏，则学术思想之专制，其湮塞人智，为祸之烈，远在政界帝王之上。"[6]在《孔子与宪法》中，李大钊说：

[1] 易白沙：《孔子平议》，见《易白沙集》，长沙：湖南人民出版社，2008年，第97页。

[2] 陈独秀著，任建树编：《陈独秀著作选编》（第一卷），上海：上海人民出版社，2009年，第239页。

[3] 陈独秀著，任建树编：《陈独秀著作选编》（第一卷），上海：上海人民出版社，2009年，第375页。

[4] 李大钊：《李大钊选集》，北京：人民出版社，1959年，第80页。

[5] 李大钊：《李大钊选集》，北京：人民出版社，1959年，第244页。

[6] 陈独秀著、任建树编：《陈独秀著作选编》（第一卷），上海：上海人民出版社，2009年，第294页。

"孔子者，数千年前之残骸枯骨也……以数千年前之残骸枯骨，
入于现代国民之血气精神所结晶之宪法，则其宪法将为陈腐死
人之宪法，非我辈生人之宪法也。"①他认为宪法若列入尊孔条
文便违背了宪法精神，即谓："宪法者，现代国民自由之证券
也。专制不能容于自由，即孔子不当存于宪法。"②

　　需要指出的一点是，以陈独秀和李大钊为代表的新文化运
动的战将反对立孔子为权威、反对孔教进宪法，并不是一概否
定孔子的历史地位和价值，他们明白孔子思想本身与被封建统
治者歪曲利用之后的孔子学说是有区别的。例如，陈独秀在《孔
教研究》一文中指出："我们反对孔教，并不是反对孔子个人，
也不是说他在古代社会无价值。不过因他不能支配现代人心，
适合现代潮流，还有一班人硬要拿他出来压迫现代人心，抵抗
现代潮流，成了我们社会进化的最大障碍。"③李大钊也说："故余
之掊击孔子，非掊击孔子之本身，乃掊击孔子为历代君主所雕
塑之偶像的权威也；非掊击孔子，乃掊击专制政治之灵魂也。"④

其二，伦理道德层面的批判

　　新文化运动在伦理道德层面对儒学的批判，主要体现为对

---

① 李大钊:《李大钊选集》，北京：人民出版社，1959年，第77页。
② 李大钊:《李大钊选集》，北京：人民出版社，1959年，第77页。
③ 陈独秀著、任建树编:《陈独秀著作选编（第二卷）》，上海：上海人民出
　版社，2009年，第92页。
④ 李大钊:《李大钊选集》，北京：人民出版社，1959年，第80页。

儒学所倡导的三纲五常和封建礼教进行批判。在反封建伦理纲常和礼教方面，陈独秀、李大钊发先声，吴虞、鲁迅最犀利，胡适则举起文学革命的大旗。他们从内容到形式全方位地批判旧道德，宣传新道德。

陈独秀反对"君为臣纲、父为子纲、夫为妻纲"的三纲，他说："三纲之根本义，阶级制度是也。所谓名教，所谓礼教，皆以拥护此别尊卑明贵贱之制度者也。"[①]他认为儒家所倡导的人伦纲常与自由、独立、平等相抵牾。陈独秀在《孔子之道与现代生活》中举了若干例子来证明他的论点。在该文中，他从现代国家制度对个体要求的角度作论证，陈独秀讲："现代立宪国家，无论君主共和，皆有政党。其投身政党生活者，莫不发挥个人独立信仰之精神，各行其是：子不必同于父，妻不必同于夫。"[②]但是，"律以儒家教孝教从之义，——父死三年，尚不改其道，妇人从父与夫，并从其子。——岂能自择其党，以为左右袒耶？"[③]除了从现代国家制度的角度来论证儒家伦理纲常与现代社会格格不入之外，在该文中，陈独秀还结合现代社会的生活特点来论证这一观点，他说："今日文明社会，男女

---

① 陈独秀著、任建树编：《陈独秀著作选编》（第一卷），上海：上海人民出版社，2009年，第204页。

② 陈独秀著、任建树编：《陈独秀著作选编》（第一卷），上海：上海人民出版社，2009年，第266页。

③ 陈独秀著、任建树编：《陈独秀著作选编》（第一卷），上海：上海人民出版社，2009年，第266页。

交际，率以为常。论者犹以为女性温和，有以制男性粗暴，而为公私宴聚所必需。即素不相知之男女，一经主人介绍，接席并舞，不以为非。"但是，"孔子之道则曰'男女不杂座……嫂叔不通问……女子出门，必拥蔽其面……男女无媒不交'……又焉能行于今日之中国？"①此外，在该文中，陈独秀还谈到了儒家伦理纲常与现代家庭生活之间的冲突，即"妇于夫之父母，素不相知，只有情而无义。西洋亲之与子，多不同居；其媳更无孝养翁姑之义务"，但是，"孔子之道则曰'戒之敬之，夙夜毋违命'，'妇顺者，顺于舅姑'，'妇事舅姑，如事父母'、'父母舅姑之命，勿逆勿怠'……'妇将有事，大小必请于舅姑'。此恶姑虐媳之悲剧所以不绝于中国之社会也"②。总之，在陈独秀看来，儒家伦理纲常是"奴隶之道德"，他指出了儒家伦理纲常的四宗罪，分别是："损坏个人独立自尊之人格"，"窒碍个人意志之自由"，"剥夺个人法律上平等之权利"，"养成依赖性，戕贼个人之生产力。"③陈独秀认为，封建时代的道德只不过是维护"少数君主贵族之权利与名誉"，"于多数国民

①陈独秀著、任建树编：《陈独秀著作选编》（第一卷），上海：上海人民出版社，2009年，第267页。
②陈独秀著、任建树编：《陈独秀著作选编》（第一卷），上海：上海人民出版社，2009年，第267页。
③陈独秀著、任建树编：《陈独秀著作选编》（第一卷），上海：上海人民出版社，2009年，第194页。

之幸福无与焉"①。由此，他鼓励人们摆脱奴隶之羁绊，恢复独立自主之人格，陈独秀讲道："我有手足，自谋温饱；我有口舌，自陈好恶；我有心思，自崇所信。绝不认他人之越俎，亦不应主我而奴他人。盖自认为独立自主之人格以上，一切操行，一切权利，一切信仰，唯有听命各自固有之智能，断无盲从隶属他人之理。"②他认为："各有自主之权，绝无奴隶他人之权利，亦绝无以奴自处之义务。"③在这方面，李大钊和陈独秀的看法一致，李大钊指出，儒家的纲常名教是"牺牲被治者的个性以事治者"④的专制伦理，他认为孔子"学说之精神，已不适于今日之时代精神"。他表示为了确立新道德，对于一切不适合于现代社会的旧道德，必须"加以人为之力"，使其迅速崩溃，"虽冒毁圣非法之名，亦所不恤矣"⑤。

　　在反对封建礼教方面，鲁迅发挥了极其重要的作用。他的小说《狂人日记》《孔乙己》《药》等，生动地描绘了旧社会的黑暗，对封建旧思想、旧礼教、旧制度进行了揭露和控诉；他的论文《我之节烈观》《我们现在怎样做父亲》等，批判了旧

① 陈独秀著、任建树编：《陈独秀著作选编》(第一卷)，上海：上海人民出版社，2009年，第268页。
② 陈独秀：《敬告青年》，见《新青年》(简体典藏全本)，银川：宁夏人民出版社，2011年，第28页。
③ 陈独秀：《敬告青年》，见《新青年》(简体典藏全本)，银川：宁夏人民出版社，2011年，第28页。
④ 李大钊：《李大钊选集》，北京：人民出版社，1959年，第296页。
⑤ 李大钊：《李大钊选集》，北京：人民出版社，1959年，第80页。

礼教对妇女和青年的束缚，论述了新的道德观念；他的二十余则"随感录"以短小精悍的社会评论和思想评论的形式，针对当时社会上以各种面目出现的旧观念，与封建保守派进行了斗争。在鲁迅留下的诸多作品中，《狂人日记》对封建礼教的定位最为深入人心，影响最大。《狂人日记》是鲁迅在1918年第四卷第五号的《新青年》月刊上发表的一篇白话小说。鲁迅借该文提出了自己的观点，他认为中国几千年的封建社会历史，其实是封建统治者吃人的历史。他借小说主人公"狂人"的口讲到："我翻开历史一查，这历史没有年代，歪歪斜斜的每叶上都写着'仁义道德'几个字。我横竖睡不着，仔细看了半夜，才从字缝里看出字来，满本都写着两个字是'吃人'！"①鲁迅借"狂人"的话语来警告那些封建礼教的卫道士："你们可以改了，从真心改起！要晓得将来容不得吃人的人，活在世上。"鲁迅的《狂人日记》可谓是一篇对封建礼教的控诉书。

　　此后，吴虞在1919年11月1日《新青年》第六卷第六号上发表文章《吃人与礼教》来响应鲁迅的观点，吴虞在该文的开篇讲到："我读《新青年》里鲁迅君的《狂人日记》，不觉得发了许多感想。我们中国人，最妙是一面会吃人，一面又能够讲礼教。吃人与礼教，本来是极相矛盾的事，然而他们在当时

---

①鲁迅：《狂人日记》，见《新青年》（第四卷），北京：中国书店，2011年，第318页。

历史上，却认为并行不悖的，这真正是奇怪了！"[1]在文中，吴虞这样来评价封建礼教，他说："孔二先生的礼教讲到极点，就非杀人吃人不成功，真是惨酷极了。"[2]吴虞号召人们："到了如今，我们应该觉悟！我们不是为君主而生的！不是为圣贤而生的！也不是为纲常礼教而生的！甚么'文节公'呀，'忠烈公'呀，都是那些吃人的人设的圈套，来诓骗我们的！我们如今应该明白了！吃人的就是讲礼教的！讲礼教的就是吃人的呀！"[3]在鲁迅和吴虞的推动下，"打倒吃人的礼教"成为当时的时代呼声。《吃人与礼教》这篇文章尽管发表于1919年，但实际上，吴虞早就开始撰文对传统纲常伦理开展批判，其中较有代表性的文章是《家族制度为专制主义之根据论》，这是一篇猛烈攻击儒家所提倡的孝悌之道和封建家族制度的力作。该文撰写于1915年，并在1917年2月1日《新青年》第二卷第六号发表，在文中，吴虞讲："欧洲脱离宗法社会已久，而吾国终颠顿于宗法社会之中而不能前进。推原其故，实家族制度为之梗也"[4]，"儒家以孝弟二字为二千年来专制政治与家族制度

---

[1] 吴虞：《吃人与礼教》，见《新青年》（第六卷），北京：中国书店，2011年，第512页。

[2] 吴虞：《吃人与礼教》，见《新青年》（第六卷），北京：中国书店，2011年，第514页。

[3] 吴虞：《吃人与礼教》，见《新青年》（第六卷），北京：中国书店，2011年，第514页。

[4] 吴虞：《家族制度为专制主义之根据论》，见《吴虞文录》，合肥：黄山书社，2008年，第1页。

联结之根干"①,"其流毒诚不减于洪水猛兽矣"②。可见,在他看来,以孝悌为核心的封建家族制度是阻碍中国走向新生的根本障碍,吴虞认为只要能彻底放弃对"孝"的崇尚,便可以动摇整个封建体制的根基,即谓:"夫孝之义不立,则忠之说无所附;家庭之专制既解,君主之压力亦散,如造穹窿然,去其主石,则主体堕地。"③正因为吴虞对封建纲常名教鞭辟入里的批判,胡适称赞吴虞为"只手打孔家店的老英雄",如清道夫般扫清了"孔渣孔滓"。④

　　在批判三纲五常和封建礼教方面,另一个值得一提的重要人物便是胡适。1917年,胡适通过在《新青年》发表《文学改良刍议》一文揭开了文学革命的序幕,紧接着陈独秀在《新青年》发表了《文学革命论》,明确地提出了"文学革命"的口号,并表示"以白话为文学正宗之说,其是非甚明,必不容反对者有讨论之余地"⑤。文学革命主要包含两项内容:一是提

①吴虞:《家族制度为专制主义之根据论》,见《吴虞文录》,合肥:黄山书社,2008年,第3页。

②吴虞:《家族制度为专制主义之根据论》,见《吴虞文录》,合肥:黄山书社,2008年,第4页。

③吴虞:《家族制度为专制主义之根据论》,见《吴虞文录》,合肥:黄山书社,2008年,第5—6页。

④胡适:《胡适文存》(第一集),上海:上海科学技术文献出版社,2015年,第604页。

⑤陈独秀著、任建树编:《陈独秀著作选编》(第一卷),上海:上海人民出版社,2009年,第338页。

倡白话文，反对文言文；二是提倡新文学，反对旧文学。早在新文化运动之前，已有提倡白话文端倪。例如，戊戌变法之后，梁启超、黄遵宪等就开始尝试用白话从事创作，此后，梁启超主办的《新小说》杂志，陈独秀主编的《安徽俗话报》，吴稚晖等编辑出版的《新世纪》等，都在白话文的推广方面做过努力。经由新文化运动的文学革命，白话文逐渐取代了文言文，占据了主体地位。以白话文作为思想传播的工具，新文化运动在民众中的影响进一步扩大，可以说，白话文胜利的实际意义远远超出了文学的范围，而成为了反对封建主义和旧文化传统的锐利武器，前文提到的鲁迅撰写的《狂人日记》就是白话文的成功范本。新文化运动的文学革命，不仅使文字形式有重大变化，而且在表达内容上，也对文学提出了新的要求，胡适在《文学改良刍议》中提出了新文学的八项规定，即：须言之有物、不摹仿古人、须讲求文法、不作无病之呻吟、务去滥调套语、不用典、不讲对仗、不避俗字俗语。胡适借助新文学，将批判的矛头对准传统妇女的节烈观，他大力宣扬西方的男女平等、婚姻自由等观念。例如，1918年，胡适在《新青年》编辑了《易卜生专号》，译介了挪威剧作家易卜生的《玩偶之家》，将"娜拉"这样一位现代自由女性的形象展示在国人面前；1919年3月，《新青年》又发表了胡适创作的独幕话剧《终身大事》，宣传婚姻自主，同样引起了很大轰动。对于封建礼教，胡适讲："何以那种种吃人的礼教制度都不挂别的招牌，偏爱挂孔老先生的招牌呢？正因为二千年吃人的礼教法制都挂着孔丘的招牌，故这块孔丘的招牌——无论是老店，是冒牌——不能不拿下来，捶碎，烧去！"①

　　尽管新文化运动的倡导者反对封建礼教的态度鲜明而果断，但是，需要指出的是，他们并不是要抛却一切儒家伦理。例如，陈独秀曾说过"（若夫）温良恭俭让信义廉耻诸德，乃为世界实践道德家所同遵"②，陈独秀也承认"其实孔子精华，乃在祖述儒家，组织有系统之伦理学说……其伦理学说，虽不可行之今世，而在宗法社会封建时代，诚属名产"③。鲁迅亦曾说过"新文化仍然有所承传，于旧文化也仍然有所择取"④。新文化运动之所以反对旧道德，主要是因为在当时的社会环境下，旧道德的很多因素已经成为了束缚社会进步的阻力，即谓："吾人所不满意者，以其为不适于现代社会之伦理学说，然犹支配今日之人心，以为文明改进之大阻力耳。"⑤

---

①胡适：《胡适文存》（第一集），上海：上海科学技术文献出版社，2015年，第606页。

②陈独秀著、任建树编：《陈独秀著作选编》（第一卷），上海：上海人民出版社，2009年，第251页。

③陈独秀著、任建树编：《陈独秀著作选编》（第一卷），上海：上海人民出版社，2009年，第344页。

④鲁迅：《集外集拾遗〈浮士德与城〉后记》，见《鲁迅全集》第7卷，北京：人民文学出版社，2005年，第373页。

⑤陈独秀著、任建树编：《陈独秀著作选编》（第一卷），上海：上海人民出版社，2009年，第344页。

其三，学术思想方面的批判

新文化运动时期，在学术思想层面，对儒学的批判，采用的主要方式是以科学精神来破除经学传统，在"整理国故"中重新给儒学定位。主要代表人物有胡适、顾颉刚等人。

1917年，胡适任教北大哲学系，教授中国哲学史，他从美国留学归来，深刻认同美国哲学家杜威的实验主义，并因循实验主义的思路来开展学术研究。胡适的实验主义哲学认为："一切主义，一切学理，都该研究。但是只可认作一些假设的待证的见解，不可认作天经地义的信条；只可认作参考印证的材料，不可奉为金科玉律的宗教；只可用作启发心思的工具，切不可用作蒙蔽聪明，停止思想的绝对真理。"[1]本着这样的思路，胡适来研究中国哲学史，1919年2月，他出版了《中国哲学史大纲》（卷上），这部书不再用经学注疏的方法，而是采用归纳、演绎等逻辑分析、逻辑论证的方法来建构体系，不再借古人的观点表达观点，而是直接对先秦诸子体系进行褒贬。对这部著作，著名中国哲学史专家张岱年先生评价说："当时人认为'新'的地方主要在于它不同于封建时代哲学史书的代圣贤立言，为经传作注解，而敢于打破封建时代沿袭下来的不准议论古代圣贤的禁例。他把孔丘和其他哲学家摆在同样的地

---

① 胡适：《胡适文存》（第四集），上海：上海科学技术文献出版社，2015年，
　第494页。

位，供人们评论，这是一个大的变革。"①尽管胡适这部著作对先秦哲学的看法，尚有不少可商榷之处，但是这一研究成果确实从根本上动摇了儒家道统以及固有道德的权威性。

胡适将他在研究工作中用到的实验主义方法，概括为"大胆的假设，小心的求证"，即谓："假设不大胆，不能有新发明。证据不充足，不能使人信仰。"②"大胆的假设"实际上是鼓励怀疑精神，胡适认为，对于一切现有的学说知识均可提出质疑，对可疑之处，则要"小心的求证"，也就是要重证据，"有几分证据，说几分话"③，"没有证据，只可悬而不断；证据不够，只可假设，不可武断；必须等到证实之后，方才奉为定论"④。这种辨伪求真的学术导向，对中国历史研究也产生重要影响，催生了"古史辨"派，顾颉刚即为"古史辨"派的核心人物。顾颉刚曾说："要不是遇见孟真和适之先生，不逢到《新青年》的思想革命的鼓吹，我的胸中积着许多打破传统学说的见解也不敢大胆宣布。"⑤"古史辨"派本着疑古的精神，致力于推翻伪史、明了真史，力图证明儒家所援以立论的古史系统

①任继愈：《学习中国哲学史三十年》，载《哲学研究》，1979年第9期。
②耿云志编：《中国近代思想家文库·胡适卷》，北京：中国人民大学出版社，2015年，第339页。
③胡适：《胡适致罗尔纲》，见《胡适论学往来书信选》，石家庄：河北人民出版社，1998年，第827页。
④胡适：《胡适论学近著》，北京：朝华出版社，2018年，第655页。
⑤顾颉刚：《古史辨·自序》，北京：商务印书馆，2017年，第91页。

为假说。尽管一些结论未必正确，但确实在那个时代发挥了思想解放的作用，弘扬了理性实证的精神。著名历史学家李学勤曾评价说："古史辨派及其所代表的疑古思潮对传统的古代观进行了一次大扫荡，从而为建立新的古代观开辟了道路。"[①]

当然，胡适等人所奉行的实验主义也有其历史局限性，"实验主义注重在具体的事实与问题，故不承认根本的解决，他只承认那一点一滴做到的进步"[②]。这使得实验主义者仅关注于具体的问题，仍然是一种改良主义，所以新文化运动后期，马克思主义的阶级斗争理论开始在中国传播的时候，胡适曾发表《多研究些问题，少谈些"主义"》一文，声称应"多多研究这个问题如何解决，那个问题如何解决，不要高谈这种主义如何新奇，那种主义如何奥妙"[③]，应该"把一切'主义'摆在脑背后，做参考资料，不要挂在嘴上做招牌"[④]。这样一来，作为反封建利器的"实验主义"又站到了更先进的马克思主义的对立面。针对胡适的论调，李大钊1919年8月发表《再论问题与主义》进行了回击，李大钊认为"问题"与"主义"不可分

①李学勤：《中国古代文明研究一百年》，见《中国古代文明十讲》，上海：复旦大学出版社，2003年，第6页。

②胡适：《胡适文存》（第二集），上海：上海科学技术文献出版社，2015年，第353页。

③耿云志编：《中国近代思想家文库·胡适卷》，北京：中国人民大学出版社，2015年，第173页。

④耿云志编：《中国近代思想家文库·胡适卷》，北京：中国人民大学出版社，2015年，第174页。

离，他指出："要想使一个社会问题，成了社会上多数人共同的问题，应该使这种社会上可以共同解决这个那个社会问题的多数人，先有一个共同趋向的理想、主义，作他们实验自己生活上满意不满意的尺度（即是一种工具）。"①尽管胡适思想有其局限性，但是，诚如马克思主义哲学家艾思奇所说："实验主义在今日，谁也知道是一种错误的思想方法……但在当时，作为与传统迷信抗争的武器，还不失为历史推进的前锋。"②

（三）新文化运动后期中国思想领域的新变化

马克思主义的传播是新文化运动后期的一项重要内容，它促使新文化运动调整了政治方向，赋予了新文化运动以新的精神力量。

1917年，世界历史上发生了一件大事，俄国十月社会主义革命胜利了。十月革命给中国送来了马克思主义，促进了中国先进知识分子和工人阶级的进一步觉醒。毛泽东在《矛盾论》中指出："十月社会主义革命不只是开创了俄国历史的新纪元，而且开创了世界历史的新纪元，影响到世界各国内部的变化，同样地而且还特别深刻地影响到中国内部的变化，但是这种变化是通过了各国内部和中国内部自己的规律性而起

---

① 李大钊：《李大钊选集》，北京：人民出版社，1959年，第228页。
② 艾思奇：《廿二年来之中国哲学思潮》，载《中华日报》2卷1期，1934年1月。

的。"①当然，社会主义思想影响中国需要一个过程，十月革命刚刚胜利的时候，北洋军阀政府曾经竭力封锁消息，当时的中国人主要是通过留日学生以及日本报刊才了解到俄国十月社会主义革命的一些情况，此后，关于十月革命的更多消息陆续被传回国内。在1918年上半年及之前，新文化运动的主要内容是提倡民主和科学，主要锋芒是指向为封建专制服务的旧制度、旧道德、旧学术，其指导思想是资产阶级旧民主主义。从1918年下半年起，新文化运动的内容和性质开始发生变化。李大钊在十月革命的影响下，率先由民主主义者转变为共产主义者。1918年7月他发表了《法俄革命之比较观》，这是他分析十月革命的第一篇论文，在这篇论文中，李大钊阐释了俄国十月社会主义革命和法国资产阶级革命之间的区别，阐明了十月社会主义革命的历史意义。同年11月李大钊又发表了《庶民的胜利》和《布尔什维主义的胜利》两篇重要文章，明确指出：中国人民应该沿着十月社会主义革命的道路前进。接着，李大钊又发表了《新纪元》《战后之世界潮流》等文，指出十月革命之后，世界历史已经进入到了社会主义革命的时代。李大钊这些文章，标志着中国先进分子开始运用无产阶级世界观来观察世界走向、理解国家命运。1919年5月1日《新青年》出版了"马克思研究专号"，刊登了宣传马克思主义的八篇文章，其中李大钊的《我的马克思主义观》一文，比较系统地介

————————

① 《矛盾论》，见《毛泽东文集》第7卷，北京：人民出版社，1993年版。

绍了剩余价值学说、阶级斗争理论和唯物史观等马克思主义的核心内容，并运用马克思主义的观点和方法对中国历史上的问题和世界革命的问题进行了分析。

1918年11月第一次世界大战结束，1919年1月商讨战后事宜的"巴黎和会"召开。作为战胜国集团的一员，中国代表团起初试图借此会议谋求一些公平待遇，甚至对废除一些不平等条约抱有期望，但是，结果却是日本代表团提出了"德国在山东权益应无条件让与日本"的无理要求，英、美、法三国为了自己的利益，强迫中国无条件接受，中国在巴黎和会上就山东问题的交涉完全失败。这一结局反映出中华民族的危机不仅未能缓解，反倒日益加深，这打碎了国人对帝国主义的幻想。消息传回中国，5月2日，《晨报》《国闻周报》等各大报纸发表文章，疾呼："胶州亡矣！山东亡矣！国不国矣！……国亡无日，愿合我四万万众誓死图之！"5月4日，北京3000多名学生示威游行，6月，上海万人集会，这便是五四运动。在这场运动中，学生是先锋队，工人阶级是主力军。五四运动的直接成果是促使中国代表团拒绝了在巴黎和会对德条约上签字。巴黎和会中国外交的失败仅仅是五四运动爆发的导火线，五四运动之所以能爆发，与十月革命胜利的实践感召，与马克思主义在中国的传播所作的理论铺垫密切相关。同时随着运动的深入发展，马克思主义的传播日益广泛，影响日益扩大。

"五四"后的新文化运动和"五四"前的新文化运动有了显著的区别，五四运动后期，《新青年》不断发表介绍马克思

主义、社会主义革命以及中国工人阶级状况的文章，演变成了
一个宣传社会主义思想的刊物。此外，宣传马克思主义的新刊
物和社团也不断问世，大量马克思主义的代表性著作被翻译
成中文，不少先进分子，例如李大钊、陈独秀、毛泽东、周恩
来、蔡和森、邓中夏、恽代英、瞿秋白、李达等，都先后转变
成马克思主义者。马克思主义赋予了新文化运动新的指导思想
和理论武器，将新文化运动从反封建的思想启蒙运动发展成了
马克思主义思想运动，具有了新民主主义的性质。同样是反对
封建专制制度和封建伦理道德，较之五四运动之前，在马克思
主义"唯物史观"指导下也得出了一些新的观点。例如，李大
钊的《物质变动与道德变动》一文，根据马克思主义"经济基
础决定上层建筑、社会存在决定社会意识"的思想，提出了随
着社会条件的变化和社会生活的变革，人们的道德观念也会随
之发生变动的观点。胡汉民在《唯物史观批评之批评》中指
出："人类因社会的生产力而定社会的经济关系，以经济关系
为基础，而定法律上政治上的关系，更左右其社会个人的思想
感情意见，其间社会一切形式的变化，都属于经济行程自然的
变化。"[1]陈启修在《马克思的唯物史观与贞操问题》中，运用
马克思主义的唯物史观来考察道德的变化，他认为人类的"各
种文化，形式上似乎出于人类的努力，实际上还是靠物质决

------

[1] 见《建设》（第一卷），北京：人民出版社，1980年，第945页。

定的"①,"所以照唯物的历史哲学看来,没有永远不变的道德,也没有长久合用的法制。一切道德、法律、政治、经济、宗教、艺术等种种文化现象,都是要随时之宜,常常变更,才能够更有价值"②。

当然,新文化运动后期,马克思主义在发展,资产阶级民主主义实际上也在发展。马克思主义与资产阶级民主主义之间亦展开了激烈论战,到1923年之前,除前文提到的胡适与李大钊发起的"问题与主义之争"之外,较大的论战还有反对社会民主主义的论战、反对无政府主义的论战和"科学与人生观"论战。在这个过程中,马克思主义特别是唯物史观得到了进一步的传播。五四新文化运动是"由资产阶级的哲学革命向无产阶级的哲学革命过渡的环节"③,随着"过渡"的完成,新文化运动也就结束了。

站在中华文化传承与发展的角度回望新文化运动,可以说,新文化运动是一场推动中华文化向现代转型的深刻的思想启蒙和思想解放运动。新文化运动的倡导者们对传统文化采取的是反思批判的态度,这种态度用胡适的话来说便是"评判的态度","评判的态度含有几种特别的要求:(1)对于习俗相传下来的制度风俗,要问:这种制度现在还有存在的价值吗?(2)对于古代遗传下来的圣贤教训,要问:这句话在今日还是

---

① 见《新青年》(第六卷),北京:中国书店,2011年,第434页。
② 见《新青年》(第六卷),北京:中国书店,2011年,第435页。
③ 冯契:《中国近代哲学史》,上海:上海人民出版社,1989年,第619页。

不错吗?（3）对于社会上糊涂公认的行为与信仰，都要问：大家公认的，就不会错了吗？人家这样做，我也该这样做吗？难道没有别样做法比这个更好、更有理、更有益吗?"①从长远来看，这种"评判的态度"对任何一种思想文化的传承发展来说，都是一种理性的态度，十分必要。对传统文化来说，在新旧时代的交界点上，面对内忧外患的局面，这种反思批判更是深具价值。而且由于当时斗争形势十分严峻，为了增强批判的有效性，五四新文化运动对以儒学为代表的传统文化的批判反思充满了彻底不妥协的反对封建旧传统的革命精神，切中时弊，从哲学思想的高度发挥了促进国民觉醒的作用。

当然，五四新文化运动对于传统文化的批判，从学理角度分析，不少思想欠缺系统性和内在逻辑性，有些言辞过于偏激，对儒学以及传统文化的评价也欠缺全面、客观和公正。但是，考虑到当时正处在民族兴衰存亡的危急关头，结合当时政治革新无望、复古思潮猖獗、复辟帝制的力量频频利用儒学及传统道德的社会环境和历史背景，新文化运动对儒学及传统道德的批判反思带有强烈的民族情绪也是可以理解的，有特定的历史缘由，具有历史正当性。倘若当时不采取这种强烈甚至极端的方式，便难以对抗强大的反动力量，"夫矫枉必稍过正，而其结果仅乃得正"②。况且，新文化运动的倡导者也并非全盘

---

① 胡适:《新思潮的意义》，见《胡适文存》第一集卷四。
② 胡哲谋:《偏激与中庸》，见《新青年》第三卷第 3 号，1917 年 5 月 1 日。

否定儒家学说的历史价值，他们反对的是封建伦理道德中不合于现代生活的一面，反对的是用旧道德来支配现代社会，新文化运动的领导者陈独秀、李大钊等人都曾表达过这样的立场。

如果把新文化运动放在整个中国思想史的范围来考察，会发现新文化运动具有重要的历史功绩：对马克思主义的传播来说，新文化运动动摇了数千年来封建专制统治的思想基础，为马克思主义的落地生根提供了土壤，甚至可以说，马克思主义在中国的传播，本身就是新文化运动的重要组成部分；对中华传统文化的发展而言，新文化运动的反孔批儒对于儒学也具有建设性意义，经过尊孔与排孔的碰撞，荡涤净了附着在儒学身上的污泥浊水，也算是置于死地而后生。正如现代新儒家贺麟先生所讲："新文化运动的最大贡献在于破坏和扫除儒家的僵化部分的躯壳的形式末节，及束缚个性的传统腐化部分。它并没有打倒孔孟的真精神、真意思、真学术，反而因其洗刷扫除的工夫，使得孔孟程朱的真面目更是呈露出来。"①在一定意义上，与其说新文化运动破坏了传统文化，不如说为传统文化的新生创造了条件，传统文化此后的发展也证明了这一点。

新文化运动之后，以梁漱溟、熊十力、唐君毅、徐复观、牟宗三等为代表的新儒家致力于在学术层面恢复孔子之真，正如梁漱溟所讲："今天的中国，西学有人提倡，佛学有人提倡，

---

① 贺麟：《儒家思想的新开展》，见《文化与人生》，上海：上海人民出版社，2011年，第12页。

只有谈到孔子羞涩不能出口……孔子之真若非我出头倡导，可有那个出头?"①新儒家怀抱着文化复兴的使命感，后来在港台地区和海外产生了相当的影响；中国共产党则在领导人民进行革命、建设、改革的伟大实践中，自觉肩负起传承发展中华优秀传统文化的历史责任。毛泽东在革命战争时期便肯定了传统文化的价值并提出批判继承的方针，例如，1938年10月召开的中共六届六中全会上，他在谈到马克思主义中国化的任务时就明确指出："我们这个民族有数千年的历史，有它的特点，有它的许多珍贵品"②，"从孔夫子到孙中山，我们应当给以总结，承继这一份珍贵的遗产。这对于指导当前的伟大的运动，是有重要的帮助的"③，"学习我们的历史遗产，用马克思主义的方法给以批判的总结，这是我们学习的另一任务"④。1944年，他在同英国记者斯坦因的谈话中再次强调："我们信奉马克思主义是正确的思想方法，这并不意味着我们忽视中国

---

① 梁漱溟:《〈东西文化及其哲学〉自序》，见《梁漱溟全集》第一卷，济南：山东人民出版社，1989年，第544页。

② 《中国共产党在民族战争中的地位》，见《毛泽东选集》第2卷，北京：人民出版社，1991年，第533—534页。

③ 《中国共产党在民族战争中的地位》，见《毛泽东选集》第2卷，北京：人民出版社，1991年，第534页。

④ 《中国共产党在民族战争中的地位》，见《毛泽东选集》第2卷，北京：人民出版社，1991年，第533页。

文化遗产和非马克思主义的外国思想的价值。"①"中国历史留给我们的东西中有很多好东西，这是千真万确的。我们必须把这些遗产变为自己的东西。"②在中华传统文化的传承方面，毛泽东还做了许多实际工作，例如，"标点二十四史，修订《辞海》、《辞源》，编制《中国历史地图集》等建议，就是由他提出的"③。尽管由于革命形势复杂以及建设经验的不足等诸多原因，在传承发展中华传统文化方面，我国曾走过一些弯路，建国之后一些政治运动甚至对传统文化造成了较大破坏，但是中国共产党带领中国人民及时拨乱反正，不断汲取教训、总结经验，仍然可以称得上是中华优秀传统文化的忠实继承者、弘扬者和建设者。尤其是从20世纪80年代中后期，特别是90年代之后，中国社会的深刻变革促使人们越来越意识到以儒学为代表的中华传统文化的现代价值，习近平总书记说："一个抛弃了或者背叛了自己历史文化的民族，不仅不可能发展起来，而且很可能上演一场历史悲剧"④，传承发展中华优秀传统文化，已经逐渐成为中国社会的普遍文化共识。

---

① 《同英国记者斯坦因的谈话》，见《毛泽东文集》第3卷，北京：人民出版社，1996年，第191页。
② 《同英国记者斯坦因的谈话》，见《毛泽东文集》第3卷，北京：人民出版社，1996年，第191页。
③ 辛岩：《应当充分地批判地科学地利用中国文化遗产》，载《红旗文稿》2014年10月。
④ 习近平：《在哲学社会科学工作座谈会上的讲话》，载《人民日报》2016年5月19日第2版。

第五章

中华优秀传统文化创造性转化与创新性发展

20世纪80年代，改革开放后的中国兴起了一股"文化热"，中西文化再一次发生碰撞，"现代化"的概念流行，西方的自然科学方法例如信息论、控制论、系统论也开始被中国知识分子引入到人文社会科学研究领域，可以说，20世纪80年代这股"文化热"主要表现为"西学热"，其中甚至不乏"全盘西化"的声音。与对西方文化的肯定相伴随的是对传统文化的否定，西方文化被认为是先进的、现代的，而中国文化则被判定为落后的、非现代化的。在这股反传统的文化气氛中，另一股追寻中华文化根脉、守护传统文化的思潮也在兴起。例如，由著名中国哲学史学家冯友兰先生与北京大学哲学系张岱年、朱伯昆和汤一介等对传统文化有深入研究的学者共同发起成立了中国文化书院，他们以同情的、肯定的态度研究、传承传统文化，即使在进行中西文化比较研究的过程中，他们也总是试图遵循中国文化自身的逻辑，而不再简单地采用西方话语体系。在这一时期，海外新儒家学说也被逐步介绍到中国。随着传统文化的热度不断上升，二十世纪90年代初，"国学热"兴起，又经过近二十年的发展，进入新时代之后，中华优秀传统文化被正式提升到实现中华民族伟大复兴的战略高度，全社会对中华传统文化的认识全面深化。习近平总书记在弘扬和传承中华优秀传统文化方面提出的一系列新思想、新观点、新论断，可以看作是这一时期中国社会对中华优秀传统文化深化认识的集中表达。如何处理好继承与创新的关系，使中华优秀传统文化成为实现中华民族伟大复兴的精神力量，如何推动中华优秀传统文化实现创造性转化和创新性发展成为新时代中国文化发展的重要议题。

一、中华传统文化的复兴（1992年—2012年）

从1992年到2012年间，中华传统文化的复兴以"国学热"的形式呈现出来。"国学"实际上是一个为人熟知但又有歧义的概念。这个词在近代才开始使用，因使用者对中国固有之学术文化的态度不同，对这个词汇的理解也就不同，"在近代，国学曾被界定为中学、旧学、国故学、国文、孔学、六艺之学、汉学、支那学、国粹、国渣等等"①。当时，有学者将国学与中华学术前途和民族命运联系在一起，认为应该弘扬；也有学者将国学与尊孔复古、封建糟粕联系在一起，因而主张摈弃。至于"国学"具体包含哪些内容更是众说纷纭。鉴于这种情况，当时即有学者指出："此二字虽日日腾于人口，而究之其确诂何若，则几于无人能言之。"②借陈独秀的话来说国

---

① 宋小庆：《近代"国学热"的兴衰》，载《高校理论战线》，1995年第9期。
② 闻宥：《国学概论》，载《国学》第1卷第3期，上海国学月刊社编辑。

学"本来是含混糊涂不成一个名词"[1]。从清末到20世纪40年代，中国社会曾出现过一股"国学热"，尤其是在1920—1930年间，还曾达到过一个高潮，因提倡国学者的政治立场较为复杂，所以他们提倡国学的目的以及由此发挥的社会作用不同，有人借此痛诋西学，有人借此抵制马克思主义和社会主义，有人致力于整理国故，有人试图挖掘传统精神为抗战服务，有人则借此为蒋介石的独裁统治服务，还有人曾借此为日本的殖民统治服务。可以说，从清末便开始出现的"国学"无论是从内涵还是从具体开展的各类活动来看，都可谓鱼龙混杂。而20世纪90年代初我国兴起的"国学热"也即本节要论述的重点，尽管用到的仍然是"国学"一词，但是其意蕴与近代史上的"国学"并无关联，20世纪90年代初所兴起的"国学热"中的"国学"，尽管发展过程中也有乱象，但政府、学界以及社会有识之士所倡导的"国学"，其初衷是复兴传统文化中的能够激励中华民族前进的优秀内容。从这一意义上来讲，与近十年我国所倡导的"中华优秀传统文化"的内涵基本一致。

（一）"国学热"兴起

1992年初，北京大学成立了中国传统文化研究中心，并

---

[1] 陈独秀著、任建树编：《陈独秀著作选编》（第三卷），上海：上海人民出版社，2009年，第102页。

着手筹办学术集刊《国学研究》，1993年5月，《国学研究》第一卷出版，1993年8月16日，《人民日报》以整版篇幅刊登署名文章，题为《国学，在燕园又悄然兴起》，报道了北大研究中国传统文化的成果。该报编者按说："在社会上商品经济大潮的拍击声中，北京大学一批学者在孜孜不倦地研究中国传统文化，即'国学'。他们认为研究国学、弘扬中华民族优秀传统文化，是社会主义精神文明建设的一项基础性工作。……国学的再一次兴起，是新时期文化繁荣的一个标志。"中央人民广播电台在当天的新闻联播节目中报道了这篇文章。1993年8月18日，《人民日报》在头版《今日谈》栏目中发表署名文章《久违了，"国学"》，赞扬北大开展国学研究的见地和气魄，提倡"板凳要坐十年冷"的学术精神。1993年9月，北大举行会议，商讨如何进一步推动中国传统文化研究，季羡林提出，国学的轰动是应该的，一个国家的腾飞有理无文是不行的，他倡议在北大创办国学研究院。1993年10月中旬，北大学生会和学生社团组织了"国学月"活动，邀请季羡林、邓广铭、张岱年等学者作报告，听讲学生逾千人。11月14日，中央电视台《东方时空·焦点时刻》节目以"北大'国学热'的启示"为话题，对北大校园出现的学习和研究中国传统文化的气氛作了纪实报道。11月30日《中国青年报》以《国学：在蓦然回首中》为题，全面报道了北大学生开展国学月的活动。12月，北京的广播电台以国学为题，邀请北大教授现场回答观众的热线提问。12月底中央电视台与北大签约合作拍摄150集《中国传统文化系列讲座》，协议说："本片以马克思主义为指导，贯彻批判继承、古为今用的原则，注重社会效益"，"旨在弘扬中华民族优秀的传统文化，以提高民族自信心、自尊心和爱国主义思想"。上述活动以及新闻媒体的积极参与，被外界视为中国大陆"国学热"兴起的标志。[①]

此后，传统文化在中国社会逐步升温，越来越受重视。从1992年到2012年党的十八大召开之前，传统文化升温的现象主要可以归为以下几类：

其一，大学纷纷开设与传统文化相关的教学科研机构。例如，自1992年北京大学成立中国传统文化研究中心（1993年改为国学研究院）之后，中国人民大学在2005年5月成立了国学院，并逐步建立了完整的学生培养体系，招收本科生、硕士生和博士生；湖南大学在2005年7月成立了岳麓书院国学研究基地；首都师范大学在2007年成立了国学传播中心；上海财经大学在2009年3月成立了国学研究所；华中科技大学在2009年4月成立了国学研究院；清华大学在2009年11月成立了国学院，等等。大学生学习传统文化的热情随之高涨，许多和传统文化有关的学生社团在各大学也陆续成立。

其二，民间办学机构推崇传统文化。随着传统文化的复苏，中国古典文献受到重视，社会上出现了一股"读经"热

[①] 关于北京大学举办的相关活动以及新闻媒体的相关报道，参见陈来教授撰写的《"国学热"与传统文化研究的问题》，载《孔子研究》1995年第2期。

潮，尤以民间办学机构最为活跃。他们多以周末兴趣班的形式招生，其名字多冠以"国学班""经典班""经典学堂"等，教育目标以训练儿童的记忆力、专注力，培养儿童儒雅风度以及尊师爱亲的美好品德为主，受到家长和学生的追捧。除了周末开设的读经班之外，这一时期甚至还出现了不少全日制国学教育机构，被人们称之为现代"私塾"，这些私塾在教材选择和学习方式上基本延续了中国古代传统私塾的做法，教学过程也刻意追求古典情调，例如塾师穿儒士长衫、室内悬挂孔子画像等。这些全日制"私塾"因为与义务教育相抵触，后来受到了限制。

其三，传统节日回归百姓生活。从2004年开始，便有人大代表提出将部分中国传统节日纳入国家法定节假日的建议，建议案的主体在2007年底被国务院采纳，2008年，我国政府正式将清明节、端午节、中秋节设为国家法定假日。这不仅仅是休假安排的调整，更意味着传统节日所负载的中国传统价值观念得到了全社会的认可，以休假的方式落实到了百姓的生活中，实际上发挥了在中国民众中普及、推广、强化传统价值理念的作用。

其四，各类纪念中国历史文化名人的庆典纷纷举办。以"祭孔"为例，2005年9月28日，以曲阜孔庙为中心，全球十多个城市的孔庙所在地联合祭孔，首次实现了"世界文庙同祭孔"的盛典，央视新闻频道为此做专题直播。从2008年开始，山东曲阜恢复春季祭孔，这是解放后首次恢复传统的春祭。祭孔活动由民间组织走向政府主导，规模不断升格，引起了社会各界人士的普遍关注。

其五，媒体聚集传统文化。报纸、杂志、电台、电视台纷纷开办"国学""儒学"等相关的专栏，邀请专家学者来讲述国学意蕴、古典名著、历史趣闻等。例如，这一时期《光明日报》推出的"国学版"、中央电视台开设的"百家讲坛"等都引起过很大反响。除传统媒体之外，新媒体也迅速跟进，当时的大型门户网站、搜索引擎、博客、手机短信等也纷纷加入传播传统文化的行列。

其六，传统文化主题开放活动受到大众热捧。人民群众在那一时期对传统文化的热情从以下三个公开报道的事例即可见一斑。事例一：2006年初，为了满足广大市民学习传统文化的需求，长春市图书馆与吉林省孔子学会、长春文庙等单位联合推出了"城市热读——国学大讲堂"系列讲座，吸引了吉林省内外的大批听众，为了不局限于长春文庙及图书馆等课堂，"国学大讲堂"还办到了长春市多所中小学校、部队、社区甚至监狱，反响热烈，用活动主办方的话来讲就是"效果超出预期，需求超出想象"①。事例二：易中天、于丹等讲授传统文化的学者受到民众的大力追捧，这种追捧丝毫不亚于对影视明星的追捧。据东方网报道，2007年，易中天在上海签名售书，凌晨四五点钟即有市民排队等候，他的《品三国》七个小时内签售了7500余册。据人民网报道，于丹在中关村图书大厦举行

---

① 彭冰，叶彤：《国学大讲堂长春渐热》，载《中国青年报》2006年4月4日。

签售活动，从下午两点到晚上10点，共签售了1万多册书。①

事例三：在图书市场，国学类书籍经常被立于畅销书之列，据《齐鲁晚报》报道，国学经典在2009年8月的山东省潍坊市图书文化节上成为最受欢迎的图书种类，参展国学书籍达到120多种，一些合订本的《四书五经》《唐诗宋词》《易经批注》等，早上刚开门不到一个小时就卖出了二三十套。②

　　当然，热潮中也有乱象，当时颇被人诟病之处主要有三点。其一，抱着娱乐心态对待传统文化，有些人借着国学热潮出风头，做秀、恶搞，试图用传统文化做遮羞布，来达到吸引眼球、迎合低级趣味的低劣目的。其二，以功利态度利用传统文化，将传统文化作为牟利的工具。例如有些人哗众取宠、不扎扎实实地挖掘传统文化培养优秀道德、提高精神修养、净化社会风气的正面价值，却曲解文本，企图在传统思想中挖掘出所谓的升官发财之道或所谓"女德"等封建糟粕来满足部分人的需求，进而谋得利益；有些人打着研究《周易》的旗号算命、卜卦、看风水，实际则是宣扬封建迷信；有些人利用群众对传统文化的热情，举办一些低劣的国学班、出版一些错漏百出的国学读物，尤其在青少年教育方面，一些打着传统文化旗号的民办教育机构高额收费、教学内容芜杂，甚至采用不恰当的教

①　卜昌伟：《于丹个性讲解〈论语〉受追捧　八小时签售10000册》，载《京华时报》2006年11月27日。

②　庞黎黎：《潍坊国学经典受到市民热捧——图书节上抢风头》，载《齐鲁晚报》2009年8月18日。

育手段造成恶果的事件也屡见不鲜。其三，在学术研究领域，有些学者过分拔高儒学的现代价值，非理性地认为儒学以及传统文化可以解决现代中国社会中的一切问题，存在文化心态偏狭等问题。

对上述以"国学热"的形式表现出的传统文化复兴的诸多现象，当时即引发了全社会的广泛讨论。抛却报纸、网络上不计其数的杂文、短评不谈，单就学术研究来看，仅据中国知网期刊数据库统计，从1995年到2012年，直接以"国学热"或"儒学热"作篇名的学术论文有近300篇，在其它相关主题的学术论文中涉及到这一话题的更是丰富。从这一角度也可以看出传统文化在这一时期的热度。

（二）中华传统文化复兴的原因

从1992年到2012年间，传统文化的复兴以"国学热"的形式呈现出来，全社会给与了传统文化较多的肯定评价，并将其提高到了中华文化长远发展、重建中华民族共有精神家园、振奋民族精神的高度。这一时期，"持续升温的'国学热'，具有民间发动、学院响应、媒体助阵、官方谨慎认可并力图用社会主义核心价值体系积极引导的特点"①。在"国学"诸种组成

---

① 方克立：《创建适应时代需要的新国学》，载《高校理论战线》，2008年第8期。

要素中，"儒学"受到的关注最高。之所以这一时期以儒学为主体的传统文化会受到人们的重视，既与传统文化的自身特质有关，也与中国社会变革与发展有关，是内因和外因综合作用的结果，是历史的必然。

从内因来看，传统文化的复兴要归功于传统文化本身包含着历久弥新的特质。以儒学为例，儒学作为中国封建社会的意识形态，因为长期与封建制度同生共长，封建社会的毒素被一层层地堆积在儒学身上，掩盖了儒学本来具有的思想上的光辉，而意识形态的色彩却逐渐增强，最终在人们心目中几乎成了封建制度的象征和代言人。在漫长的封建社会，由于儒学一直处于历史舞台的中心位置，所以在封建社会解体的过程中，儒学首当其冲受到激烈批判，这种批判既有来自于儒家内部的反省，更多更强烈的则是来自外部力量的冲击，时代的发展使儒学作为"显学"的时代一去不复返了。但是，自孔子以来，已经走过了两千五百多年发展历程的儒学并不仅仅是历代政治制度的附属品，作为传统文化的主干，它上承夏商周文明之精华，下开两千年中国思想之正统，作为一个历经千年而不衰的学说，它虽然因为长期被封建统治者所利用而不可避免地带有维护封建统治、腐朽落后的因素，但它并不单纯是封建社会意识形态和历代政治制度的附属品，它更积淀了中华民族几千年来的历史经验和优良传统，包含着中华民族对社会人生的深刻认识，是中华民族的文化创造和智慧结晶，是一种具有社会行为规范作用和道德感召力的文化力量，它对社会人生一系列根本问题的回答，有许多内容可以超越家国同构的社会和农业经济，而具有影响现代和未来的超历史的生命力和恒常价值。它的影响遍及中国社会生活的各个领域，存在于中华民族的文化心理结构中，塑造着中华民族的性格，其优秀部分构成了中华民族精神的培养基，为中华民族提供了价值参考和精神支撑，成为中华民族生命力、创造力和凝聚力之所在，缔造了中华民族的灵魂。面对新的时代机遇，儒学中那些契合现代社会的思想智慧就有可能重新绽放出光芒。

从外因来说，以儒学为主体的传统文化的升温得益于中国社会发展的需要。具体来讲，主要与如下几个因素有关：

其一，文化身份认同的需要促使中国人重视以儒学为代表的中华传统文化。在改革开放的时代背景下，中国的对外交往越来越频繁，走出国门的中国人越来越多。首先，从国家层面来看，改革开放以来我国的综合国力迅速提高，被公认已经迈入了大国行列。但是"大国"不仅需要强大的经济、政治、军事实力，同时也需要强大的文化实力与之相匹配。中国必须建设有自身特色的先进文化，确认自己的文化身份才能有能力和气度应对西方文化的挑战，才能在国际交往中与世界其他文明游刃有余地对话，这样才能进一步增强我国的国际影响力。然而，建设有中国特色的先进文化不是无源之水、无本之木，它不仅仅要以马克思主义为指导，不仅仅要吸收世界先进文明成果，而且要重视我们中华民族自身几千年来积淀下来的文化资源，有中国特色的东西正需要从传统思想文化中去挖掘。其次，从个体层面来看，面对异域文化，中国人迫切需要找到自己的精神归属，才能更从容地进行对外交往。我国综合国力和世界影响力的增强，大大增进了中华民族的自信心，伴随着民族自信心的提升，民族意识也进一步觉醒。中国人之所以是中国人，不仅仅因为有黄皮肤、黑眼睛，更重要的是因为有中国人的思维方式、中国人的价值取向和处世特点，这才是中华民族真正的基因。蕴含这种基因的载体就是以儒学为代表的中国传统思想文化。但是，近代以来，一直到20世纪80年代末，批判否定传统文化的思潮一直是思想领域的主流，种种因素造成传统文化在中国社会断裂的时间太长了，这样一种精神文化状态使得走向世界的中国人在一定程度上陷入到无精神家园可以归依的尴尬境地。在国际文化交流中，中国人的文化身份是什么，特色是什么？类似于这样的问题，人们发现还是需要到儒学中、到传统文化中去寻找，以儒学为代表的中国传统思想文化是中国人走向世界的文化凭借。这是当时以儒学为代表的传统文化升温的一个重要原因。

其二，"全盘西化"问题的暴露促使中国人重新回望中华传统文化，以寻根的形式探索中国的发展道路。就国内形势来看，在反思文革教训、探索中国发展道路的问题上，国内思想领域形成了西化派、儒学派、马克思主义派，尤其是西化派十分活跃，他们认为只有彻底告别过去，在经济、政治、文化等方面全面西化才是唯一出路，西化派不仅否定儒学、也否定马克思主义，这一思潮发展的恶果便是资产阶级自由化的泛滥，并在20世纪80年代末酿成了一场政治风波，严重干扰了中国的社会秩序和正常的经济建设进程。这促使中国社会开始反思精神领域全盘西化的危害，并尝试回到坚守马克思主义基本立场、尝试应用传统文化优秀元素的发展路向上来。就国际形势来看，基督教文化圈的资本主义世界自身问题不断暴露，在经济领域、精神与道德领域危机不断，与此同时，儒家文化圈的一些国家和地区发展局面却比较好，比如这一时期出现的"亚洲四小龙"便呈蒸蒸日上之势，儒家文化在这些国家和地区起到了对人的精神世界进行理性校航的积极作用，一系列对比提醒人们，儒家文化并非像原来大家所预想的那样是现代化的绊脚石，相反，它可以和现代文明协调发展并为现代文明提供助力。上述国内外形势的变化为全面客观评价传统文化提供了有益土壤。

其三，市场经济的负面影响，促使人们向以儒学为代表的传统思想文化去寻找医治现实困境的药方。1992年，党的十四大提出建立社会主义市场经济体制。市场经济是一把双刃剑，它在促进物质财富增长的同时也带来一系列的社会问题，市场机制崇尚竞争、注重效率，商品交换讲究等价原则，市场行为追求的是经济利益并力图使这种利益最大化。这些价值取向对于经济发展来说无可厚非，但"经济"不是孤立的，它在社会中产生和发展，需要社会中的人去实现，市场经济中的人不仅是"经济人"，也是"社会人"，也就是说，市场经济中的人除了有经济生活的追求以外，也有精神生活的追求，人与人之间的关系，除了有经济关系以外，还有亲情、友情、爱情等其他人际关系。当市场经济的原则入侵到心灵领域和人际关系之中时，因为经济原则与这些领域并不匹配，所以它就有可能给处于其中的人带来困惑、焦虑、紧张、压抑等等不良情绪，进而影响整个社会的有效运转。例如，市场崇尚竞争，讲究效率，但如果"竞争"被过度地扩大到人际交往中去，就有可能导致人际关系紧张，身心疲惫。再例如，等价交换原则适合商品交换，但却不一定适合社会生活的其他领域，一个人在工作中、生活中、人际交往中的许多付出，受到条件所限，往往得不到立竿见影的对等回报，这时如果总想着等价交换，就极可能陷入心理失衡，对社会和人生感到灰心失望。此外，如果过分注重经济利益而不加节制，就有可能沦为拜金主义，凡事利字当头，带来的必然是人情的冷漠、公心的丧失和社会道德的滑坡。而儒学对和谐的重视、对人伦亲情的重视、对群体利益的重视以及重义轻利等价值理念恰好可以对市场经济的诸多原则起到理性校航的作用。中国人逐渐意识到传统文化中有医治现实困境的药方，古代哲人的谆谆教导具有平衡人的心理、和谐人际关系、安定社会秩序的功效，于是，以儒学为代表的传统文化受到重视也就成了顺理成章的事情了。

其四，以儒学为代表的传统文化所包含的诸多价值理念与中国共产党的执政方针相契合。弘扬中华民族精神、树立社会主义荣辱观、实践科学发展观、建设社会主义和谐社会、建构社会主义核心价值体系、建设中华民族共有精神家园等，是

21世纪初党和政府大力倡导的价值取向和执政方针。在以儒学为代表的中华传统文化中，蕴涵着丰富的社会和谐思想、道德价值、人文理性以及民本理想，从中我们可以找到与国家大政方针的很多契合点，这些契合点在一定程度上构成了中国共产党执政理念的思想渊源。在这种情况下，可以说，中华优秀传统文化找到了发挥自身优势的平台。也正因为优秀传统文化与党的执政方针的深度契合，党和政府对传统文化的重视程度也就不断提高，例如，2006年《国家"十一五"时期文化发展规划纲要》、2007年十七大报告等都把传统文化的传承和保护放到了突出位置，明确提出要"加强中华优秀传统文化教育，运用现代科技手段开发利用民族文化丰厚资源"，官方主流媒体比如《人民日报》、《光明日报》、中央电视台等加大了对传统思想文化的宣传力度，各地纪念历史文化名人的各类庆典也大多得到了政府的支持，中小学教科书中有关传统文化的内容也有增多的趋势。以儒学为代表的中华传统文化在当时能够得到大力传播，并在社会上产生广泛影响，在很大程度上得益于党和政府的认可和扶持。

其五，学者、电视、网络等对传统文化的普及，拉近了民众与传统文化的距离，推动了传统文化深入人心。2000年之后，借助于电视、网络等媒介手段，传统文化采取了多种老百姓喜闻乐见的形式进行传播，在这种传播中，许多研究传统文化的学者纷纷走出书斋，或以各类讲座、或以通俗读物的形式向社会介绍传统思想文化，涌现出一批学术明星。尽管当时社会上对此也有批判、鄙薄的声音，有的反对态度还相当激烈，认为其玷污了学术的严肃性，斥其为"文化被娱乐""学术走秀"等。但是，不可否认的是，这种通俗化的传播方式确实起到了在社会大众中普及传统文化的作用，增进了社会大众对传统文化的认同。而这种认同非常必要，因为中华传统文化尤其是儒学本身就不是供少数文人墨客享用的奢侈品，它有很强的生活实践性，儒学能够在古代社会历经两千多年风云变幻而不衰，能够成为中华民族精神的培养基，除了有封建政府的扶持以外，在很大程度上得益于其在民间传播的深度和广度，得益于其深厚的群众基础。在现代社会，儒学失却了其作为主流意识形态的政治地位，若想获得生存发展的后续力，那么得到民众的认可、延续自身在民间深厚的生活基础就显得尤为重要。致力于传统文化普及化的学者以及电视、网络等现代化的传播手段是帮助传统文化走出书斋、走入民间的桥梁，这些因素毫无疑问是当时儒学热、传统文化热的一个重要推动力。

总之，20世纪末21世纪初，中国把目光重新投向传统文化尤其是儒家思想，是对现实问题的批判和矫正，具有很强的现实针对性。通过"国学热"，中国人开始重视中华传统文化，认识到了中国在走向现代化的道路上，不可能彻底背离自身的文化传统。在这股热潮的推动下，中华传统文化以新的面貌、带着新的历史使命重新进入到中国的社会生活中。这股热潮以及这股热潮中暴露出的问题，为中国人更加深入地理解中华传统文化，更加客观理性地评估中华传统文化的现代价值，更好地处理中华传统文化与中国特色社会主义之间的关系奠定了基础。

二、新时代对中华优秀传统文化的深化认识

2012年党的十八大之后，中国特色社会主义进入新时代，中国社会对中华传统文化的认同再上新台阶。"国学"的提法被弱化，取而代之的是性质更为确切、更具认同度、更富凝聚力的"中华优秀传统文化"。中华优秀传统文化凝聚着中华民族普遍认同和广泛接受的道德规范、思想品格和价值取向，作为中华传统文化的精华部分，从性质上来看，是指那些在中华民族发展历程中，经过实践检验和历史选择被积淀下来，在历史上发挥过积极作用，迄今仍然具有传承价值，能够提升新时代中华民族思想觉悟、道德水平、文明素养，能够助力中华民族更好地走向未来的文化。党的十八大之后，中华优秀传统文化在党中央的推动下，被大力倡导。在传承和发展中华优秀传统文化方面，习近平总书记提出了一系列新思想、新观点、新论断，确立了中华优秀传统文化在中国文化发展、中华民族复兴中的历史地位，为中华优秀传统文化在新时代的发展奠定了基调，指明了方向，是当前中国社会对中华优秀传统文化深化

认识的集中表达，深具历史意义。

（一）关于中华优秀传统文化历史定位的深化认识

在习近平新时代中国特色社会主义思想体系中，中华优秀传统文化被提升到事关中华民族和中国特色社会主义事业发展的战略高度，以下看法成为社会共识。

其一，将中华优秀传统文化视为中华民族的精神命脉。中华文化有五千年连绵不断的发展历程，可谓源远流长、灿烂辉煌。它形成了富有特色的思想体系，记载了中华民族在长期奋斗中开展的精神活动、创造的文化成果，反映了中华民族的精神追求，体现了中华民族几千年来积累的知识智慧和理性思辨。其核心部分构成了中华民族的精神基因，潜移默化地影响着中国人的思想方式和行为方式。正是因为如此，习近平总书记指出，中华优秀传统文化"积淀着中华民族最深层的精神追求，代表着中华民族独特的精神标识，为中华民族生生不息、发展壮大提供了丰厚滋养"①。可以说，中华优秀传统文化是我们在世界文化激荡中站稳脚跟的坚实根基，是我国的独特优势。中华民族之所以能够在几千年的历史长河中生生不息、薪

---

① 习近平：《在联合国教科文组织总部的演讲》，载《人民日报》2014年3月28日第3版。

火相传、顽强发展，一个很重要的原因就在于中华民族有着一脉相承的精神追求、精神特质、精神脉络，而这些都植根于中华优秀传统文化之中，"抛弃传统、丢掉根本，就等于割断了自己的精神命脉。"①

其二，将中华优秀传统文化视为涵养社会主义核心价值观的重要源泉。牢固的核心价值观，都有其固有的根本。在中华优秀传统文化的熏陶浸染下，中华民族形成了看待世界、看待社会、看待人生的独特的价值体系，形成了百姓日用而不觉的价值观。社会主义核心价值观便是对中华优秀传统文化的传承与升华，习近平总书记强调，"培育和弘扬社会主义核心价值观必须立足中华优秀传统文化"②，必须从中汲取丰富营养，必须发挥中华优秀传统文化的作用，否则就不会有生命力和影响力。

其三，将中华优秀传统文化视为中国特色社会主义植根的文化沃土。每个国家和民族的历史传统、文化积淀、基本国情不同，其发展道路必然有着自己的特色。习近平总书记指出，"解决中国的问题只能在中国大地上探寻适合自己的道路和办法。数千年来，中华民族走着一条不同于其他国家和民族的文明发展道路。我们开辟了中国特色社会主义道路不是偶然的，

---

① 习近平：《把培育和弘扬社会主义核心价值观作为凝魂聚气强基固本的基础工程》，载《人民日报》2014年2月26日第1版。

② 习近平：《把培育和弘扬社会主义核心价值观作为凝魂聚气强基固本的基础工程》，载《人民日报》2014年2月26日第1版。

是我国历史传承和文化传统决定的。"①独特的文化传统，独特的历史命运，独特的基本国情，注定了我们必然要走中国特色社会主义道路。中国特色社会主义深深植根于中华优秀传统文化的沃土之中，反映了中国人民的意愿，有着深厚的历史渊源和广泛的现实基础。

（二）关于中华优秀传统文化时代价值的深化认识

在习近平新时代中国特色社会主义思想体系中，关于中华优秀传统文化的时代价值，强调较多的主要有如下四个层面：

其一，增强中华民族的文化自信离不开中华优秀传统文化，对中华优秀传统文化的认同是中华民族树立文化自信的根基。文化是一个国家、一个民族的灵魂，是民族生存和发展的重要力量。如果没有人民精神世界的极大丰富，没有民族精神力量的不断增强，一个国家、一个民族就不可能屹立于世界民族之林。因而，习近平总书记指出："文化自信，是更基础、更广泛、更深厚的自信，是更基本、更深沉、更持久的力量。"②没有中华文化的繁荣兴盛，就没有中华民族的伟大复

①习近平：《牢记历史经验历史教训历史警示　为国家治理能力现代化提供有益借鉴》，载《人民日报》2014年10月14日第1版。

②习近平：《在中国文联十大、中国作协九大开幕式上的讲话》，载《人民日报》2016年12月1日第2版。

兴。可以说，坚定文化自信，是事关国运兴衰、事关文化安全、事关民族精神独立性的大问题；增强文化自觉和文化自信，是坚定道路自信、理论自信、制度自信的题中应有之义。新时代所讲的"文化"，包括在五千多年文明发展中孕育的中华优秀传统文化、在党和人民伟大斗争中孕育的革命文化和社会主义先进文化。其中，中华优秀传统文化是中华文化的渊源，"历史和现实都表明，一个抛弃了或者背叛了自己历史文化的民族，不仅不可能发展起来，而且很可能上演一场历史悲剧。"①

其二，进行社会主义道德建设离不开中华优秀传统文化，中华优秀传统文化可以为社会主义道德建设提供丰厚资源。国无德不兴，人无德不立。习近平总书记强调，"要认真汲取中华优秀传统文化的思想精华和道德精髓，大力弘扬以爱国主义为核心的民族精神和以改革创新为核心的时代精神，深入挖掘和阐发中华优秀传统文化讲仁爱、重民本、守诚信、崇正义、尚和合、求大同的时代价值"②。在以中华优秀传统文化涵养社会主义核心价值观、涵育社会主义道德方面，除了"讲仁爱、重民本、守诚信、崇正义、尚和合、求大同"之外，党中央近年来强调较多的中华传统道德元素还有：自强不息、礼义廉

①习近平：《在哲学社会科学工作座谈会上的讲话》，载《人民日报》2016年5月19日第2版。

②习近平：《把培育和弘扬社会主义核心价值观作为凝魂聚气强基固本的基础工程》，载《人民日报》2014年2月26日第1版。

耻、重义轻利、尊老爱幼、妻贤夫安、母慈子孝、兄友弟恭、邻里团结、勤俭持家、知书达礼、遵纪守法、家和万事兴、敬业乐群、仁者爱人、与人为善、民胞物与、扶危济困、乐善好施、守望相助、助人为乐、见义勇为等。中华民族的这些传统美德，体现了中华优秀传统文化向上向善的特征，能够不断激发全社会向上向善的正能量。这些传统美德具有鲜明的民族特色，具有永不褪色的时代价值，它们铭记在中国人的心灵中，融入到中国人的血脉中，是支撑中华民族生生不息、薪火相传的重要精神力量，是社会主义道德建设的宝贵精神财富。

其三，提高党的执政能力离不开中华优秀传统文化，中华优秀传统文化可以为治国理政提供有益启示。习近平总书记认为：“治理国家和社会，今天遇到的很多事情都可以在历史上找到影子，历史上发生过的很多事情也都可以作为今天的镜鉴”①，“在漫长的历史进程中，中华民族创造了独树一帜的灿烂文化，积累了丰富的治国理政经验，其中既包括升平之世社会发展进步的成功经验，也有衰乱之世社会动荡的深刻教训。”②关于中华优秀传统文化所蕴含的治国理政方面的理念，习近平总书记突出强调的内容主要有：天下为公、大同世界、民惟邦本、政得其民、博施众利、安民富民乐民、礼法合治、

①习近平：《牢记历史经验历史教训历史警示　为国家治理能力现代化提供有益借鉴》，载《人民日报》2014年10月14日第1版。

②习近平：《牢记历史经验历史教训历史警示　为国家治理能力现代化提供有益借鉴》，载《人民日报》2014年10月14日第1版。

德主刑辅、为政之要莫先于得人、集思广益、群策群力、治国先治吏、清廉从政、勤勉奉公、为政以德、政者正也、居安思危、改易更化等相关思想理念。

其四，在国际上树立中国的文化形象、推行中国的外交政策离不开中华优秀传统文化，中华优秀传统文化可以彰显中华民族以和为贵的和平性格、海纳百川的包容特质、天下一家的大国气度。中华优秀传统文化"和"的思想源远流长，早在两千多年前，中华先哲就提出了"礼之用，和为贵"的理念，就倡导"强不执弱，富不侮贫"的处世方式，就提出了"国虽大，好战必亡"的箴言。可以说，中华民族历来崇尚和平、和睦、和谐，以和为贵、和而不同、化干戈为玉帛、睦邻友邦的理念世代相传。"古代中国曾经长期是世界强国，但中国对外传播的是和平理念，输出的是丝绸、茶叶、瓷器等丰富物产"[1]。古往今来，中华民族之所以在世界上有地位、有影响，不是靠穷兵黩武，不是靠对外扩张，而是靠中华文化的强大感召力和吸引力，"远人不服，则修文德以来之"讲的便是这种以德服人、以文化人的和平友好外交方式。中华民族数千年的发展历程证明："敦亲睦邻、讲信修睦、协和万邦是中国一以贯之的外交理念"[2]。这些思想理念直到今天依然是中国处理国际关系的基

---

[1] 习近平：《携手追寻民族复兴之梦——在印度世界事务委员会的演讲》，载《人民日报》2014年9月19日第3版。

[2] 习近平：《携手追寻民族复兴之梦——在印度世界事务委员会的演讲》，载《人民日报》2014年9月19日第3版。

本宗旨，弘扬这些传统理念对于彰显我国维护世界和平的大国形象大有裨益。

（三）关于新时代中华优秀传统文化传承发展路径的深化认识

关于中华优秀传统文化在新时代的发展路径，党中央提出的总方针是：推动中华优秀传统文化创造性转化，创新性发展。按照习近平总书记的相关论述，贯彻这一方针主要应从以下三个层面入手：

其一，系统梳理中华优秀传统文化资源，把优秀传统文化中具有当代价值、世界意义的文化精髓提炼出来，展示出来，传播出去。"不忘本来才能开辟未来，善于继承才能更好创新"[1]，传承和发展中华优秀传统文化首先就要加强对中华优秀传统文化的挖掘和阐发，把跨越时空、超越国度、富有永恒魅力、具有当代价值的文化精神提炼出来，正如习近平总书记所说的那样："要系统梳理传统文化资源，让收藏在禁宫里的文物、陈列在广阔大地上的遗产、书写在古籍里的文字都活起来。"[2]关于挖掘和阐发中华优秀传统文化，近年来习近平总书

---

[1] 习近平：《把培育和弘扬社会主义核心价值观作为凝魂聚气强基固本的基础工程》，载《人民日报》2014年2月26日第1版。

[2] 习近平：《建设社会主义文化强国　着力提高国家文化软实力》，载《人民日报》2014年1月1日第1版。

记的相关论述主要涉及两个向度，一是要讲清楚中华优秀传统文化的历史渊源、发展脉络、基本走向，讲清楚中华文化的独特创造、价值理念、鲜明特色；二是要重点关注传统文化所蕴含的适合调理社会关系和鼓励人们向上向善的内容，结合新时代，赋予其新涵义。总之，深入挖掘研究中华优秀传统文化所蕴含的思想观念、人文精神、道德规范，是坚守中华文化立场、传承中华文化基因的保障。

其二，处理好继承和创新的关系，处理好传统文化与当今时代的关系。传统文化在其形成和发展过程中，不可避免会受到当时的认识水平、时代条件、社会制度的制约和影响，因而不可避免地会存在陈旧过时或糟粕性的因素。这就要求人们在学习、研究、应用传统文化时，特别是在应用传统价值理念和道德规范时，要坚持古为今用、推陈出新，要结合新的实践和时代要求进行正确取舍，对有益的东西予以继承和发扬，对负面的东西加以抵御和克服，取其精华、去其糟粕，"有鉴别的对待，有扬弃的继承"[1]，而不能一股脑儿都拿到今天来照套照用，更不能厚古薄今、以古非今。习近平总书记强调，对待中华传统文化"不能采取全盘接受或者全盘抛弃的绝对主义态度"[2]，而要与时俱进，使之"与当代文化相适应、与现代社会

---

[1] 习近平：《在纪念孔子诞辰2565周年国际学术研讨会暨国际儒学联合会第五届会员大会开幕会上的讲话》，载《人民日报》2014年9月25日第2版。

[2] 习近平：《牢记历史经验历史教训历史警示　为国家治理能力现代化提供有益借鉴》，载《人民日报》2014年10月14日第1版。

相协调"①，要积极回应我国和世界发展所面临的重大问题，在继承中发展、在发展中继承，"以古人之规矩，开自己之生面"是实现中华优秀传统文化创造性转化和创新性发展的关键。在传承和发展中华优秀传统文化的具体形式方面，应加大正面宣传力度，可以通过理论研究、学校教育、文艺作品、新媒体等多种方式来激活中华优秀传统文化的生命力，发挥其影响力。

其三，在与世界文明的交流互鉴中，传承和发展中华优秀传统文化。"文明因交流而多彩，文明因互鉴而丰富"②。中华民族有开展对外交流的优良传统，丝绸之路的开辟，隋唐时期大批使者来华，法显、玄奘西行取经，郑和七下远洋，等等，都是中外文明交流互鉴的生动事例。中国的本土学说儒家思想、道家思想也在吸收外来文明的过程中得到丰富，并走向世界，成为人类文明的一部分。历史的发展表明，中华文化正是在与世界上的其他文化互通有无、交流借鉴的过程中，获得了丰富的营养，同时也为人类文明进步做出了重要贡献，深刻地影响了世界文明进程。习近平总书记强调，"承认和尊重本国本民族的文明成果，不是要搞自我封闭，更不是要搞唯我独尊"，而是"应该虚心学习、积极借鉴别国别民族思想文化的长处和精华，这是增强本国本民族思想文化自尊、自信、自立的重要

① 习近平：《在哲学社会科学工作座谈会上的讲话》，载《人民日报》2016年5月19日第2版。

② 习近平：《在纪念孔子诞辰2565周年国际学术研讨会暨国际儒学联合会第五届会员大会开幕会上的讲话》，载《人民日报》2014年9月25日第2版。

条件。"①习近平总书记指出，"对人类社会创造的各种文明，无论是古代的中华文明、希腊文明、罗马文明、埃及文明、两河文明、印度文明等，还是现在的亚洲文明、非洲文明、欧洲文明、美洲文明、大洋洲文明等，我们都应该采取学习借鉴的态度，都应该积极吸纳其中的有益成分"②，要在学习中超越。需要注意的是在相互学习借鉴的过程中，"要坚持从本国本民族实际出发，坚持取长补短、择善而从，讲求兼收并蓄，但兼收并蓄不是囫囵吞枣、莫衷一是，而是要去粗取精、去伪存真"③。总之，加强与世界文明的交流互鉴，是新时代传承和发展中华优秀传统文化的必由之路。

上述习近平总书记关于传承和发展中华优秀传统文化的新思想、新观点、新论断，高度肯定了中华优秀传统文化的历史意义和现代价值，把传承和弘扬中华优秀传统文化提到了坚定文化自信、坚持和发展中国特色社会主义、实现中华民族伟大复兴的战略位置。在党中央的大力倡导下，中华优秀传统文化获得了全社会的高度认同，应用越来越广泛。从国民教育来看，2014年，教育部制定了《完善中华优秀传统文化教育指

① 习近平：《在纪念孔子诞辰2565周年国际学术研讨会暨国际儒学联合会第五届会员大会开幕会上的讲话》，载《人民日报》2014年9月25日第2版。
② 习近平：《在纪念孔子诞辰2565周年国际学术研讨会暨国际儒学联合会第五届会员大会开幕会上的讲话》，载《人民日报》2014年9月25日第2版。
③ 习近平：《在纪念孔子诞辰2565周年国际学术研讨会暨国际儒学联合会第五届会员大会开幕会上的讲话》，载《人民日报》2014年9月25日第2版。

导纲要》，将加强中华优秀传统文化教育视为深化中国特色社会主义教育和中国梦宣传教育的重要组成部分，明确提出：加强中华优秀传统文化教育是落实立德树人根本任务的重要基础，要分学段有序推进中华优秀传统文化教育，要把中华优秀传统文化教育系统融入课程和教材体系中。2017年中共中央办公厅、国务院办公厅印发了《关于实施中华优秀传统文化传承发展工程的意见》，进一步提出要将中华优秀传统文化教育贯穿国民教育始终，把中华优秀传统文化全方位融入思想道德教育、文化知识教育、艺术体育教育、社会实践教育各环节，贯穿于启蒙教育、基础教育、职业教育、高等教育、继续教育各领域。从党的执政理念以及干部培养来看，党中央提出要把中华优秀传统文化传承发展工作纳入到经济社会发展总体规划，纳入到考核评价体系，把中华优秀传统文化纳入到各级党校、行政学院的教学内容中。从社会生活来看，中华优秀传统文化的内涵被融入到生活各个领域中，从城市规划设计、"美丽乡村"文化建设，到节日主题活动、文化旅游项目、大型庆典、饮食、服饰等，中华传统文化的元素被应用得越来越广泛。从学术研究来看，结合不同领域研究中华优秀传统文化及其现代转化的学者越来越多，不少学术期刊为中华优秀传统文化的研究开辟了专栏，不少出版社增加了传统文化类图书的出版规划等等。

总之，中国特色社会主义进入新时代之后，中华优秀传统文化迎来了近百年来最好的发展机遇，2021年，习近平总书记在庆祝建党100周年"七一"讲话中提出"坚持把马克思主义基本原理同中国具体实际相结合、同中华优秀传统文化相结合"的重要论断，十九届六中全会通过的《中共中央关于党的百年奋斗重大成就和历史经验的决议》再一次强调了"两个结合"对创立习近平新时代中国特色社会主义思想的重大意义。"两个结合"的重要论断既为继续推进马克思主义中国化指明了方向，也为推动中华优秀传统文化实现创造性转化和创新性发展指明了方向。事实已经证明，将来还会证明，中华优秀传统文化在实现中华民族伟大复兴的进程中将会发挥出越来越重要的作用，将会伴随着中国社会的发展而历久弥新。

参考文献

中国古典文献及其汇编、译注类（以文中出现的顺序排列）：

01.《礼记》，胡平生、张萌译注，北京：中华书局，2017年版。

02.黄寿祺、张善文：《周易译注》，上海：上海古籍出版社，2004年版。

03.周振甫：《诗经译注》，北京：中华书局，2010年版。

04.《尚书》，王世舜、王翠叶译注，北京：中华书局，2012年版。

05.杨伯峻：《论语译注》，北京：中华书局，2012年版。

06.[春秋]左丘明：《左传》，郭丹、程小青、李彬源译注，北京：中华书局，2012年版。

07.杨伯峻：《孟子译注》，北京：中华书局，2008年版。

08.王文锦：《大学中庸译注》，北京：中华书局，2019年版。

09.[宋]朱熹：《四书章句集注》，北京：中华书局，2011年版。

10.张觉：《荀子译注》，上海：上海古籍出版社，2012年版。

11.黄建军：《列子译注》，北京：商务印书馆，2015年版。

12.胡平生：《孝经译注》，北京：中华书局，1996年版。

13.[宋]朱熹：《朱子语类》，[宋]黎靖德编，武汉：崇文书局，2018年版。

14.[汉]韩婴：《韩诗外传集释》，许维遹校释，北京：中华书局，1980年版。

15.[汉]班固：《汉书》，北京：中华书局，2007年版。

16.[汉]司马迁：《史记（全四册）》，上海：上海古籍出版社，2016年版。

17.陈鼓应：《老子注译及评介》，北京：中华书局，1984年版。

18.《韩非子》，[清]王先慎集解，姜俊俊校点：上海：上海古籍出版社，2015年版。

19.《国语》，陈桐生译注，北京：中华书局，2013年版。

20.[北齐]颜之推：《颜氏家训》，檀作文译注，北京：中华书局，2007年版。

21.[宋]程颢、程颐：《二程集》，北京，中华书局，2004年版。

22.[宋]陈淳：《北溪字义》，北京：中华书局，1983年版。

23.[宋]朱熹：《朱子全书（修订本）》，朱杰人、严佐之、刘永翔主编，上海：上海古籍出版社，2002年版。

24.[汉]许慎：《说文解字（大字本）》，[宋]徐铉校订，北京：中华书局，2019年版。

25.[元]脱脱：《宋史》，北京：中华书局，1977年版。

26.《续修四库全书》，上海：上海古籍出版社，1996年版。

27.[清]吴楚材：《古文观止》，钟基、李先银、王身钢译注，北京：中华书局，2011年版。

28.钱仲联：《剑南诗稿校注》，上海：上海古籍出版社，1985年版。

29.［明］黄宗羲：《明夷待访录》，段志强译注，北京：中华书局，2011年版。

30.［清］顾炎武：《亭林诗文集》，刘永翔校点，上海：上海古籍出版社，2012年版。

31.［清］傅山：《陈批霜红龛集（全三册）》，陈监先批注，太原：山西古籍出版社，2007年版。

32.［清］顾炎武：《日知录集释》，［清］黄汝成集释，栾保群校点，北京：中华书局，2020年版。

33.《明朝开国文献》，台北：台湾学生书局，1966年版。

34.［明］葛寅亮：《南京稀见文献丛刊·金陵玄观志》，南京：南京出版社，2011年版。

35.［唐］韩愈：《韩昌黎文集校注》，马其昶校注、马茂元整理，上海：上海古籍出版社，2014年版。

36.［唐］房玄龄等：《晋书》，北京：中华书局，2000年版。

37.［唐］令狐德棻等：《周书》，北京：中华书局，2000年版。

38.［唐］魏徵：《隋书》，北京：中华书局，2000年版。

39.［宋］司马光：《资治通鉴（全四册）》，北京：中华书局，2009年版。

40.中央研究院历史语言研究所校印：《明实录（影印本）》，上海：上海书店出版社，1984年版。

41.[清]雍正:《大义觉迷录》,北京:中国城市出版社,1999年版。

42.[清]《叶适集(全三册)》,刘公纯、王孝鱼、李哲夫点校,北京:中华书局,1961年版。

43.[清]董诰等:《全唐文(全十一册)》,北京:中华书局,1983年版。

44.十三经注疏整理委员会:《十三经注疏·周易正义》,李学勤主编,北京:北京大学出版社,1999年版。

45.[清]惠栋:《易汉学新校注:附易例》,谷继明校注,北京:中国社会科学出版社,2020年版。

46.[宋]石介:《徂徕石先生文集》,北京:中华书局,1984年版。

47.王梦鸥:《大小戴礼选注》,上海:正中书局,1944年版。

48.[汉]刘安:《淮南子》,[汉]许慎注,陈广忠校点,上海:上海古籍出版社,2016年版。

49.《墨子》,方勇译注,北京:中华书局,2015年版。

50.张宗祥:《论衡校注》,上海:上海古籍出版社,2010年版。

51.[战国]商鞅:《商君书》,北京:中华书局,2016年版。

52.扫叶山房:《百子全书(全八册)》,杭州:浙江人民出版社,2013年版。

53.《庄子》,[清]王先谦集解,方勇校点,上海:上海古籍出版社,2013年版。

54.[汉]董仲舒:《春秋繁露》,张世亮、钟肇鹏、周桂钿译注,北京：中华书局，2012年版。

55.［汉］刘熙：《释名》，北京：中华书局，2016年版。

56.［清］皮锡瑞：《经学历史》，周予同注释，北京：中华书局，
2008年版。

57.［宋］范晔：《后汉书（全三册）》，李贤等注，北京：中华
书局，2005年版。

58.［魏］王弼：《王弼集》，党圣元、陈民镇注说，郑州：河南
大学出版社，2018年版。

59.［晋］郭象注，［唐］成玄英疏：《庄子注疏》，北京：中华书
局，2010年版。

60.［东晋］葛洪：《抱朴子外篇（全二册）》，张松辉、张景译
注，北京：中华书局，2013年版。

61.《清末民初文献丛刊·嵇康集》，鲁迅辑校，北京：朝华出
版社，2018年版。

62.韩泉欣、赵佳莹：《三曹诗文选注》，上海：上海古籍出版
社，1994年版。

63.［魏］王弼，［晋］韩康伯注；［唐］孔颖达疏，［唐］陆德明
音义：《周易注疏》，北京：中央编译出版社，2013年版。

64.［唐］欧阳询：《艺文类聚》，上海：上海古籍出版社，1985
年版。

65.［后晋］刘昫等：《旧唐书》，北京：中华书局，1975年版。

66.钱仲联：《韩昌黎诗系年集释》，上海：上海古籍出版社，
1984年版。

67.[唐]李翱：《李文公集》，上海：上海古籍出版社，1993年版。

68.[宋]欧阳修、宋祁：《新唐书》，北京：中华书局，1975年版。

69.《欧阳修集·苏东坡集·郑板桥集》，李敖主编，天津：天津古籍出版社，2016年版。

70.[宋]周敦颐：《通书》，张文瀚注说，开封：河南大学出版社，2018年版。

71.[宋]程颢、程颐：《二程遗书》，上海：上海古籍出版社，2020年版。

72.[宋]张载：《张子正蒙》，[清]王夫之注，上海：上海古籍出版社，2020年版。

73.[宋]陆九渊：《陆九渊集》，钟哲点校，北京：中华书局，1980年版。

74.[明]王守仁：《王阳明集（全二册）》，王晓昕、赵平略点校，北京：中华书局，2016年版。

75.[明]王夫之：《船山全书》，船山全书编辑委员会编，长沙：岳麓书社，2011年版。

76.[明]黄宗羲：《明儒学案》，吴光执行主编，杭州：浙江古籍出版社，2012年版。

77.《黄宗羲全集（全二十二册）》，吴光主编，杭州：浙江古籍出版社，2012年版。

78.[清]颜元：《颜元集》，北京：中华书局，1987年版。

79.[清]颜元:《习斋记余》,台北:广文书局,2017年版。

80.[清]戴望:《颜氏学记》,刘公纯标点,北京:中华书局,1958年版。

81.[清]龚自珍:《定庵文集》,北京:商务印书馆,1935年版。

82.[清]魏源:《魏源集(全二册)》,北京:中华书局,2018年版。

83.[清]戴震:《戴东原集》,北京:商务印书馆,1936年版。

84.[清]龚自珍:《龚自珍全集》,上海:上海古籍出版社,1999年版。

85.[清]曾国藩:《曾国藩全集》,长沙:岳麓书社,2011年版。

86.[清]王夫之:《船山遗书》第1册,北京:中国书店,2016年版。

87.[清]王夫之:《读通鉴论》,舒士彦点校,北京:中华书局,2013版。

88.[清]纪晓岚:《阅微草堂笔记会校会注会评》,吴波、尹海江、曾绍皇、张伟丽辑校,南京:凤凰出版社,2012年版。

89.[清]冯桂芬:《校邠庐抗议》,上海,上海书店出版社,2002年版。

90.[清]张之洞:《劝学篇》,李总兴评注,郑州:中州古籍出版社,1998年版。

91.[唐]刘禹锡:《刘禹锡集》,上海:上海人民出版社,1975年版。

92.[汉]何休注,[唐]徐彦疏:《春秋公羊传注疏》,上海:上海古籍出版社，2014年版。

中国近现代文献：

（01-57按在正文中出现的顺序；58-69为其它参阅过的文献）

01.张枬、王忍之：《辛亥革命前十年间时论选集》，上海：三联书店，1960年版。

02.白寿彝：《中国通史》，上海：上海人民出版社，2013年版。

03.方立天：《中国佛教哲学要义》，北京：中国人民大学出版社，2012年版。

04.章太炎：《章太炎政论选集》，北京：中华书局，1977年版。

05.冯友兰：《对于孔子所讲的仁的进一步理解和体会》，载《孔子研究》，1989年第3期。

06.范长平：《孔子论"仁"之真义》，载《孔子研究》，1997年第2期。

07.鲁迅：《且介亭杂文》，南京：译林出版社，2018年版。

08.任继愈：《中华民族的生命力》，载《增强中华民族凝聚力首次学术讨论会论文集》，香港：汉荣书局，1991年版。

09.柳诒徵：《中国文化史（上、下）》，长沙：岳麓书社，2010年版。

10.何平：《儒脉兴衰——从孔夫子到新儒学》，郑州：河南人民出版社，1998年版。

11.胡适：《中国哲学史大纲》，北京：商务印书馆，2011年版。

12.宋志明：《中国古代哲学通史》，北京：中国青年出版社，

2016年版。

13.冯友兰：《中国哲学史新编》，北京：人民出版社，2007年。

14.石峻等编：《中国佛教思想资料选编》，北京：中华书局，1981年版。

15.瞿秋白：《饿乡纪程》，西安：太白文艺出版社，1995年版。

16.贺麟：《五十年来的中国哲学》，沈阳：辽宁教育出版社，1989年版。

17.梁启超：《中国近三百年学术史》，北京：商务印书馆，2016年版。

18.王韬：《中国近代思想家文库·王韬卷》，北京：中国人民大学出版社，2013年版。

19.康有为：《康有为全集》（第二集），姜义华，吴根毪编校：上海，上海古籍出版社，1990年版。

20.康有为：《论语注》，桂林：广西师范大学出版社，2016年版。

21.康有为：《康南海书牍·中庸注》，桂林：广西师范大学出版社，2019年版。

22.康有为：《康有为全集》（第四集），北京：中国人民大学出版社，2007年版。

23.康有为：《大同书》，周振甫等校点，北京：中华书局，2012年版。

24.李泽厚：《中国近代思想史论》，北京：人民出版社，1979年版。

25. 梁启超:《论中国学术思想变迁之大势》,上海:上海古籍出版社,2006年版。

26.《中国近代史资料丛刊·太平天国》,上海:上海人民出版社,1957年版。

27.《中国近代史资料丛刊·洋务运动》,上海:上海人民出版社,1961年版。

28.冯友兰:《中国哲学史新编》(下),北京:人民出版社,2007年第2版。

29.汤志钧:《章太炎年谱长编》,北京:中华书局,1979年版。

30.姜玢编选:《革故鼎新的哲理——章太炎文选》,上海:上海远东出版社,1996年版。

31.《民报》报馆编:《民报》,北京:中华书局,2006年版。

32.蔡元培:《蔡元培选集》,沈善洪编,杭州:浙江教育出版社,1993年版。

33.易白沙:《易白沙集》,陈先初编,长沙:湖南人民出版社,2008年版。

34.陈独秀著、任建树编:《陈独秀著作选编》,上海:上海人民出版社,2009年版。

35.李大钊:《李大钊选集》,北京:人民出版社,1959年版。

36.杨宏峰主编:《新青年(简体典藏全本)》,银川:宁夏人民出版社,2011年版。

37.陈独秀、李大钊、瞿秋白等主编:《新青年》,北京:中国书店,2011年版。

38.吴虞:《吴虞文录》,合肥:黄山书社,2008年版。

39.胡适:《胡适文存》,上海:上海科学技术文献出版社,2015年版。

40.鲁迅:《鲁迅全集》,北京:人民文学出版社,2005年版。

41.任继愈:《学习中国哲学史三十年》,《哲学研究》,1979年第9期。

42.耿云志编:《中国近代思想家文库》,北京:中国人民大学出版社,2015年版。

43.杜春和等编:《胡适论学往来书信选》,石家庄:河北人民出版社,1998年版。

44.胡适:《胡适论学近著》,北京:朝华出版社,2018年版。

45.顾颉刚:《古史辨自序》,北京:商务印书馆,2017年版。

46.李学勤:《中国古代文明十讲》,上海:复旦大学出版社,2003年版。

47.艾思奇:《廿二年来之中国哲学思潮》,《中华日报》2卷1期,1934年1月。

48.胡汉民:《唯物史观批评之批评》,载《建设》1919年第一卷第5号。

49.冯契:《中国近代哲学史》,上海:上海人民出版社,1989年版。

50.胡哲谋:《偏激与中庸》,《新青年》第3卷第3号,1917年5月1日。

51.贺麟:《文化与人生》,上海:上海人民出版社,2011年版。

52.梁漱溟:《梁漱溟全集》,济南:山东人民出版社,1989
年版。

53.辛岩:《应当充分地批判地科学地利用中国文化遗产》,载
《红旗文稿》2014年第20期。

54.宋小庆:《近代"国学热"的兴衰》,载《高校理论战线》,
1995年第9期。

55.陈来:《"国学热"与传统文化研究的问题》,载《孔子研
究》,1995年第2期。

56.方克立:《创建适应时代需要的新国学》,载《高校理论战
线》,2008年第8期。

57.颜炳罡:《当代新儒学引论》,北京:北京图书馆出版社,
1998年版。

58.钱逊:《先秦儒学》,沈阳:辽宁教育出版社,1991年版。

59.陈鼓应、辛冠洁、葛荣晋:《明清实学简史》,北京:社会
科学文献出版社,1994年版。

60.丁原明:《黄老学论纲》,济南:山东大学出版社,1997
年版。

61.刘文英:《儒家文明——传统与传统的超越》,天津:南开
大学出版社,1999年版。

62.王新春:《神妙的周易智慧》,北京:中国书店出版社,
2001年版。

63.徐复观:《中国思想史论集》,上海:上海书店出版社,
2004年版。

64. 唐君毅：《中国文化之精神价值》，桂林：广西师范大学出版社，2005年版。

65. 梁漱溟：《中国文化要义》，上海：上海人民出版社，2011年版。

66. 陈来：《宋明理学》，北京：北京大学出版社，2020年版。

67. 汤用彤：《魏晋玄学论稿》，北京：商务印书馆，2020年版。

68. 李中华：《中国文化通义》，北京：世界图书出版公司，2020年版。

69. 李泽厚：《美的历程》，北京：生活·读书·新知三联书店，2017年版。

马克思主义经典著作类：

01. 中共中央编译局编：《马克思恩格斯选集》，北京：人民出版社，2012年版。

02. 毛泽东：《毛泽东选集》，北京：人民出版社，1991年版。

03. 毛泽东：《毛泽东文集》，北京：人民出版社，1993年版。

04. 邓小平：《邓小平文选》，北京：人民出版社，1994年版。

05. 江泽民：《江泽民文选》，北京：人民出版社，2006年版。

06. 胡锦涛：《胡锦涛文选》，北京：人民出版社，2016年版。

07. 习近平：《习近平谈治国理政》（第一卷，第二卷），北京：人民出版社，2018年版。

08. 习近平：《习近平谈治国理政》（第三卷），北京：人民出版社，2020年版。

09. 中共中央文献研究室编:《习近平关于社会主义文化建设论述摘编》,北京:中央文献出版社,2017年版。

外国译著类:

01. [德]黑格尔:《历史哲学》,王造时、谢诒徵译,上海:上海书店出版社,2001年版。

02. [英]约翰·穆勒著:《群己权界论》,严复译,北京:商务印书馆,1981年版。

03. [英]赫胥黎著:《天演论》,严复译,陈平原主编,贵阳:贵州教育出版社,2014年版。

04. [美]杜维明:《儒家思想新论——创造性转化的自我》,曹幼华、单丁译,南京:江苏人民出版社,1991年版。

05. [美]郝大维,安乐哲:《孔子哲学思微》,蒋弋维、李志林译,南京:江苏人民出版社,1996年版。

06. [美]林恩·桑戴克:《世界文化史》,陈廷璠译、陈恒整理,上海:上海三联书店,2005年版。

07. [英]罗素:《中国人的性格》,王正平译,北京:中国工人出版社,1993年版。

08. [美]塞缪尔·亨廷顿:《文明的冲突与世界秩序的重建》,周琪等译,北京:新华出版社,1998年版。

09. [德]奥斯瓦尔德·斯宾格勒:《西方的没落》,齐世荣译,北京:商务印书馆,1963年版。

10. [英]汤因比:《历史研究》,曹木风等译,上海:上海人民出版社，1966年版。

11.[德]卡尔·亚斯贝斯：《历史的起源与目标》，魏楚雄、俞新天译，北京：华夏出版社，1989年版。